한반도 평화번영론의 새구상

한반도 평화번영론의 새구상

국정과제협의회 정책기획시리즈 **11**

백영서 이동기
백영경 이일영
백지운 최시현
유재심

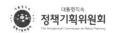

대통령직속
정책기획위원회
The Presidential Commission on Policy Planning

차 례

표 차례

그림 차례

국정과제협의회 정책기획시리즈
발간에 붙여

대통령직속 정책기획위원회
위원장 조대엽

1. 문재인 정부 4년, 정책기획위원회 4년을 돌아보며

　문재인 정부가 출범한 지 4년을 훌쩍 넘어섰습니다. 돌이켜보면 전국의 거리를 밝힌 거대한 촛불의 물결과 전임 대통령의 탄핵, 새 정부 출범에 이르는 과정은 '촛불혁명'이라고 할 만했습니다. 2016년 촛불혁명은 법과 제도의 틀에서 전개된 특별한 혁명이었습니다. 1,700만 명의 군중이 모여 촛불의 바다를 이루었지만 법의 선을 넘지 않았습니다. 전임 대통령의 탄핵과 새 대통령의 선출이 법과 정치적 절차의 훼손 없이 제도적으로 진행되었습니다. '제도혁명'이라고도 부를 수 있는 참으로 특별한 정치 과정이 아닐 수 없습니다. 세계적으로 대의 민주주의의 위기와 한계가 뚜렷한 가운데 2017년 문재인 정부의 출범 과정은 현대 민주주의의 범위와 내용을 제도적으로 확장한 정치사적 성과라고도 할 수 있습니다.

　현대 민주주의의 괄목할 만한 진화를 이끌고 제도혁명으로 집권한 문재인 정부가 5년차를 맞았습니다. 선거 후 바로 대통령 취임과 함께 국정기획자문위원회가 출발해 100대 국정과제를 선별하면서 문재인 정부의 정치 일정이 시작되었습니다. 집권 5년차를 맞으며 인수위도 없이 출발한 집권 초기의 긴박한 과정을 떠올리면 문재인 정부는 임기 마지막까지 국정의 긴장을 늦출 수 없는 운명을 지녔습니다. 어쩌면 문재인 정부는 '제도혁명정부'라는 특별한 성격을 갖는다는 점에서 거의 모든 정부가 예외 없이 겪었던 임기 후반의 '레임덕'이라는 표현은 정치적 사치일 수 있습니다. 문재인 정부의 남은 시간 동안 지난 4년의 국정 성과에 이어 마지막까지 성과를 만들어냄으로써 국정의 긴장과 동력을 잃지 않는 일이 무엇보다 중요한 시점입니다. 그것이 문재인 정부의 역사적 소명이기도 합니다.

정책기획위원회는 지난 4년간 대통령 직속기구로서 폭넓은 국정자문 활동을 했습니다. 정책기획위원회의 주된 일은 국정과제 전반을 점검하고 대통령에게 필요한 내용들을 보고하는 일입니다. 지난 4년 정책기획위원회의 역할을 구분하면 정책 콘텐츠 관리와 정책 네트워크 관리, 정책소통 관리라는 세 가지로 요약할 수 있습니다.

먼저, 정책 콘텐츠 관리는 국가 중장기 발전전략 및 정책 방향 수립과 함께 100대 국정과제의 추진과 조정, 국정과제 관련 보고회의 지원, 국정분야별 정책 및 현안과제 연구, 대통령이 요구하는 국가 주요 정책 연구 등을 포괄합니다. 둘째로 정책 네트워크 관리는 청와대, 총리실, 정부부처, 정부출연 연구기관, 정당 등과의 협업 및 교류가 중요하며, 학계, 전문가 집단, 시민단체 등과의 네트워크 확장을 포함합니다. 특히 정책기획위원회는 대통령 소속 위원회를 통괄하는 기능을 갖기도 합니다.

대통령 소속의 9개 주요 위원회로 구성된 '국정과제협의회'의 의장

위원회로서 대통령 위원회의 소통과 협업의 구심 역할을 했습니다. 셋째로 정책소통 관리는 정부부처 간의 소통과 협력을 매개하는 역할이나 정책 쟁점이나 정책 성과에 대해 국민들이 공감할 수 있도록 정책 담론을 생산하고 확산하는 일을 포괄합니다. 연구용역이나 주요 정책 TF 운용의 결과를 다양한 형태의 간담회, 학술회의, 토론회, 언론 기고, 자체 온라인 방송 채널을 통해 공유하기도 했습니다.

정책기획위원회의 1기는 정부 출범 시 '국정기획자문위원회'가 만든 100대 국정과제의 관리와 '미래비전 2045'를 만드는 데 중점이 두어졌습니다. 말하자면 정책 콘텐츠 관리에 중점을 둔 셈입니다. 정책기획위원회의 2기는 위기적 정책 환경에 대응하는 정책 콘텐츠 생산과 집권 후반부의 성과관리라는 측면에서 과제가 큰 폭으로 늘었습니다. 주지하듯 문재인 정부의 후반부는 세계사적이고 문명사적인 아주 특별한 시대적 위기를 맞고 있습니다. 코로나19 팬데믹이라는 문명사적 위기는 정책기획위원회 2기의 정책 환경을 완전히 바꾸었습니다. 정책기획위원회는 코로나19 발생 이후 포스트 코로나시대에 새롭게 부가되는 국정과제를 100대 과제와 조정 보완하는 작업, 감염병 대응과 보건의료체제 혁신을 위한 종합 대책의 마련, 코로나19 이후 거대 전환의 사회변동에 대한 전망, 한국판 뉴딜의 보완과 국정자문단의 운영 등을 새로운 과제로 진행했습니다.

정책기획위원회의 2기는 코로나19 팬데믹으로 인한 방역위기와 경제위기를 뚫고 나아가는 국가 혁신전략들을 지원하는 일과 함께, 무엇보다도 문재인 정부의 국정성과를 정리하고 〈국정백서〉를 집필하는 일이남아 있습니다. 우리 위원회는 성과관리를 단순히 정부의 치적을 정리하는 수준이 아니라 국정성과를 국민의 성과로 간주하고 국민과 공유해야 한다는 차원에서 정책 소통의 한 축으로 간주하고 있습니다.

우리 위원회는 문재인 정부가 촛불혁명의 정부로서 그리고 제도혁명의 정부로서 지향했던 비전의 진화 경로를 종합적 조감도로 그렸고 이 비전 진화의 경로를 따라 축적된 지난 4년의 성과를 포괄적으로 정리하기도 했습니다. 다양한 정책성과 관련 담론들을 세부적으로 만드는 과정이 이어지는 가운데, 우리 위원회는 그간의 위원회 활동 결과로 생산된 다양한 정책담론들을 단행본으로 만들어 대중적으로 공유하면 좋겠다는 데에 뜻을 모았습니다. 이러한 취지는 정책기획위원회 뿐 아니라 국정과제협의회 소속의 다른 대통령 위원회도 공유함으로써 단행본 발간에 동참하게 되었습니다. '국정과제협의회 정책기획시리즈'가 탄생했고 각 단행본의 주제와 필진 선정, 그리고 출판은 각 위원회가 주관해서 진행하는 것으로 했습니다.

정책기획위원회가 출간하는 이번 단행본들은 정부의 중점 정책이나 대표 정책을 다루는 것이 아닙니다. 또 단행본의 주제들은 특별한 기준에 따라 선별된 것도 아닙니다. 이번에 출간하는 단행본 시리즈의 내용들은 정부 정책이나 법안에 반영된 것도 있고 그렇지 않은 것도 포함되어 있습니다. 따라서 이 책의 내용들은 정부나 정책기획위원회의 공식 입장이라고 할 수 없습니다. 정책기획위원회에서 지난 4년간 다양한 방식으로 논의된 정책담론들 가운데 비교적 단행본으로 엮어내기에 수월한 것들을 모아 필진들이 수정하는 수고를 더한 것입니다. 문재인 정부의 정책기획위원회에 모인 백여 명의 정책기획위원들이 다양한 분야에서 국가의 미래를 고민했던 흔적을 담아보자는 취지라 할 수 있습니다.

2. 문재인 정부 4년의 국정비전과 국정성과에 대하여

문재인 정부는 촛불시민의 염원을 담아 '나라다운 나라, 새로운 대한민국'을 약속하며 출발했습니다. 지난 4년은 우리 정부가 국민과 약속한 나라를 만들기 위해 진지하고도 일관된 노력을 기울인 시간이었습니다. 지난 4년, 국민의 눈높이에 미흡하고 부족한 부분이 있었습니다. 그러나 예상하지 못한 거대한 위기가 거듭되는 가운데서도 정부는 국민과 함께 다양한 국정성과를 만들었습니다.

어떤 정부든 공과 과가 있기 마련입니다. 한 정부의 공은 공대로 평가되어야 하고 과는 과대로 평가되어야 합니다. 아무리 미흡한 부분이 있더라도 한 정부의 국정성과는 국민이 함께 만든 것이기 때문에 국민적으로 공유되어야 하고, 국민적 자부심으로 축적되어야 합니다. 국정의 성과가 국민적 자부심과 자신감으로 축적되어야 새로운 미래가 있습니다.

정부가 국정 성과에 대해 오만하거나 공치사를 하는 것은 경계해야 할 일이지만 적어도 우리가 한 일에 대한 자신감과 자부심 없이는 대한민국의 미래 또한 밝을 수 없습니다. 정책기획위원회는 이 같은 취지로 2021년 4월 『문재인 정부 국정비전의 진화와 국정성과』라는 제목의 보고서를 만들었고, 이 보고서를 바탕으로 5월에는 문재인 정부 4주년을 기념하는 컨퍼런스도 개최했습니다.

문재인 정부는 2017년 출범 후 '국민의 나라, 정의로운 대한민국'을 국가비전으로 제시하고 5대 국정목표, 20대 국정전략, 100대 국정과제를 제시했습니다. '국민의 나라, 정의로운 대한민국'이라는 국정의 총괄 비전은 "대한민국의 모든 권력은 국민으로부터 나온다"라고 하는 헌법 제1조의 정신입니다. 여기에 '공정'과 '정의'에 대한 문재인 대통령의 통치 철학을 담았습니다. 정의로운 질서는 사회적 기회의 윤리인 '공정', 사회적 결과의 윤리인 '책임', 사회적 통합의 윤리인 '협력'이라는 실천윤리가 어울려 완성됩니다. 문재인 정부 4년은 공정국가, 책임국가, 협력국가를 향한 일관된 여정이었습니다. 그리고 문재인 정부의 국정성과는 공정국가, 책임국가, 협력국가를 향한 일관된 정책의 효과였습니다.

돌이켜보면 문재인 정부 4년은 중첩된 위기의 시간이었습니다. 집권 초기 북핵위기에 이은 한일통상위기, 그리고 코로나19 팬데믹 위기라는 예측하지 못한 3대 위기에 문재인 정부는 놀라운 위기 대응 능력을 보였습니다. 2017년 북핵위기는 평창올림픽과 다자외교, 국방력 강화를 통한 한반도 평화 프로세스로 위기 극복의 성과를 만들었습니다. 2019년의 한일통상위기는 우리 정부와 기업이 소부장산업 글로벌 공급망을 재편하고 소부장산업 특별법 제정 등 모든 수단을 동원해 제조업의 경쟁력을 강화함으로써 위기를 극복했습니다. 일본과의 무역마찰을 극복하는 이 과정에서 '아무도 흔들 수 없는 나라'를 만들겠다는 대통령의 약속이 있었고 마침내 우리는 일본과 경쟁할 만하다는 국민적 자신감을 갖게 되었습니다.

이제는 핵심 산업에서 한국 경제가 일본을 추월하게 되었지만 우리 국민이 갖게 된 일본에 대한 자신감이야말로 무엇보다 큰 국민적 성과가 아닐 수 없습니다.

2020년 이후의 코로나19 위기는 지구적 생명권의 위기이자 인류 삶의 근본을 뒤흔드는 문명사적 위기라 할 수 있습니다. 우리는 개방, 투명, 민주방역, 과학적이고 창의적 방역으로 전면적 봉쇄 없이 팬데믹을 억제한 유일한 나라가 되었습니다. K-방역의 성공은 K-경제의 성과로도 확인됩니다. K-경제의 주요 지표들은 우리 경제가 코로나19 이전으로 회복되었을 뿐 아니라 성공적 방역으로 우리 경제가 새롭게 도약하고 있다는 사실을 보여주고 있습니다.

문재인 정부 4년 간 겪었던 3대 거대 위기는 인류의 문명사에 대한 재러드 다이아몬드식 설명에 비유하면 '총·균·쇠'의 위기라 할 수 있습니다. 인류문명을 관통하는 총·균·쇠의 역사는 제국주의로 극대화된 정복과 침략의 문명사였습니다. 그러나 문재인 정부가 지난 4년 총·균·쇠에 대응한 방식은 평화와 협력, 상생의 패러다임으로 인류의 신문명을 선도하는 것이었습니다. 세계가 이 같은 총·균·쇠의 새로운 패러다임에 주목하고 있습니다. 문재인 정부가 총·균·쇠의 역사를 다시 쓰고 인류문명을 새롭게 이끌고 있다고 감히 말할 수 있습니다.

문재인 정부는 지난 4년, 3대 위기를 극복함으로써 '위기에 강한 정부'의 성과를 얻었습니다. 또 한국판 뉴딜과 탄소중립 선언, 4차 산업혁명과 혁신성장, 문화강국과 자치분권의 확장을 주도해 '미래를 여는 정부'의 성과를 만들었습니다. 돌봄과 무상교육, 건강공공성, 노동복지 등에서 '복지를 확장한 정부'의 성과도 주목할 만합니다. 국정원과 검찰·경찰 개혁, 공수처 출범 및 시장권력의 개혁과 같은 '권력을 개혁한 정부'의 성과에도 주목해야 합니다. 나아가 문재인 정부는 한반도 평화유지와 국방력 강화를 통해 '평화시대를 연 정부'의 성과도 거두고 있습니다.

위기대응, 미래대응, 복지확장, 권력개혁, 한반도 평화유지의 성과를 통해 강한 국가, 든든한 나라로 거듭나는 정부라는 점에 주목하면 우리는 '문재인 정부 국정성과로 보는 5대 강국론'을 강조할 수 있습니다. 이 같은 '5대 강국론'을 포함해 주요 입법성과를 중심으로 '대한민국을 바꾼 문재인 정부 100대 입법성과'를 담론화하고, 또 문재인 정부 들어 눈에 띄게 달라진 주요 국제지표를 중심으로 '세계가 주목하는 문재인 정부 20대 국제지표'도 담론화하고 있습니다.

2021년 4월 26일 국정성과를 보고하는 비공개 회의에서 문재인 대통령은 "모든 위기 극복의 성과에 국민과 기업의 참여와 협력이 있었다"는 말씀을 몇 차례 반복했습니다. 지난 4년, 국정의 성과는 오로지 국민이 만든 국민의 성과입니다. 그래서 문재인 정부 4년의 성과는 오롯이 우리 국민의 자부심의 역사이자 자신감의 역사입니다. 문재인 정부 4년의 성과는 국민과 함께 한 일관되고 연속적인 국정비전의 진화를 통해 축적되었습니다. '국민의 나라, 정의로운 대한민국'이라는 국가비전이 구체화되고 세분화되어 진화하는 과정에서 '소득주도성장·혁신성장·공정경제'의 비전이 제시되었고, 이러한 경제운용 방향은 '혁신적 포용국가'라는 국정비전으로 포괄되었습니다.

3대 위기과정을 극복하는 과정에서 문재인 정부는 '아무도 흔들 수 없는 나라', '위기에 강한 나라'라는 비전을 진화시켰고, 코로나19 팬데믹 위기에서 '포용적 회복과 도약'의 비전이 모든 국정 방향을 포괄하는 비전으로 강조되었습니다. 코로나 팬데믹으로 인한 방역위기와 경제위기를 극복하는 과정에서 대한민국은 새로운 세계표준이 되었습니다. 또 최근 탄소중립시대와 디지털 경제로의 대전환을 준비하는 한국판 뉴딜의 국가혁신 전략은 '세계선도 국가'의 비전으로 포괄되었습니다.

이 모든 국정비전의 진화와 성과에는 국민과 기업의 기대와 참여가 있었습니다. 그러나 우리는 문재인 정부의 임기가 그리 많이 남지 않은 시점에서 국민의 기대와 애초의 약속에 미치지 못한 많은 부분들은 남겨놓고 있습니다. 혁신적이고 종합적인 새로운 그림이 필요한 부분도 있고 강력한 실천과 합의가 필요한 부분도 있습니다. 무엇보다도 민주주의에 대한 새로운 기획이 필요합니다. 문재인 정부는 촛불혁명이라는 제도혁명을 통해 민주주의를 진화시킨 정치사적 성과를 얻었으나 정작 민주주의에 대한 새로운 전망을 제시하는 데는 미치지 못했습니다. 문재인 정부는 헌법 제1조의 민주주의를 실현하고자 했으나 문재인 정부 이후의 민주주의는 국민의 행복추구와 관련된 헌법 제10조의 민주주의로 진화해야 할지 모릅니다. 민주정부 4기로 이어지는 새로운 민주주의의 디자인이 필요합니다.

둘째는 공정과 평등을 구성하는 새로운 정책비전의 제시와 합의가 요구됩니다. 오늘날 대부분의 국가는 정의로운 공동체를 추구합니다. 정의로운 질서는 불평등과 불공정, 부패를 넘어 실현됩니다. 이 같은 질서에는 공정과 책임, 협력의 실천윤리가 요구되지만 우리 시대에 들어 이러한 실천윤리에 접근하는 방식은 세대와 집단별로 큰 차이를 보입니다.

신자유주의 시대에 성장한 청년세대는 능력주의와 시장경쟁력을 공정의 근본으로 인식하는 반면 기성세대는 달리 인식합니다. 공정과 평등에 대한 '공화적 합의'가 필요합니다. 소득과 자산의 분배, 성장과 복지의 운용, 일자리와 노동을 둘러싼 공정과 평등의 가치에 합의함으로써 '공화적 협력'에 관한 새로운 그림이 제시되어야 합니다.

셋째는 지역을 살리는 그랜드 비전이 새롭게 제시되어야 합니다. 공공기관 이전을 통한 중앙정부 주도의 혁신도시 정책을 넘어 지역 주도의 메가시티 디자인과 한국판 뉴딜의 지역균형 뉴딜, 혁신도시 시즌

2 정책이 보다 큰 그림으로 결합되어 지역을 살리는 새로운 그랜드 비전으로 제시될 필요가 있습니다.

넷째는 고등교육 혁신정책과 새로운 산업 전환에 요구되는 인력양성 프로그램이 결합된 교육혁신의 그랜드 플랜이 만들어져야 합니다.

다섯째는 커뮤니티 케어에 관한 혁신적이고 복합적인 정책 디자인이 준비되어야 합니다. 지역 기반의 교육시스템과 지역거점 공공병원, 여기에 결합된 지역 돌봄 시스템이 복합적이고 혁신적으로 기획되어야 합니다.

이 같은 과제들은 더 큰 합의와 더 많은 시간이 필요합니다. 그러나 이러한 쟁점들이 다음 정부의 과제나 미래과제로 막연히 미루어져서는 안 됩니다. 문재인 정부의 국정성과들이 국민의 기대와 참여로 가능했듯이 이러한 과제들은 기존의 국정성과에 이어 문재인 정부의 마지막까지 국민과 함께 제안하고 추진함으로써 정책동력을 놓치지 않는 것이 중요합니다.

코로나19 변이종이 기승을 부리면서 여전히 코로나19 팬데믹의 엄중한 위기가 진행되는 가운데 국민의 생명과 삶을 지켜야 하는 절체절명한 시간이 흐르고 있습니다. 문명 전환기의 미래를 빈틈없이 준비해야하는 절대시간이기도 합니다. 여기에 대응하는 문재인 정부의 남은 시간이 그리 길지 않습니다. 그러나 인수위도 없이 서둘러 출발한 정부라는 점과 코로나 상황의 엄중함을 생각하면 문재인 정부에게 남은 책임의 시간은 길고 짧음을 잴 여유가 없습니다.

이 절대시간 동안 코로나19보다 위태롭고 무서운 것은 가짜뉴스나 프레임 정치가 만드는 국론의 분열입니다. 세계가 주목하는 정부의 성과를 애써 외면하고 근거 없는 프레임을 공공연히 덮씌우는 일은 우리 공동체를 국민의 실패, 대한민국의 무능이라는 벼랑으로 몰아가는 것과 다르지 않습니다. 국민이 선택한 정부는 진보정부든 보수정부든 성공해야 합니다. 책임 있는 정부가 작동되는 데는 책임 있는 '정치'가 동반되어야 합니다.

정책기획위원회를 포함한 국정과제위원회들은 문재인 정부의 남은 기간 동안 국정성과를 국민과 공유하는 적극적 정책소통관리에 더 많은 의미를 두어야 합니다. 문재인 정부의 성과를 정확하게, 사실에 근거해서 평가하고 공유하는 데 더 많은 시간을 써야 합니다. 다른 무엇보다도 객관적이고 종합적인 국정성과에 기반을 둔 세 가지 국민소통 전략이 강조됩니다.

첫째는 정책 환경과 정책 대상의 상태를 살피고 문제를 찾아내는 '진단적 소통'입니다. 둘째는 국정성과에 대한 이해를 통해 민심과 정부 정책의 간극이나 긴장을 줄이고 조율하는 '설득적 소통'이 중요합니다. 셋째는 국민들이 삶의 현장에서 정책의 성과를 체감할 수 있게 하는 '체감적 소통'을 강조할 수 있습니다. 위기대응정부론, 미래대응정부론, 복지확장정부론, 권력개혁정부론, 평화유지정부론의 '5대 강국론'을 비롯한 다양한 국정성과 담론들이 이 같은 국민소통 전략으로 공유될 수 있기를 바랍니다.

정책기획위원회의 눈으로 지난 4년을 돌이켜보면 문재인 정부의 시간은 '일하는 정부'의 시간, '일하는 대통령'의 시간이었습니다. 촛불혁명으로 집권한 제도혁명정부로서는 누적된 적폐의 청산과 산적한 과제의 해결이 국민의 명령이었기 때문에 옆도 뒤도 보지 않고 오로지 이 명령을 충실히 따라야 했습니다. 그 결과가 '일하는 정부', '일하는 대통령'의 시간으로 남게 된 셈입니다.

정부 광화문청사에 있는 정책기획위원회 위원장실에는 한 쌍의 액자가 걸려 있습니다. 위원장 취임과 함께 우리 서예계의 대가 시중(時中) 변영문(邊英文) 선생님께 부탁해 받은 것으로 "先天下之憂而憂, 後天下之樂而樂"(선천하지우이우, 후천하지락이락)이라는 글씨입니다. 북송의 명문장가였던 범중엄(范仲淹)이 쓴 '악양루기'(岳陽樓記)의 마지막 구절입니다. "천하의 근심은 백성들이 걱정하기 전에 먼저 걱정하고, 천하의 즐거움은 모든 백성들이 다 즐긴 후에 맨 마지막에 즐긴다"는 의미로 풀어볼 수 있습니다. 국민들보다 먼저 걱정하고 국민들보다 나중에 즐긴다는 말로 해석됩니다. 일하는 정부, 일하는 대통령의 시간과 닿아 있는 글귀입니다.

　문재인 정부의 남은 시간이 길지 않지만, 일하는 정부의 시간으로 보면 짧지만도 않습니다. 결코 짧지 않은 문재인 정부의 시간을 마지막까지 일하는 시간으로 채우는 것이 제도혁명정부의 운명입니다. 촛불시민의 한 마음, 문재인 정부 출범 시의 절실했던 기억, 국민의 위대한 힘을 떠올리며 우리 모두 초심으로 돌아가야 합니다.

　앞선 두 번의 정부가 국민적 상처를 남겼습니다. 진보와 보수를 떠나 국민이 선택한 정부가 세 번째 회한을 남기는 어리석은 역사를 거듭해서는 안 됩니다. 문재인 정부의 성공이 우리 당대, 우리 국민 모두의 시대적 과제입니다.

3. 한없는 고마움을 전하며

　아무리 작은 일이라도 일이 마무리되고 결과를 얻는 데는 드러나지 않는 많은 분들의 기여와 관심이 있기 마련입니다. 정책기획위원회는 앞에서 밝힌 바와 같이 정책 콘텐츠 관리와 정책 네트워크 관리, 정책 소통 관리에 포괄되는 광범한 활동을 수행하고 있습니다. 사실 이 책과 같은 단행본 출간사업은 정책기획위원회의 관례적 활동과는 별개로 진행되는 여벌의 사업이라 할 수 있습니다. 이러한 부가적 사업이 가능한 것은 6개 분과 약 백여 명의 정책기획위원들이 위원회의 정규 사업들을 충실히 해낸 효과라 할 수 있습니다. 무엇보다도 정책기획위원회라는 큰 배를 위원장과 함께 운항해주신 두 분의 단장과 여섯 분의 분과위원장께 감사의 말씀을 드려야 합니다. 미래정책연구단장을 맡아 위원회에 따뜻한 애정을 쏟아주신 박태균 교수, 국정과제지원단장을 맡아 헌신적으로 일해주신 윤태범 교수께 각별한 마음을 전합니다. 김선혁 교수, 양종곤 교수, 문진영 교수, 소순창 교수, 추장민 박사, 구갑우 교수께서는 6개 분과를 늘 든든하게 이끌어 주셨습니다. 한없는 고마움을 전합니다.

단행본 사업에 흔쾌히 함께 해주신 정책기획위원뿐 아니라 비록 단행본 집필에는 참여하지 않았지만 지난 4년 정책기획위원회에서 문재인 정부의 다양한 정책담론을 다루어주신 1기와 2기 정책기획위원 모든 분께 이 자리를 빌려 그간 가슴 한 곳에 묻어두었던 고마운 마음을 전합니다.

위원들의 활동을 결실로 만들고 그 결실을 빛나게 만든 것은 정부 부처의 파견 공무원과 공공기관의 파견 위원, 그리고 전문위원으로 구성된 위원회 직원들의 공이었습니다. 국정담론을 주제로 한 단행본들이 결실을 본 것 또한 직원들의 헌신 덕분입니다. 행정적 지원을 진두지휘한 김주이 기획운영국장, 정현용 국정과제국장, 백운광 국정연구국장, 김찬규 전략홍보실장께 각별한 감사를 드리며, 본래의 소속으로 복귀한 직원들을 포함해 정책기획위원회에서 함께 일한 직원들 한 분한 분께도 감사의 마음을 전합니다.

한국판 뉴딜을 정책소통의 차원에서 국민적으로 공유하기 위해 정책기획위원회는 '한국판 뉴딜 국정자문단'을 만들었고, 지역자문단도 순차적으로 구성한 바 있습니다. 한국판 뉴딜 국정자문단의 자문위원으로 함께 해주신 모든 분들께도 이 자리를 빌려 감사드립니다.

서 론

이 연구는 새로운 남북관계 발전 비전을 제시하는 것을 목적으로 진행되었다. 현재 한반도 정세는 매우 유동적이며 한반도의 평화 정착과 남북관계의 발전을 가로막는 내외의 장애 요인들도 여전히 적지 않다. 최근 상황만 보아도 2018년 한반도평화프로세스가 진전되면서 남북관계가 긍정적 방향으로 전환되었고 중요한 성과를 거두기도 했으나 한반도평화프로세스, 특히 북미 대화가 교착 상태에 빠진 이후에는 남북관계가 계속 악화되었다. 그렇지만 이처럼 정세의 불확실성이 높을수록 남북관계가 지나치게 상황 변화에 좌우되지 않도록 하고 남북관계 발전을 지속시킬 수 있도록 하는 데 지침 역할을 할 수 있는 목표와 비전을 확고하게 세우는 것이 중요하다.

무엇보다 작금의 상황이 아무리 복잡하더라도 한반도의 분단체제가 지속가능하지 않다는 점은 더 명확해지고 있기 때문이다. 2017년까지 북한의 반복된 핵·미사일 실험과 함께 고조되었던 한반도의 군사적 긴장은 그 징후이다. 그리고 지금 다시 그런 상황으로 돌아가는 것은 심각한 재앙으로 이어질 수 있다는 점을 남북은 물론이고 한반도 외부의 유관국들도 명확하게 인식하고 있다. 이러한 위기 의식은 한반도에서 주기적으로 대화와 협력을 촉진해온 요인이기도 하다. 다만 이러한 위기 의식에 의해 촉진된 대화와 협상은 한반도와 남북관계가 직면한 복잡한 문제를 해결하기 어렵다. 남과 북은 물론이고 주변 국가들도 동의할 수 있는 한반도 미래 비전이 수립되고 이에 대한 공감대가 확산될 때 한반도 평화 정착과 남북관계 발전 과정에 존재하는 여러 장애물들을 극복해갈 수 있는 동력을 만들어낼 수 있다.

동시에 이러한 비전은 현재의 문제를 새로운 각도에서 볼 수 있게 만들고 이를 통해 남북관계 발전과정에서 존재하는 여러 문제들에 대해 지금까지는 생각하지 못했던 새로운 해결방법을 찾는 데 도움을 줄 수 있다. 최근 한반도 문제가 진전과 후퇴를 반복해온 데는, 주요 행위자들이 변화의 필요성은 인식하고 있지만 실제 행동은 분단체제 하에서 형성된 사고와 관습의 틀에서 벗어나지 못하고 있는 것이 가장 중요한 원인 중 하나로 작용하고 있다. 예를 들어 모두 평화의 중요성을 이야기하고 있지만, 상대를 위협으로 인식하는 관습적 인식이 평화를 위한 실질적 행동에 나서지 못하게 만들고 있다. 이에 따라 협상이 실질적인 행동을 필요로 하는 단계에 이르면 진전을 보지 못하고 결국은 좌초하는 상황이 반복되어왔던 것이다. 한반도 평화와 협력의 비전에 대한 공감대를 형성하게 되면, 주요 행위자들이 지금까지 문제해결을 가로막은 관습적 사고에서 벗어나 새로운 행동방식을 택할 수 있는 환경을 형성할 수 있다. 즉 한반도평화프로세스의 진전을 위해서는 서로를 위협으로 간주하지 않고 협력적 관계로 평화와 번영이라는 목표를 달성할 수 있다는 신뢰 형성이 중요하며, 이러한 신뢰 형성을 촉진할 수 있는 남북관계 발전의 비전이 제시되어야 한다.

이러한 역할을 수행하기에는 정부의 기존 통일 방안이 갖는 한계가 뚜렷하다. 1989년에 처음 제시되고 1994년에 일부 수정된 '민족공동체통일방안'은 지금까지 30년 이상의 시간을 견디며 한국 정부의 통일 방안으로 유지되고 있는 것에서 확인할 수 있듯이 상당한 합리성을 갖고 있다. 2000년 '6·15 공동선언'은 3단계 통일과정의 중간 단계로 제시된 남북연합이 북의 낮은 단계의 연방제와 공통점이 있으며 이러한 방향으로 통일을 추진한다고 입장을 천명했다. 따라서 이 방안의 합리적 측면을 앞으로도 계승할 필요가 있다. 그럼에도 남북연합 방안을 포함해 기존 통일 방안은 현 시점에서 볼 때 남북관계 발전의 비전으로 삼기에는 구체적이지 못한 면이 있고 그 사이에 제기된 남북관계와 관련한 여러 새로운 쟁점들에 대해서도 효과적 해결방안을 제시하기 어렵다.

우선 통일과 평화의 관계에 대한 체계적 설명이 부족하다. 이는 이 방안이 제출된 시기가 북핵 문제가 심각해지기 이전이었다는 사실과 관련이 있다. 당시 한국 정부는 기본적으로 남북의 협력을 진전시키는 과정에서 평화가 정착될 수 있다는 기능주의적 접근법을 택했다. 그러나 북핵문제가 심각해지면서 군사문제의 해결 없이는 남북협력의 추진이 어려운 상황이 출현했다. 즉 기능주의적 접근을 넘어선 남북관계 발전 전략과 비전이 필요한 상황이다. 그리고 남북이 오랜 분단으로 인해 체제의 이질성이 심화되고 이를 인위적이고 강제적 방식으로 동질화시키려 할 경우에 한반도 차원은 물론이고 동북아 차원에서 심각한 재앙을 초래할 가능성이 높아졌다. 따라서 남북관계의 발전과 남북의 통합은 화해와 협력의 심화를 기본 방향으로 하며 단계적으로 추진되어야 한다는 점이 더 명확해졌다. 즉 한반도 평화 정착과 남북의 단계적 통합이라는 두 가지 목표를 구현할 수 있는 남북관계 발전 구상이 필요하다.

남북연합이 이러한 요구를 반영하는 비전으로서 역할을 할 수 있는 가능성을 내포하고 있지만, 우리 통일 방안에서 남북연합은 여전히 최종적 통일로 나아가는 과도적 단계로 제시되어 있다는 점이 가장 큰 한계이다. 최종적 통일이라는 목표를 추구할 필요는 있지만 그렇다고 그 중간 과정이 최종적 통일이라는 목적의 실현에 복무하는 것으로 규정되는 것은 바람직하지도 않고 현실적이지도 않다. 그 중간 과정에서도 사람들의 삶이 존재하며, 그 삶은 새로운 단계를 준비하는 과정으로 그 의미가 제한되어서는 안 되며 그 자체로 중요한 의미가 있고 그 의미가 존중을 받아야 한다.

최종적 통일은 이 단계에서 삶의 질이 높아지는 과정의 결과로서 실현되어야 한다. 따라서 평화를 정착시키고, 협력이 안정적으로 이루어지도록 하는 안정적 제도로 남북연합이 재해석되고 구체화될 필요가 있다. 그리고 이러한 각도에서 남북관계 발전 및 통일과 관련한 여러 문제들을 조명하고 이에 대한 새로운 접근법을 찾아가야 한다. 이것이 이 연구에서 제시하고자 하는 신통일론의 핵심이다.

또한 이 연구에서 논의하는 신통일론은 새롭게 제기된 사회적 가치와 규범들을 통일이라는 지향과 연결시키고자 했다. 근대 모델에 기초한 통일론은 근대 모델이 초래한 여러 문제들에 대응하는 데 한계가 있다. 지금까지 통일론은 민족국가 혹은 국민국가 프레임에 기초해 있는데, 그동안 이러한 국가모델이 시민들의 건강한 삶을 실현하는 데 여러 부정적 영향을 미친다는 비판이 증가해왔다. 국가간 관계에서도 민족주의나 경직된 국민국가 모델은 현재 출현하고 있는 문제들의 해결방안이기보다는 그 원인인 경우가 많다. 민족주의나 국민국가 모델은 자신을 정당화하는 과정에 국가 내부와 외부에 타자를 만들어내고 이들을 배제하는 방식으로 사회를 구성하려는 관성에 빠지기 쉽기 때문이다. 이 문제는 사람과 환경의 관계에서도 나타난다. 국민국가 모델과 밀접하게 연관된 성장(지상)주의도 사회적 배제의 논리로 작동하는 경우가 많을 뿐 아니라 심각한 생태문제를 초래하고 있다. 만약 통일이 이러한 문제를 재생산하고 확대하는 과정으로 인식된다면 통일에 대한 지지를 넓히기는 앞으로 더 어려워질 것이다. 이 연구의 일환으로 진행된 청년들을 대상으로 하는 FGI에서도 통일 자체에 대한 거부감보다 통일을 논의하는 방식에 대한 거부감이 크다는 사실을 확인할 수 있다.[1]

따라서 신통일론은 미래지향적 가치를 담는 방향으로 구성되어야 한다. 이와 관련해 남북연합 방안은 의도한 것은 아니지만 이 새로운 문제의식을 수용할 수 있는 틀이 될 수 있다. 복합국가 모델의 일종으로서의 남북연합 방안은 국민국가 모델의 억압적 속성을 완화시키고 미래지향적 가치를 실현할 수 있는 공간을 제공해주기 때문이다. 다만 이는 가능성으로만 존재하며 어떻게 이러한 가능성을 실현할 것인가와 관련해서는 논의가 아직 부족한 상황이다.

이 역시 남북연합을 과도기로 규정했던 것과 관련된 문제이다. 남북연합을 과도기로 간주했을 경우 남북연합 내에 존재하는 다양한 가능성을 발굴하고 그것을 구현하는 방향으로 고민과 논의가 진행되기

---

1 이와 관련해 "저는 그냥 또 통일하면 어떤 게 떠오르냐면 되게 약간 좀 머리 희끗 희끗하시고 나이든 일부 남성들이 약간 근엄한 표정으로 진지하게 논의하는 막 그런 장면밖에 안 떠올라요. 근데 저는 그거가 사실 청년세대들이나, 다른 세대들이 이렇게 통일 문제에 대해서 접근하는 데 장애물이 되는 거라 생각을 하는데"나 "(문재인 정부의 한반도평화프로세스)일단 검색해봤을 때 용어 정의라든가 제대로 된 보도자료가 안 떴고요. 그냥 직관적으로 느꼈을 때는 '통일은 대박'이다에서 단어 하나만 더 넣은 것 같은데? 약간 이런 느낌이었던 것 같아요"와 같은 발언을 주목할 필요가 있다. 이 FGI는 청년세대 12명(26~34세)을 3명씩 그룹으로 묶어 네 차례 진행했다.

어렵다. 이 연구는 남북연합을 과도기가 아니라 남북의 단계적 통합과 한반도의 평화 정착이라는 목표를 실현하기 위한 핵심 제도로 재해석하고 이에 기초해 이 제도가 정치관계를 넘어 다른 영역의 남북협력 메커니즘과 갖는 유기적 관계를 살펴보고자 했다. 이 과정에 남북연합이 갖는 다양한 가능성이 새롭게 조명될 수 있을 것이다.

마지막으로 새로운 남북협력 시대를 준비하는 데 있어 아래로부터의 통일 논의를 활성화할 필요가 커지고 있다. 남북관계 발전이 궤도에 오르게 될수록 시민들의 참여가 더 중요해진다. 그런데 제도 중심의 통일 논의는 이 문제에 대한 시민들의 참여를 어렵게 만드는 요인 중 하나이다. 통일이 사람들의 삶을 어떤 방향으로 변할 것인지에 대한 비전이 포함될 때 이와 관련한 논의와 실천에 시민의 참여를 활성화시킬 수 있다. 즉 남북관계 발전에 대한 시민적 비전을 수립하는 것이 중요하다. 현재 심각한 문제로 지적되고 있는 남남갈등 문제도 진영 간 대화와 같은 방식보다는 시민들이 직면한 문제들이 해결되는 데 남북협력이 어떤 도움을 줄 수 있는가에 대한 설득력 있는 설명을 제공할 수 있을 때 더 발전적으로 극복될 수 있다.

위의 같은 신통일론을 구성하는 데 있어 가장 중요한 것은 연역적이고 당위론적 통일론을 귀납적이고 현실론적 통일론으로 전환시키는 작업으로 이어져야 한다. 특히 지금까지 남북연합 논의는 공식 제도적 차원에 초점을 맞추고 있고, 여기서도 복합국가 모델의 이점을 어떻게 활용할 것인가보다 최종적 통일이라는 목표로 수렴되는 과정에 초점을 맞추어왔다. 그러나 이러한 방식의 논의는 변화된 객관적 상황(남북의 상황, 국제정세)이나 미래지향적 가치(생태, 젠더 등)의 실현 등의 문제를 반영하기 어렵고, 또 남북관계나 한반도 근미래에 대한 체계적 비전을 제시하는 데 한계가 크다.

통일이 미래지향적 가치를 반영하는 방향으로 진행될 수 있도록 만드는 제도와 협력 방안을 구체화하는 방향으로 통일론의 재구성이 이루어져야 하는 이유가 여기에 있다. 이를 위해서는 남북연합을 경유하는 남북관계 발전 방향과 비전을 정치제도적 차원만이 아니라 사회, 문화, 경제 등의 차원을 포함해 재구성할 필요가 있다.

문재인 대통령이 3·1절 100주년 기념사에서 제시한 '신한반도체제' 비전도 남북관계의 미래상을 새로운 이러한 취지를 담고 있다. 그렇지만 '신한반도체제' 비전은 2019년 북미관계가 악화된 상황에서 북미간에는 물론이고 남도 북미관계의 교착 상태를 타개하는 것을 가장 우선적 과제로 삼으면서 더 구체화되지 못했다. 그럼에도 문재인 정부는 신한반도체제와 연관된, 그리고 통일론의 발전을 위한 다양한 담론을 제시해왔다. 생명공동체, 평화경제, 비 전통안보 협력과 인간안보, 동북아협력 등이 그것이다.

이제 그동안 개별적으로 제시된 위의 문제의식들을 신통일론으로 종합해가는 작업이 필요하다. 이 연구는 앞에서 언급한 필요성을 반영해 기존 통일 방안, 특히 남북연합 방안을 구체화하고 풍부하게 하는 것을 통해 미래지향적 통일론을 제시하고자 했다.

마지막으로 최근 북한의 변화도 이 연구가 더 중요한 의의를 갖게 만들고 있다. 2021년 1월 진행된 북한의 노동당 제8차 당대회에서 규약을 수정하면서 서문 중 "조선로동당의 당면 목적은 공화국 북반부에서 사회주의 강성국가를 건설하며 전국적 범위에서 민족해방민주주의혁명의 과업을 수행하는데 있으며 최종 목적은 온 사회를 김일성-김정일주의화하여 인민대중의 자주성을 완전히 실현하는데 있다"는 표현을 "조선로동당의 당면 목적은 공화국 북반부에서 부강하고 문명한 사회주의 사회를 건설하며 전국적 범위에서 사회의 자주적이며 민주주의적인 발전을 실현하는데 있으며 최종 목적은 인민의 리상이 완전히 실현된 공산주의 사회를 건설하는데 있다"로 변경했다. 이에 대해 여러 해석이 가능하지만 이는 남북관계에서 대화와 협상의 방식을 더 중심에 놓겠다는 의지의 표명이며, 그에 따라 남북의 단계적 통합에 대한 접점을 찾을 가능성이 더 높아졌다고 평가할 수 있다.

이와 관련해 남북이 합의할 수 있는 남북연합 방안에 대한 연구가 더 현실적이고 중요한 의미를 갖게 되었다. 이 연구가 이러한 연구를 진전시키는 촉진제 역할을 할 수 있을 것이다.

1. 통일론에 관한 기존 연구

지금까지 통일론과 관련한 연구는 주로 통일 방안을 중심으로 진행되었다. 최근 연구를 중심으로 살펴보면 다음과 같은 흐름을 확인할 수 있다.

첫째, 한민족공동체통일방안의 제출 이후 이를 설명하고 내용을 더 구체화시키기 위한 연구들이 있다.[2] 둘째, 2000년 6월 남북 정상이 '6·15 공동선언' 2항에서 "남과 북은 나라의 통일을 위한 남측의 연합

---

2 공보처, 『통일로 가는 길: 민족공동체 통일 방안 해설』(서울: 공보처, 1994); 민족통일연구원, 『민족공동체통일 방안의 이론체계와 실천방향』(서울: 민족통일연구원, 1994); 김국신, 『남북연합 형성 및 운영방안 연구』(서울: 민족통일연구원, 1994) 등을 참조.

제안과 북측의 낮은 단계의 연방제안이 서로 공통성이 있다고 인정하고 앞으로 이 방향에서 통일을 지향"해 나가기로 합의한 이후 남북연합에 초점을 맞춘 연구가 활발하게 진행되었다. 당시 연구 주제는 정부 통일 방안에 대한 비판적 검토, 연합제와 북한의 연방제와의 비교를 포함한 남북한 통일 방안 비교, 독일, 예멘, 유럽연합 등의 사례 분석을 통한 남북연합 형성 방안 논의, 남북연합의 제도적 설계 및 운영 방안 등을 포괄했다.[3] 남북연합과 관련한 이론적 논의를 진전시킨 성과가 있었다.

셋째, 2008년 남북관계가 정체되거나 퇴보한 상황에서도 국내외 상황 변화를 반영해 통일론의 발전 방안을 검토한 연구들이 지속적으로 진행되어왔다. 이는 민족공동체통일방안이 제출된 이후 시간이 경과함에 따라 필요해진 연구들이다. 이 연구들은 기본적으로 기존 통일 방안의 계승과 보완의 관점에서 논의를 전개했다.[4]

넷째, 2018년 한반도평화프로세스의 진전과 함께 남북연합 관련 연구가 다시 진행되고 있다.[5] 이는 남북연합을 실질적으로 작동할 수

---

3 이러한 유형의 연구로는 박영호 외, 『남북연합 하에서의 남북정치공동체 형성방안』(서울: 통일연구원, 2002); 신정현 외, 『국가연합사례와 남북한 통일과정』(파주: 한울아카데미, 2004); 박종철·허문영·김보근, 『남북연합 형성·운영의 거버넌스』(서울: 통일연구원, 2008) 등이 있음.

4 전재성, 『정책연구결과보고서: 민족공동체 통일 방안 계승 및 발전방향 공론화』(서울: 통일부, 2013년 12월); 이기동, "통일환경의 변화와「민족공동체 통일 방안」", 『한국동북아논총』 제71호(2014); 고유환, "민족공동체 통일 방안의 이행과정과 추진전략의 재검토", 『통일인문학』 제60집(2014) 등을 참조.

5 이무철 외, 『남북연합 연구: 이론적 논의와 해외사례를 중심으로』(서울: 통일연구원, 2019); 이무철 외, 『남북연합 구상과 추진방안』(서울: 통일연구원, 2020) 등을 참조.

있는 제도로서 구성하고자 하는 시도이기도 하다.

이처럼 상황의 변화를 반영하기 위한 통일 방안과 통일론 연구가 지속적으로 진행되어 왔으나 앞에서 제기한 신통일론의 필요성에 부응하는 연구들은 아직 많지 않다. 즉 기존 연구들의 성과는 남북연합 제도의 구성, 제도운영 방안, 경제협력과 안보협력의 연계 등과 관련한 논의를 진전시키고 구체화한 것이다. 그러나 이러한 연구는 공식적 제도에 초점을 맞추어 진행됨에 따라 그동안 진행된 사회적 변화와 그로 인해 형성된 새로운 관계맺기 방식이나 사회적 감수성 등을 통일론에 반영하기 위한 노력은 적극적으로 진행되지 못했다. 그에 따라 통일론 관련 논의가 낡은 틀을 벗어나지 못하고 있다는 인상을 불식시키는 데 한계가 있었다.

시민사회에서 통일론을 재구성하기 위한 시도가 없지 않았으나 이 논의들도 시론적 차원에 머물러 있어 통일론의 심화와 재구성으로 이어지지 못했다.[6] 여기에는 정부의 통일론이 시민사회에서 진행된 논의를 수용·소화하려는 시도를 적극적으로 전개하지 않은 것도 중요한 원인 중 하나이다. 이에 따라 정부 차원의 통일론과 시민사회에서 통일과 관련한 새로운 논의 사이의 괴리는 여전히 크다. 이 연구는 기존 연구의 이러한 한계를 극복하고자 했다.

---

6 이에 대해서는 이무철 외, 『남북연합 연구: 이론적 논의와 해외사례를 중심으로』 중 "Ⅳ. 한국 시민사회의 남북연합 논의와 쟁점" 부분을 참고할 수 있다.

2. 『한반도 신통일론』

『한반도 신통일론』은 최종적 통일모델이 아니라 남북연합 방안을 중심으로 통일론을 재구성하고자 했다. 최종적 통일모델은 지금으로서 논의하기 이를 뿐 아니라 민족주의나 국민국가 모델을 기초로 하는 통일 논의로 회귀할 가능성이 높다. 이는 통일론을 풍부하게 하는데 부정적 영향을 줄 가능성이 높다. 그리고 앞서 강조한 것처럼 최종적 통일이 발전적으로 이루어지기 위해서는 그 이전 단계에 남북이 평화공존과 협력의 제도화를 통해 남북 사회 및 한반도에 미래지향적 가치를 실현시키는 과정이 선행되어야 한다. 최종적 통일모델은 그 성과에 의해 결정되어야 한다.

『한반도 신통일론』은 통일론을 국가모델의 구축이라는 차원보다 미래지향적 가치와 어떻게 연관되고 이를 촉진할 수 있는지에 초점을 맞추어 논의를 진행했다. 특히 평화공존과 협력, 지속가능한 성장, 생태, 열린 공동체, 지역협력 등이 주요하게 논의될 가치이다. 이러한 논의를 기초로 남북연합 방안의 의미를 재구성하고 신통일론을 구성해 가고자 했다. 여기서 두 가지 중요한 문제가 논의되지 못했다.

첫째, 군축과 평화체제 문제이다. 이 연구에서는 이와 관련한 연구가 이미 활발하게 진행되고 있다는 점을 고려해 연구 주제에 포함시키지 않았는데 앞으로 이 연구에서 논의된 문제와 군축과 평화체제 구축과의 연관성에 대한 논의가 필요할 것으로 보인다. 둘째, 젠더 문제이다. 남북의 화해와 협력 과정에 성평등이라는 가치가 어떻게 구현되어야 하는가라는 문제는 매우 중요하다. 다만 이에 대한 논의는 출발선에 있는 상태로 이 연구에 포함시키기는 어렵다고 판단했다. 앞으로

이 문제에 대한 연구자들의 더 많은 관심과 연구를 바란다.

『한반도 신통일론』은 문헌연구를 중심으로 진행했다. 이는 담론의 재구성을 목표로 하는 연구이니만큼 문헌연구의 비중이 높은 것은 당연하다. 그렇지만 논의가 지나치게 독단적이고 추상적으로 전개되는 문제를 방지하기 위해 통합이나 통일과 관련한 국내외 연구를 폭넓게 참조했다. 이러한 연구들에서 새로운 통일론을 구성할 수 있는 요소들을 추출하고 이를 새로운 통일론의 구성에 활용하는 귀납적 접근을 하고자 했다. 또한 청년들을 대상으로 소규모 FGI를 진행해 그 내용을 각 연구에서 참조할 수 있도록 했다.

본서의 1장("남북연합의 새로운 모색")은 이동기, 2장("열린 한반도 공동체")은 백지운, 3장("신한반도체제와 한반도경제")은 이일영, 4장("지속가능한 한반도")은 유재심, 5장(남북연합과 동아시아협력)은 백영서가 각각 집필했다. 그리고 백영경과 최시현은 전체 정리와 FGI 조사로 참여했다.

남북연합론의 재구성과
새로운 공동체

제1장 남북연합의 새로운 모색:
협력관계와 공존의 제도화

1. 서론: 남북연합 재론 배경

2000년 남북 정상 간의 6·15 공동선언은 세계 여론을 놀라게 했다. 적대 관계가 지속되었던 한반도의 두 분단국 정상이 화해 협력 의지를 강력히 표명했기 때문만은 아니었다. 통일 방안에 대한 원칙적 합의는 외국의 여러 진중한 관찰자들로 하여금 탄성과 함께 고개를 갸웃거리게 만들었다. 세계 근현대사에서 서로 극명히 다를 뿐 아니라 대결하고 있는 체제를 가진 사회나 국가들이 국가연합의 방식으로 통합 국가를 건설한 예가 없었기 때문이다. 의구심이 작지 않았다.

다만 역사에서 적대 갈등의 해소나 무력 대결의 해결은 항상 애초 또는 겉으로는 실현 불가능해 보였던 합의나 협정 또는 규범이나 제도로 성취되었다. 그것은 자주 과거에는 존재하지 않았던 길을 여는 것이었다. 그렇기에 남북연합을 통한 한반도 통일 전망에 대해서도 우려보다 기대가 더 컸다.

지난 20년 동안 남북 정부 간 통일 논의는 진척을 보지 못했다. 남북 간 통일 논의의 지체는 근본적으로 국가연합 또는 '낮은 단계의 연방제'라는 통일 방식을 둘러싸고 이견이 컸기 때문이 아니라 초보적인 협력관계조차 안정적으로 지속되지 못했기 때문이었다. 남북 대화와 협상 과정에서 남북연합 내지 연방제 논의는 사실상 사라졌다. 오히려 남북 간 협력이 진행되면서도 남북 간 군사 긴장과 무력 충돌 등의 장애들은 연신 새롭게 등장했고 통일 논의의 토대를 침식했다. 선의의 협력관계는 단속적이지만 불신과 대결은 가속 증폭했고 자가 상승했다. 통일은 당장의 관심사나 의제로도 등장하지 못했고 미래 전망으로도 숙고와 사유의 대상이 되기 어려웠다.

남북연합은 한국의 일부 주창자들에 의해 적극 발의되기는 했지만 공론장의 토론 주제로 확실히 자리 잡거나 지속적인 논의 대상으로 발전하지는 못했다.[7] 특히 이명박과 박근혜 정부 시기 남북 대화의 중단과 협력관계의 역진은 통일 논의를 위축했다. 남북 간 및 북미 간 대화 중단과 적대 재발은 남북연합 구상과 토론의 조건을 근본적으로 바꾸었다. 간헐적으로 남북연합의 실현 방식과 기구의 운영 방안이 논의되기는 했지만 모호하거나 몽상적이었다.[8]

애초 민족공동체통일방안의 3단계 발전과정에 따르면, 남북은 '화해 협력 단계'를 발전시켜 '남북연합 단계'로 진입할 수 있다. 그것은 최종 목표인 '통일국가'를 준비하는 중간 단계였다. 한국 사회에서 남북연합은 주로 통일 과정의 이행기로 간주되기만 했을 뿐 그것의 독자

---

7 홍석률, "학계의 통일담론: 분단문제 해결, 통일, 평화의 관계설정을 중심으로", 통일교육원 기획, 강원택·이광일·홍석률·이나미, 『분단 이후 제기된 통일담론에 대한 정리와 성찰: 정부 및 여야 정치권, 시민사회, 학계, 여성 및 생태』(서울: 통일연구원, 2021), pp. 229~242.

8 이종석, 『한반도평화통일론』(파주: 한울, 2012), pp. 353~364; 박종철·허문영·김보근, 『남북연합 형성·운영의 거버넌스』(서울: 통일연구원, 2008); 신정현·김영윤·김현·정성장, 『국가연합 사례와 남북한 통일과정』(서울: 한울, 2004).

적인 정치 의미나 성격, 구체적 발전 과정과 운영 방식, 역할 및 쟁점과 과제, 곤경과 문제들에 대해 폭넓고 심도 있는 논의가 진행되지 못했다. 최근 통일연구원을 비롯한 연구기관과 오랜 남북연합 주창자들은 남북연합에 대한 연구를 발표했고 신한반도 체제 논의도 남북연합 구상을 포괄했기에 남북연합 논의가 새로 지펴지고 있다.[9] 하지만 남북연합을 비롯한 한반도 통일 논의의 기본 조건과 상황이 꽤 변했다. 통일 논의와 남북연합 토론을 혁신하려면 조건과 상황의 변화를 염두에 두어야 한다.

먼저, 남북한의 협력관계 발전과 통일을 위한 논의에서 과거보다 더욱 평화 의제가 중요해졌다. 북한의 핵무장을 둘러싼 국제 갈등은 남북 간의 여하한 협력도 교란하고 방해할 뿐 아니라 통일 논의와 구상에 한반도 비핵화와 평화프로세스의 중요성을 높였다. 남북연합의 발전과 한반도평화프로세스의 연관에 대한 숙고와 구상이 더욱 필요해졌다.[10] 한편으로 남북연합은 단순히 중앙 통합 국가로 발전하기 위한 통일 과정의 중간 단계로서만이 아니라 고유한 성격의 평화와 협력

---

9 이무철·이상신·윤철기·신대진 외,『남북연합 연구: 이론적 논의와 해외사례를 중심으로』(서울: 통일연구원, 2019); 정현곤 엮음,『변혁적 중도론』(파주: 창비, 2016); 한반도 평화포럼 지음,『통일은 과정이다』(파주: 서해문집, 2015); 조한범·배기찬·이수형,『변화하는 통일환경에 따른 대북 통일정책 개선 과제: 신한반도체제 구상을 중심으로』(서울: 통일연구원, 2019); 이남주·이정철,『신한반도체제 추진 종합연구(2): 신한반도체제 평화협력공동체형성』(서울: 경제사회연구회, 2020).

10 서보혁·구갑우·이혜정·이희옥·신대진·정욱식,『한반도 평화체제 관련 쟁점과 이행방안』(서울: 통일연구원, 2019); 구갑우, "평창임시평화체제에서 판문점 선언으로. 북한의 개혁, 개방 선언과 제3차 남북정상회담, '연합적 평화'의 길",『동향과 전망』103호(2018), pp. 32~62; 구갑우, "한반도 안보 딜레마와 북한의 '경제·핵 조건부 병진노선'의 길 : 2019년 12월 한반도 위기와 평화체제를 중심으로",『동향과 전망』108호(2020), pp. 139~176.

체제를 발전시키는 기구이자 계기로 이해될 필요가 있다. 남북연합의 이행기 내지 과도기적 성격 규정으로는 남북연합의 정치 위상과 역할이 충분히 고려되지 못한다. 남북연합이 연방제 형식의 단일 국민국가 또는 통합국가로의 최종 통일체제로 가는 길일 수 있음을 배제하지 않되 남북연합의 독자성과 지속성에 더 집중할 필요가 생겼다. 남북연합은 한반도 평화체제와 남북 간 평화공존 형성의 결정적 계기이자 동력이 되어야 한다.

둘째, 지난 시기 남북 간 합의의 역행과 그로 인한 관계 악화로 인해 단발적인 남북 간 합의가 아니라 협력관계의 안정적 발전, 즉 제도화의 문제가 더욱 화급해졌다. 향후 남북연합 논의 때는 남북 간 교류와 협력 사업의 안정적 발전의 틀에 주목해야 하고 그것이 남북연합으로 이어질 수 있는 제도화에 집중해야 한다. 다르게 말한다면, 향후 남북 간 교류 협력은 처음부터 국가연합 건설을 염두에 두고 진행할 필요가 있다. 그것은 모든 형태의 대화가 제도화, 즉 남북대화와 협의, 접촉과 교류의 형식과 과정이 정례화와 지속화, 안정화와 기구화로 귀결될 수 있도록 해야 한다. 그러한 맥락에서 신뢰 구축의 첫 단계는 정상회담의 제도화를 비롯해 '연합적 거버넌스'의 형성과 지속에 초점을 맞출 필요가 있다.[11]

최근 통일연구원의 이무철과 이상신 등이 수행한 남북연합 연구는 연합주의(confederalism)와 협의주의(consociationalism)에 의거해 '연합적 거버넌스'와 '권력과 이익의 공유'에 기초한 갈등의 평화적 관리와

---

11 구갑우, "평창임시평화체제에서 판문점 선언으로: 북한의 개혁, 개방 선언과 제3차 남북정상회담, '연합적 평화'의 길", p. 55.

조정을 소개했다.[12] 그와 같은 이론과 개념은 남북연합의 원칙과 방향을 새로 숙고하는데 유용하다. 그것은 남북연합을 과도기가 아니라 독자적인 장기 제도이자 고유한 지속적 성격을 지닌 것으로 이해하는데 도움이 된다. 평화공존 제도로서의 남북연합은 바로 그 방향의 논의와 이어져야 한다. 남북연합을 통일 국가로의 이행기로만 보는 관점을 잠시 유보하면 국가연합의 원칙과 성격, 다양한 차원의 과제와 방식에 대해 더 많은 논의가 가능해질 것이다.

그것은 남북연합을 평화공존과 협력관계의 제도화와 안정화로 이해하는 것에서 출발한다. 지난 시기 남북한 대화와 교류의 역진과 퇴행의 경험을 기억한다면 이제는 새로운 대화 진입부터 정례화와 제도화의 틀을 찾아 그것의 연속과 확장, 증진과 가속화의 방식을 찾아야 하고 그것을 남북연합 구상에 포함시켜야 할 것이다.

남북연합의 새로운 모색을 위해 이 장은 먼저, 통일론을 둘러싼 새로운 정치적·문화적 조건에서 남북연합 논의가 어떤 방향으로 진행되어야 하는지를 살핀다. 남북연합이 인습적인 민족동질성 이론에 의거할 수도 없지만 성급히 '양국체제론'을 수용할 수도 없음을 밝힌다. 다음으로 이 장은 남북연합 논의의 갱신을 위한 이론과 사상을 규명한다. 국가연합의 근간 사상인 연방주의 원리를 드러내고 연합주의와 협의주의 및 경합주의를 소개하며 그것이 어떻게 남북연합 논의에 연결되며 남북연합 논의의 혁신에 활용될지를 다룬다.

남북연합이 평화공존과 협력관계의 제도화로 발전하려면 국가연합

---

12 이무철·이상신·윤철기·신대진 외, 『남북연합 연구: 이론적 논의와 해외사례를 중심으로』, pp. 35~73.

의 성격과 특성, 작동 방식과 기능에 대한 이론이 더 발전해야 하기 때문이다. 아울러 이 장은 분단 독일에서 등장한 국가연합 논의의 역사와 함의도 살핀다. 비록 독일은 동독이 서독에 흡수되는 방식으로 통일되었지만, 분단 독일에서 등장한 국가연합안들을 살펴서 한반도의 국가연합 논의를 보조한다.

이 장은 마지막 절에서 협력관계 제도화의 형식과 경로를 집중적으로 다룬다. 이 장은 유럽연합 초기 발전 과정의 초국가기구를 남북연합 발전을 위한 제도로 전이시켜보려는 일부 남북연합 주창자들의 논의에 주목하지만 그것을 비판적으로 보충한다. 유럽통합 발전사는 애초부터 양자 관계가 아니라 다자간 협력이기 때문에 남북연합 논의에 그대로 적용하기는 매우 어렵다. 남북의 정부 간 대화와 협력위원회들을 넘어 한반도 차원의 초국가기구가 필요한 것은 사실이다. 그것은 남북연합의 제도화가 정착되면서 생겨나는 결과이거나 중간 단계의 성과이자 다음 과정으로의 발전을 위한 계기이지 남북연합 초입에서 가능한 작업이 아니다. 그렇기에 적대와 의심이 짙은 양국 간 관계를 안정화하는 화해 협력의 제도화를 위해서는 유럽통합의 역사보다는 독일과 프랑스 간 협력관계 제도화가 더 유용하다.

1963년 1월 22일 체결된 엘리제 조약(Elysée Treaty) 이후 독일(서독)과 프랑스는 특별한 협력관계를 선보였다. 그것은 국가연합은 아니었지만 '조약 공동체'라는 용어를 탄생시킬 정도로 성과가 컸다. 그것은 오랜 적대와 불화 관계를 가진 두 개의 국가가 화해와 협력관계를 제도화한 가장 훌륭한 역사적 성취 모델이었다. 남북연합으로의 진입을 위해서는 그러한 협력관계 제도화가 중요한 참조 자료가 될 것이다. 마지막으로 이 장은 남북연합을 위해서는 평화공존과 협력관계의 제도화에 초점을 맞출 것을 지지하면서 그 제도화 방식을 모색한다. 특히 최근 한국의 여러 지자체에서 관심이 높은 도시 결연에 대해서도 분단 독일의 역사 경험을 보론으로 붙인다.

2. 방향: 민족동질성과 양국체제론을 넘는 분단 극복 지향

가. 민족동질성 신화를 넘어

최근 한국 사회에는 기후위기와 생태 전환, 젠더 갈등과 세대 격리가 중요한 문제로 부상했다. 새로운 통일론은 한국 사회 내부의 새로운 요구와 관심을 반영해야 한다. 남북연합 논의도 인습적인 민족 담론이나 민족주의 동원과 결집을 넘어서야 한다. 민족정체성이나 민족동질성은 한국 사회의 청년세대 일반과 젠더 이슈에 민감한 여성들, 생태 전환을 요구하는 다양한 주체들의 관심을 포괄하기 어렵다. 이미남과 북의 문화적 동질성이나 민족적 공통성에 기초한 집단적 민족정체성 강조만으로는 현실로 존재하고 증대하고 있는 분단국 정체성, 즉대한민국 정체성을 이겨낼 수 없다. 한반도에 두 개의 이질적인 국가가 존재하는 현실을 인정하고 양 국가의 주민들 사이에서 쉽게 접근하기 어려운 지향과 규범이 존재하는 상황을 통일론에서 적극 반영할 필요가 있다.

통합 국가 건설을 통한 민족동질성 확보는 신화에 가깝다. 독일 통일과 유럽 통합의 경험도 하나의 단일한 독일 정체성이나 유럽 정체성이 단순히 제도 통합만으로 보장되지 않음을 역설한다.[13] 한반도 남과 북의 주민들, 특히 청년세대의 경우 민족동질성 회복이라는 지향은 매우 낯설다. 글로벌 차원의 세계사회나 초국가적 세계시민으로서의 자의식도 등장했으며, 인터넷을 통해 손쉽게 타 문화와 타 지역의 정보를 자기화하는 한국 사회 청년세대에게 전통과 문화, 공통의 역사 경험에 기초한 민족의식 강조와 통일 당위성은 그 앞 세대 정치와 문화 엘리트들의 조작적인 정체성 강제에 다름 아니다. 설사 남북 간의 교류협력을 통해 새로운 민족정체성이 생겨난다 해도 그것은 분단 일국 정체성인 대한민국 정체성 또는 여타 종류의 지역적 정체성이나 세계시민 의식과 경합하고 혼재하거나 병존 내지 융합될 수 있다.

인습적 방식으로 남북 간 교류를 통해 단일 민족으로의 공속감이나 동질성이 강화된다고 보는 것은 매우 안이하다. 남북 간 접촉과 교류는 남북 주민들 사이에 공속감과 동질성을 강화하는 측면도 있지만 동시에 거리감과 이질성도 함께 증대시킨다. 남과 북의 주민들은 만나면 만날수록 서로의 차이와 다름을 더욱 확연히 알게 된다. 차이는 자주 갈등과 불화를 낳는다. 남북연합을 비롯한 한반도 통일 논의는 이제 민족동질성과 문화적 공통성에 의거하기보다는 양 국가의 상호 존중과 양 국가 주민들의 상호이해와 교류 경험을 통한 새로운 집단적 결속의 의미를 찾는 방향으로 나아가야 한다. 그것은 인습적인 민족 담

---

13 통일독일의 집단정체성, 특히 동독 정체성에 대해서는 이동기, "독일통일 후 동독 정체성: 오스탈기는 통합의 걸림돌인가?", 『역사와 세계』 50호(2016), pp. 29~61. 유럽 정체성에 대한 비판적 논의는 Bo Strath (ed.), *Europe and the Other and Europe as the Other* (New York: Peter Lang, 2000); Wilfried Loth, Europäische Identität in historischer Perspektive(Bonn: Zentrum für Europäische Integrationsforschung, 2002)을 참조하라.

론이나 통일 당위 주장, 또는 국가 차원의 거창한 평화 규범이나 경제 번영에 대한 망상적 선전만으로는 확보되기 어렵다.

분단 접경지 또는 그것과 지리적으로 연결된 일부 지역 주민을 제외하면 통일을 내세운 번영 주장도 공허하게 들리는 것이 사실이다. 한국 사회의 내부 지방 사이에도 통일 지향과 의식은 전혀 고르지 않다. 결국 청년과 여성, 생태 전환에 관심을 가진 주민들의 생활상 요구와 관심을 반영하며 동시에 북한 주민들과의 실제적이고 구체적인 만남을 통한 집단 결속과 연루의 방식을 새로 찾고 그것의 의미를 공유하고 소통하도록 해야 한다. 새로운 남북연합 논의는 바로 그것을 의식하고 반영하며 연결시킬 수 있어야 한다.

나. 양국체제론을 넘어

여기서 우리는 최근 일각에서 제기된 '양국체제론'에 대해서는 잠시 거리를 둘 필요가 있다. 최장집과 김상준은 남북한의 평화공존을 위해서는 통일강령을 포기하고 한반도의 양국체제를 국제법적으로 인정할 필요를 강조했다. 최장집은 "통일 담론이 공격성을 띨 수밖에 없다"고 주장하며 남북한의 평화공존에 초점을 맞출 것을 주장했다. 김상준은 남북한의 국가성을 국제법적으로 인정하고 통일을 당위로 보는 입장을 포기하고 남북한이 별개의 국가로 상호 인정하고 평화공존으로 나아가는 것이 관건이라고 주장했다.[14]

---

14 최장집, 『민주주의 이후의 민주주의』(서울: 후마니타스, 2006), pp. 216~218; 김상준, 『코리아 양국체제: 촛불을 평화적 혁명으로 완성하는 길』(파주: 아카넷, 2019); 홍석

이 주장들은 그동안 남북관계의 변화와 한국 사회 주민 일부의 분단국 정체성을 반영한다. 국제정치 현실에서 남과 북이 두 개의 국가로 존재하고 있는 현실과도 부합한다. 그것은 통일강령을 둘러싼 이견과 갈등을 막음으로써 평화 협력관계에 집중하도록 하는 장점이 있을 수 있다. 독일 통일도 통일을 위한 오랜 노력의 결과가 아니라 오히려 통일 논의의 유보를 통한 평화정치의 성과였다는 사실도 그 주장을 뒷받침한다.[15] 북한을 타자화하거나 수동적으로 전제한 채 패권적이고 일방적으로 그려내는 온갖 통일 망상과 거리를 두게 만드는 효과도 있다.

하지만 양국체제론의 현실적 토대는 아직 약하다. 먼저, 그것은 상대 국가, 즉 북한의 입장을 무시한 논의다. 분단 독일의 경우, 동독 정부는 1968년부터 점차 통일강령을 지웠다. 동독 정부는 1957년 초부터 국가연합을 통일강령으로 선전하며 서독 정부에게 통일 협상을 요구했지만 1968년부터 사실상 '전 독일 혁명'을 포기하며 통일을 오히려 동독 사회주의 발전에 장애가 되는 것으로 해석했다. 1974년까지 동독 정부는 '2민족'(Zwei-Nationen) 2국가론을 공식 강령으로 선포했다.

그렇기에 서독 정부가 동독 정부와 교류 협력을 진행하기 위해서는 통일 논의를 억제할 수밖에 없었다. 서독 정부가 평화정치와 동서독 관계의 심화를 위해 통일 논의를 배제한 것은 철저히 동독과의 대화와

룰, "학계의 통일담론: 분단문제 해결, 통일, 평화의 관계 설정을 중심으로", pp. 250~258.

15 이에 대해서는 이동기, 『비밀과 역설. 10개의 키워드로 읽는 독일통일과 평화』(파주: 아카넷, 2020)를 참조하라.

협력에 조응하기 위해서였다. 동독 정부가 통일을 원하지 않고 독자국가이자 민족으로 선포한 상황에서 통일 논의는 평화를 교란하는 것이었다. 1970~80년대 독일, 즉 서독에서든 동독에서든 분단은 '폭력' 또는 갈등의 원인이 아니라 '평화'의 조건이었고, 오히려 '통일 공세'가 평화에 대한 공격으로 여겨졌다.[16]

반면 북한 정치지도부가 통일을 여전히 민족강령과 궁극 목표로 지향하고 북한 주민에게 통일 열망이 존재하는 한 한국이 일방적으로 통일 논의를 유보하고 양국체제의 확립을 주장하면 그것은 오히려 남북의 평화적 협력관계를 교란할 수 있다.

게다가 분단국 정체성과 통일 지향도 무조건 대립되는 것만으로 볼 수만도 없다. 남북의 협력관계 발전은 분단국 정체성과 민족 통합의식 모두 크게 흔들 수 있고, 그것이 양 국가와 사회에서 어떻게 전개될지는 아무도 쉽게 가늠할 수 없다. 협력관계 발전을 통해 민족 통합 지향이 역동적으로 발현할 수 있는 가능성을 배제할 수 없다. 또 북한 지도부의 민족(국가) 강령을 넘어 남북 주민들 사이의 통일 지향과 민족의식의 격차가 곧장 단일한 반(反)통일의 상호작용으로 귀결되기도 어렵다. 남북이 서로를 국제법적 주체로서의 국가로 인정하는 것이 한반도 평화를 보장해주는 것은 아니다. 아울러 남과 북이 서로를 국가로 인정하려면 대한민국 헌법과 조선 로동당 규약 등의 근본적 개정이 필요

---

16 이에 대해서는 이동기 "분단 시기 서독과 통일 과정의 '탈민족' 담론과 정치", 건국대학교 통일인문학연구단 엮음, 『포스트 통일, 민족적 연대를 꿈꾸다』(서울: 한국문화사, 2016), pp. 85~115; Dong-Ki Lee, *Option oder Illusion? Die Idee einer nationalen Konföderation im geteilten Deutschland 1949-1990.* (Berlin: Ch. Links Verlag, 2010)를 참조하라.

하다. 평화적 선린관계와 신뢰가 충분히 구축되지 않은 현재 상황에서 그것은 갈등과 분쟁, 혼란과 오해만을 낳을 뿐이다.

마지막으로 분단 적대가 심화되는 상황에서는 양국 간 분단체제를 극복하는 민족 결속 노력을 당분간 지속할 필요가 있다. 미래 통일 전망을 열어두는 것은 오히려 한반도평화프로세스와 남북 간 협력관계 발전에 이로울 수도 있다. 역사는 무승부를 내버려두지도 않거니와 선수들이 무승부를 염두에 두고 경기를 할 수는 없기 때문이다.

그렇기에 민족동질성과 문화공통성 및 민족주의 동원과 결집에 의거한 통일국가 건설을 성급히 내세우거나 한반도 양국체제론에 갇혀 남북 간 협력관계 발전의 역동성을 놓치는 두 오류를 동시에 극복할 필요가 있다. 사실 남북연합은 전자와도 후자와도 모두 결합할 수 있다. 하지만 두 흐름과는 다른 방식으로 남북연합이 논의되어야 한반도평화프로세스의 화급함과 남북 간 협력관계 발전의 과제와 전망을 동시에 포괄할 수 있을 것이다. 그것은 남북연합을 남북 간 평화공존과 협력관계의 제도화 틀로 삼는 것을 함축한다.

3. 이론: 국가연합의 구성 원리들

가. 연방주의

1) 삶의 이념과 사회구성 원리

남북연합 논의를 갱신하려면 국가연합의 사상과 이론의 근원으로 돌아갈 필요가 있다. 국가연합의 근원 사상은 연방주의(federalism)다.

국가연합이 연방주의 정치체 결합의 한 형식이기에 그것의 갱신과 발전을 위해서는 연방주의의 사유 구성과 원리에 관심을 기울여 거기에서 혁신의 근거를 찾아야 한다. 유감스럽게도 그동안 연방주의는 주로 통치 거버넌스의 차원에서만 이해되었다. 그것은 "단일 주권을 강조하는 절대주권에 대한 대항 담론으로서 공유 연방주권(shared federative sovereignty)을 주장하는 이론"[17]으로 규정된다. 연방주의를 중앙정부 조직 형식의 관점에서만 보면 국가권력의 통합과 분권의 관계가 핵심 주제가 된다. 정치제도로서의 연방주의는 통치 거버넌스로서 "중앙과 비중앙 간 공치(shared rule)와 자치(self-rule)를 균형 있게 조합하는 절차를 제도화시"키는 과제를 부각한다.

먼저, 그것은 연방주의에서 국가연합을 빠뜨리고 연방국가의 정치제도만을 다루는 것으로 한정된다. 연방주의를 다층 구조의 거버넌스를 제도화하는 문제로만 보면 연방주의의 철학적 원칙과 사회구성의 원리를 놓친다. 연방주의는 정치제도의 형식 이전에 철학적 이념과 사회구성의 원리를 품고 있다.[18] 자유주의나 사회주의 또는 보수주의는 정치제도나 사회운동이기 전에 인간과 세계, 사회구성에 대한 특정 관념 그리고 삶과 문명의 전망적 사유였다. 자유주의는 자유와 인권, 대의제와 시장경제 등을 보장하는 제도이지만 동시에 철학적 개인주의

---

17 이옥연, 『통합과 분권의 연방주의 거버넌스』(서울: 오름, 2008), p. 15.

18 연방주의의 사상적 원천과 전통에 대해서는 Ernst Deuerlein, *Föderalismus. Die historischen und philosophischen Grundlagen des föderativen Prinzips* (Bonn: Bundeszentrale Zentrale för politische Bildung, 1972); Klaus Detterbeck, "Idee und Theorie des Föderalismus", in *Föderalismus in Deutschland*, eds. Klaus Detterbeck, Wolfgang Renzsch and Stefan Schieren (München: Oldenbourg, 2010), pp. 31~51.

를 기반으로 한 인간관과 사회관을 전제한다. 사회주의와 보수주의 또한 정치제도를 넘어 그 근저에는 인간의 사회성이나 공동체적 성격 또는 인간 인식의 불완전성과 삶의 근거로서 전통과 권위의 강조 등에 매달린다. 민주주의 또한 국민주권과 법치주의나 다당제 등의 정치제도의 차원을 넘어 다원주의나 개방사회의 사회 형식을 지향하며 동시에 관용과 포용, 공정과 연대의 일상문화 차원을 포함한다.

연방주의 또한 정치구조 형식이나 민주주의 실현의 도구로서의 정치제도만이 아니라 철학적 삶의 이념과 사회구성의 원리로 재정립할 필요가 있다. 역사적으로 보아도 연방주의는 18세기 후반 미국 헌법을 통해 연방국가의 정부 구성과 관련한 정치제도 이론으로 발전하기 전에 이미 유럽 대륙에서 절대주의와 중앙집권 국가 질서에 맞서 유럽 사회의 분권 질서를 옹호하는 사상과 사회이론으로 탄생했다. 17~18세기에 중앙집권적 근대 국민국가로의 발전에 맞서며 인간의 자연적 경계에 기초한 공동생활을 옹호하는 사상 흐름이 발생했다. 고대 그리스의 도시동맹체, 스위스 연합, 신성로마제국과 네덜란드 연합국가들은 모두 중앙통합적 절대주의나 국민국가와는 다른 역사 경험이었기에 연방주의 사유의 원천이자 자극으로 작용했다.

2) 연방주의 이념의 역사

삶의 이념으로서의 연방주의는 무엇보다 프로테스탄트 종교 사상가에게서 탄생했다. 연방주의 사상의 선구자인 독일 출생의 법학자 요하네스 알투시우스(Johannes Althusius, 1557~1638)는 저서 『정치학(Politica)』(1603년)을 통해 칼뱅주의 연방 신학을 발전시켰다.[19] 알투시우스는 도시국가와 지역공동체, 동업조합 등의 자치권을 천부적인 권리로 전제하며 그것을 통해 신성로마제국의 다원적 질서를 절대주의 주권론에 맞선 반립 테제로 끌어 올렸다. 그는 단일주권에 입각한 영토국가가 아니라 주권을 공유하는 자치 공동체들 사이의 협정을 통해 안정과 평화가 보장될 수 있다고 주장했다. 알투시우스가 보기에, 이상적인 사회는 유기적으로 나누어진 것이어서 독립적 개체가 아니라 각기 독립적 권한을 가진 채 기능과 신분 및 영역에 따라 나뉜 공동체들로 구성된 것이다.

알투시우스는 사회구성의 동기를 자유주의나 보수주의 관점과는 다르게 보았다. 그가 보기에, 인간은 누구도 자신의 재능만으로는 삶을 영위할 수 없기에 다른 능력을 지닌 존재들을 필요로 한다. 그는 인간을 '공생적 존재(symbioticus)'로 규정했다. 서로 다른 능력을 부여받은 존재인 인간은 자족적 존재가 아니라 공생적 존재이기에 더 완전한 삶을 살기 위해서는 서로를 필요로 하고 사회를 형성하게 된다는 것이다. 그렇게 형성된 기초 생활공동체(consociatio)가 시간의 경과와 함께 더 큰 생활공동체로 확대되어 포괄적 생활공동체를 형성하는 과정이 연방사회의 형성이라는 것이다. 이때 하위 공동체들은 광역 공동체를 형성하는 구성요소이지만 독자성을 유지한다. 광역 공동체들은 하위 공동체들의 필요와 요구에 따라 형성되기 때문이다. 다른 한편으로 상위 공동체들은 그에 상응하는 다른 상위 공동체들과의 관계에서 일체성을 대표한다. 생활공동체는 각각의 영역에서 내적 다양성과 외적 일

---

19 알투시우스의 연방주의에 대해서는 김영일, "알투시우스(Johannes Althusius)의 연방주의 연구: 지방자치의 이념적 기초로서의 연방적 사회구성", 『지방정부연구』6권 4호(2003), pp. 275~296; 이국운, "민주적 연방주의와 평화", 『법학연구』53권 2호(2012), pp. 8~9.

체성을 가진다.

알투시우스는 사적 공동체와 정치공동체를 구분한다. 국가 형성의 경우 독립적 개인이나 가족 같은 자연적 사적 공동체가 아니라 마을이나 도시, 주 등과 같은 공적 공동체가 구성요소로 간주되었다. 포괄적 정치공동체로서의 국가는 주권을 가진다는 점에서 여타 하위 공동체들과 구분되지만 여전히 독자성을 가진 하위의 정치공동체들로 구성된다는 점에서 다른 공동체들과 본질적으로 같은 구성 원리를 가진다. 하위 공동체들이 스스로 해결하지 못하는 문제를 보충적으로 해결하기 위한 존재로서 광역공동체가 존재하기에 국가를 포함한 광역공동체의 존재 이유는 '보조성의 원칙'으로 규정된다. 알투시우스는 인간이 바로 그와 같은 분권적 공동체들 속에서 인간다운 삶을 실현할 수 있다고 보았다.

17세기와 18세기 루돌프 후고(Ludolph Hugo), 후고 그로티우스(Hugo Grotius), 고트프리트 라이프니츠(Gottfried Leibniz)는 알투시우스의 연방주의를 철학과 법학에서 계속 발전시켰다. 19세기 통합적 국민국가가 성세를 이루었지만, 그것에 맞서 연방주의를 옹호한 사상가들이 여럿 등장했다. 프랑스 사회주의자 피에르-조셉 프루동(Pierre-Joseph Proudhon), 독일 철학자 콘스탄틴 프란츠(Constantin Frantz)와 유대계 독일인 구스타프 란다우어(Gustav Landauer)는 각기 연방주의를 제 사상의 핵심으로 삼았다.[20]

---

20 Deuerlein, *Föderalismus*, pp. 108~109; Constantin Frantz, *Der Föderalismus als universale Idee. Beiträge zum politischen Denken der Bismarckzeit*, eingeleitet und hg. von Ilse Hartmann (Berlin: Arnold, 1948), pp. 352~383; 김영일, "국제기구에 대한 연방주의적 접근: 유럽연합의 예", 『21세기 정치학회보』 11집 2호(2001), pp. 235~

20세기 중반 양차대전을 경험한 뒤 유럽과 독일에서 새 국가 질서를 건설하는 과정에서 연방주의는 통합적이고 패권적인 권력 국가와 냉전 질서에 맞선 이념으로 다시 크게 주목받았다. 특히 독일 보수주의 정치가들은 나치즘과 2차대전을 비스마르크식 중앙집권 국가의 필연적 귀결이라 보았다. 연방주의가 독일연방공화국의 정치 이념에서 중심 지위를 차지했지만, 그것은 다시 주와 연방정부 간의 권력 분권과 집중의 문제로만 다루어졌다. 당시 다수의 연방주의자들이 보기에 그것은 충분하지 않았다. 이를테면, 바이에른 주 주지사이자 기사련 (CSU) 당수 한스 에하르트(Hans Ehard)는 연방주의는 정치제도의 형식을 넘어 자유 이념과 긴밀히 연결된 '사회적·윤리적 원리'이자 '정신적·혁명적 원리'라고 규정했다.[21] 연방주의는 단순히 정치 질서의 문제를 넘어 자유를 지향하는 사회의 윤리적 토대이면서 '진정한 민주주의'의 사상적 근간이라고 이해되었다.

전후 서독의 연방주의자들은 연방주의를 자연적 삶과 자결권의 존중이면서 자유와 휴머니즘 사상으로 옹호했다. 바이에른 주의 연방주의자들은 '연방주의=도덕=법=문화=민주주의=평화공존 ⇔ 중앙집중주의=권력 추구=독재=부도덕=반민주주의=중앙집중적 진영 대결'로 인지했다. 그들이 보기에, 연방주의 사상의 출발은 작은 단위 정치체의 자치와 자기결정권을 존중하는 것이고 연방주의의 관건은 다원적

254; 김영일, "구스타프 란다우어(Gustav Landauer)의 연방주의. 민주주의와 사회주의의 새로운 관계 모색", 『한국정치학회보』 35집 1호(2001), pp. 43~63; 김영일, "프루동(P.-J. Proudhon)의 연방주의와 민주주의 이해. 연방주의적 유럽 질서의 모색", 『국제정치논총』 41집 1호(2001), pp. 7~28.

21 Hans Ehard, *Freiheit und Föderalismus* (München: Pflaum, 1947), p. 29.

삶의 존중과 이질성의 포용에 있었다. 획일화로서의 통합이 아니라 차이의 공존과 화합(accommodation)이 연방주의의 핵심 이념이었다.

　서독은 연방주의를 분권적 정치질서 확립을 위한 근거로 발전시켰지만 바이에른 주의 연방주의자들의 기대와는 달리 주가 지닌 국가성을 인정하지 않았다. 게다가 실제 역사는 독일 분단과 냉전 대결로 치달았기에 낮은 단위의 공동체에 기초하고 주민들의 자치와 공치, 협치에 기초한 연방주의 정신은 점차 잊혀졌다. 독일에서든 유럽에서든 국가연합 논의가 부활해도 원래의 연방주의 이념과 사회구성 원리의 의미는 점차 무시되거나 경시되었다.

3) 보조성의 원리

　연방주의가 강조하는 '보조성의 원리'에도 새로운 관심이 필요하다.[22] 그것의 출발은 기독교 사회윤리였다. 그것은 개인의 자유를 존중하면서 공동체로 하여금 '보조적인 도움'을 통해 개인 내지 하위 단위 공동체가 자기 책임성을 강화하는 사회구성의 원리를 말한다. 그것의 본질은 상위의 정치공동체, 즉 연방정부 또는 연합기구는 하위의 공동체가 수행하지 못하는 영역에 한해 도움을 제공하는 것이다. 그것은 하위 공동체의 구성원들이 자유와 자기결정을 높이는데 기여해야 한

22　Jürgen Wichmann, "Subsidiarität-Genese eines Begriffes von der christlichen Sozialethik bis zum Vertrag von Maastricht", in *Subsidiarität und Föderlismus in der Europäischen Union*, ed. Heiner Timmermann (Berlin: Duncker & Humboldt, 1998), pp. 7~18; Deuerlein, *Föderalismus*, pp. 331~332; 김영일, "연방주의 비교연구: 보조성의 원리에 기초한 새로운 공동생활의 패러다임 모색", 『국제정치논총』 44집 3호(2004), pp. 218~233; 김영일, "유럽통합에 나타난 연방주의 이념", 『한국정치학회보』 39집 2호(2005), pp. 92~94.

다. 보조성의 원칙은 하위의 공동체 또는 기초 공동체를 구성하는 구성원들의 자기결정성 원칙이 중요하다는 것을 부각한다. 연방주의는 보조성의 원칙을 통해 작은 단위체들의 자율성을 보장하고 작은 단위체들의 활성화를 통해 상위 공동체 또는 전체 사회의 발전을 지향하는 것이다. 그것은 중앙집권적인 근대국가와는 사회구성과 국가제도 원리와는 근본적 차이를 가진다.

요컨대, 연방주의 제도인 국가연합은 기본적으로 연합을 결성하는 정치공동체와 구성원들이 스스로 문제를 해결하고 그 공동생활에 책임을 지도록 하는 자기책임성을 강화하는데 있다. 국가연합은 하위 공동체의 자율적 삶과 자기결정을 높이는 것을 보조하는 제도적 틀이라고 볼 수 있다. 국가연합은 구성 단위의 협력과 공생을 만들어 낼 뿐 아니라 개별 단위의 자유와 권리 및 발전을 북돋우는 역할을 수행해야한다. 이와 같은 국가연합의 연방주의 철학적 원리에 충실하면, 남북연합도 그와 같은 관점에서 개별 단위 국가들이 남과 북의 고유한 주권과 자기결정을 존중하면서 상생과 협력관계의 장기적 틀을 찾고 발전시키는 것으로 규정할 수 있다.

남북연합을 그렇게 이해하면 남과 북은 적어도 이론상으로는 각기 통일의 장기 전망과 단계적 발전 구상을 어떻게 갖든지 간에 그것을 평화공존과 상생 협력의 안정적 틀로 일단 수용하고 환영할 수 있다. 남북연합은 남과 북의 정치공동체의 평화공존뿐 아니라 이익 구현과 권리 발전을 보장하는 틀이 되기 때문이다.

그런데 국가연합을 연방국가나 단일 통합국가로의 이행기로만 규정하면 위에서 말한 국가연합의 연방주의 원칙들이 사라지거나 주변화되기 쉽다. 물론 유럽 연방주의자들의 인간관과 사회관 또는 연합적 사회 구상들을 그대로 받아들일 이유는 없다. 다만 남북연합 논의를 갱신하기 위해서는 그것의 근저인 개인의 자유와 상호의존, 하위 단위의 독자성과 보조성의 원리는 놓쳐서는 안 될 연방주의 이념이라는 사실이 중요하다. 남북연합은 남과 북의 정치공동체와 공동체 구성원들의 자유와 권리의 증진을 돕우고 자기결정권을 높이는 것이 되어야 한다. 남북연합을 구상하면서 남과 북의 자기결정권과 공동체 구성원들의 삶의 자유를 줄이거나 없애는 방식의 사고에 의문을 던져야 한다. 물론 역으로 바로 남과 북의 자유와 자기결정권을 위해 남북연합은 동시에 연합적 거버넌스의 권한과 기능을 충분히 챙겨야 한다. 그러한 자율과 책임 그리고 의존과 연대의 원리가 상호작용하는 과정 속에서 남북연합의 '연합적 거버넌스'가 구성되어야 한다.

나. 연합주의와 협의주의, 경합주의

1) 연합주의

2019년 이무철과 이상신 등이 주도한 통일연구원 주관 연구 『남북연합 연구: 이론적 논의와 해외 사례를 중심으로』(통일연구원, 2019)는 기능주의와 신기능주의 관점의 통일론을 비판하며 연합주의(confederalism)와 협의주의(consociationalism)에 기초한 평화공존과 남북협력의 제도화를 주장했다. 남북연합의 의미와 성격에 대한 이론적 논의를 발전시킨 성과였다.

하지만 그 연구는 유럽연합의 경험에 근거해서 만들어진 이론을 소개하고 급히 한국적 맥락에서 적용 가능성을 타진한 것에 불과하다. 그렇기에 개념적 엄밀함이 부족하고 연관된 쟁점과 과제를 충분히 제시하는 데는 한계가 적지 않다. 먼저, 연합주의를 연방주의와 구분하는 것이 그대로 수용되기는 쉽지 않다. 유럽연합의 발전을 이해하는 데는 인습적인 연방주의 제도 논의로는 충분치 않기에 연합주의 개념을 사용하는 것은 가능하다.

국가연합에 관심을 쏟는 연방주의 연구자들이 연방주의와는 구분되는 연합주의(confederalism) 개념을 들고 나온 것은 새로운 현상이다.[23] 그들은 오랜 국가연합에 대한 학문적 무관심과 정치적 폄훼를 극복하기 위해 국가연합을 위한 이론을 체계화하고 있다. 국가연합의 장점과 특성에 주목하려면 연방주의와 연합주의를 개념적으로 구분하는 것이 필요하고 충분히 가능하다. 그런데 그러한 새 개념의 창안과 활용은 애초 국가연합이 연방주의에서 발원했으며 연방주의 사상의 원칙을 가장 적극적으로 실천한 국가(결합) 형식임을 놓치게 만들 위험이 있다. 연합주의가 국가연합에 대한 체계적 이론이지만 국가연합이 연방주의의 한 형식이자 실천이고 연방국가만이 연방주의에 속하지는

---

23 연방주의 맥락에서의 국가연합 논의에 대해서는 Hans Kristoferitsch, *Vom Staatenbund zum Bundesstaat?: Die Europäische Union im Vergleich mit den USA, Deutschland und der Schweiz* (Wien: Springer, 2007)을 참조하라. 연합주의 개념과 이론의 등장에 대해서는 Xiaokun Song, "Confederalism. A Review of Recent Literature", Natella Akaba, Bruno Coppieters and David Darchiashvili (ed.), *Federal Practice: Exploring Alternatives for Georgia and Abkhazia* (Brussels: VUB University Press, 2000), pp. 180~190. 연합주의 개념의 발전에 대해서는 Murray Forsyth, *Unions of States: The Theory and Practice of Confederations* (Holmes & Meier Pub, 1981); Frederick K. Lister, *The European Union, the United Nations, and the Revival of Confederal Governance* (London: Greenwood Press, 1996); Daniel Elazar, *Constitutionalizing Globalization: the Postmodern Revival of Confederal Arragements* (Lanham, Md.: Rowman & Littlefiedl Pub., 1998); Kris Deschouwer and Johanne Poirier (ed.), *(Con)federlaism: Cure or Curse?* (Re-Bel e-book, 18. July 2015).

않는다는 것을 기억하는 것은 여전히 중요하다. 다만 국가연합의 성격과 특성을 부각하는 의미에서 연합주의 개념과 관점을 실용적으로 활용할 수는 있다.

다음으로 이무철과 이상신 등의 연구는 연합주의에 기초한 '연합적 거버넌스'가 지닌 장점과 안정적 발전의 가능성을 타진했기에 의미가 있으나 강령적 구상이나 실천 전략은 아직 모호하다. 그들의 연구에 따르면, 국가연합을 통한 연합주의는 공동의 안보, 경제 이익을 공유한다면 초국가적 성격의 기구 강화로 안정적으로 운영될 수 있으며 폭력적 갈등을 평화적 공존 및 협력으로 전환 가능하다. 그 연구가 주목한 것은 연합적 거버넌스는 초국가성과 동시에 회원 국가의 국가성을 모두 보장 내지 증진하는 방향으로 협력제도가 발전할 수 있다는 점이다. 그런데 '공동의 안보' 이익을 공유하지 않는다면 국가연합은 애초부터 불가능하다는 회의가 생길 수 있어 문제다.

유럽연합의 경우는 현재 공동의 안보 이익이 결정적이지 않다. 유럽연합은 애초 평화 프로젝트였지만 지금은 정치적·경제적 이익 공유가 더욱 중요하다. 그런 점에서 국가연합의 결성과 운영의 가능 요인에 대해 더 개방적으로 논의할 필요가 있다. 그 연구도 결론에서 밝혔듯이 '국가연합의 안정적 유지를 위해서는 상호 공동의 이익'이 결정적이다. 저자들은 그 옆에 '목표의 공유'도 같이 붙였지만 이질적인 정치체가 꼭 '목표를 공유하기'는 쉽지 않기에 '상호 공동의 이익'을 강조하는 것에 집중해야 한다. 남북한의 '연합적 거버넌스'가 목표를 공유하는 것까지 포괄해야 한다면 그것은 벌써 '통일' 전망 내 민족 관련 최대 강령, 또는 연합 후 다음 단계와 절차를 둘러싼 이견의 쟁투로 치달을 수 있기 때문이다.

한편 그 연구가 연합주의는 국가연합의 초국가성과 회원국의 국가성을 동시에 보장하고 증진하는 것으로 강조한 것은 매우 중요하다. 그것은 앞에서 언급한 연방주의의 고전적 이론과 정신에도 조응하기 때문이다. 국가연합을 연방국가나 통합국가로의 과도기로 규정되기를 유보한다면, 국가연합으로의 진입과 안정성이 더욱 중요해진다. 이때 국가연합은 무엇보다 회원국의 자기결정과 책임을 강화하는데 도움이 될 수 있는 제도임이 주목되어야 한다. 회원국의 주권 제한 우려를 불식시키고 국가연합이 회원국의 고유 이익과 권리 발현 및 주민들의 삶의 기회와 자유의 확장에도 도움이 된다는 것이 강조되어야 한다. 남북연합 논의와 구상은 연합주의 개념과 이론을 통해 남과 북에 공동 이익을 넘어 각기 개별 이익을 강화하고 권리를 옹호할 수 있는 차원과 방식을 설득력 있게 보여주는 방향으로 발전해야 한다.

2) 협의주의

그 연구가 높이고 끌어 온 '협의주의'는 평화 연구에서 등장한 갈등 조정 이론이다. 그것은 갈등의 평화적 해결과 상호인정, 권력 공유 방식의 협상과 공동의 의사결정과 정책 집행에 공동 참여하는 대연정 방식의 평화공존 모델 이론이다.[24] 그것이 남북연합을 남북 간 평화공존과 협력 제도화로 구상할 때 논의해볼 수 있는 개념이자 이론임을 부정할 수 없다. 권력 공유와 상대 체제와 국가의 인정과 존중에 기초한

---

24 이무철·이상신·윤철기·신대진 외, 『남북연합 연구: 이론적 논의와 해외사례를 중심으로』, pp. 53~73; Matthijs Bogaards, Ludger Helms and Arend Lijphart, "The Importance of Consociationalism for Twenty-First Century Politics and Political Science", *Swiss Political Science Review*, Vol. 25 No. 4(2019), pp. 341~356.

대연정 방식의 협의주의에 기초한다면, 남북연합은 남북한 정부로부터 독립적인 초국가적 협의기구를 통해 화해 협력을 질적으로 발전시키는 과정을 통해 발전할 수 있음을 함축한다.[25]

협의주의는 아직 매우 논쟁적 이론이다. 그것이 주로 인종 갈등이 존재하는 사회의 문제를 해결하기 위해 적용되었기에 오랜 냉전 대결과 분단 적대를 조정하는 평화 정치에 얼마나 유의미할지는 낙관할 수 없다.[26] 협의주의는 협상을 위한 의지와 갈등 조정의 합의문화 경험과 문화가 존재하지 않는 곳에서는 성과를 내기 쉽지 않다. 협의주의의 한 성과 요인인 갈등 조정의 중재자도 남북한은 구하기 어렵다. 상호 이익을 전제하고 권력 공유에 기초하더라도 상호간 불신과 불만, 오해와 소통 실패를 쉽게 극복하기 어렵다.

3) 경합주의

남북연합 건설을 위해서는 협의주의에 대한 성급한 기대보다는 이견과 갈등을 감당하고 비적대적 조정과 공존의 방식에 주목한 '경합적 평화'(agonistic peace)의 관점을 받아들이는 것이 더 현명해 보인다.[27]

---

25 이무철·이상신·윤철기·신대진 외, 『남북연합 연구: 이론적 논의와 해외사례를 중심으로』, pp. 296~297.

26 협의주의의 효과에 대한 비판으로는 Joel Selway and Kharis Templeman, "The Myth of Consociationalism? Conflict Reduction in Divided Societies", *Comparative Political Studies*, Vol. 45 No. 12(2012), pp. 1542~1571.

27 경합적 평화는 급진민주주의 이론인 경합주의를 평화학에서 발전시킨 개념이자 관점이다. 아직 국내에 체계적인 소개가 이루어지지 않았지만 포스트-자유주의 평화 이론의 주요 관점 중 하나다. 경합적 평화에 대한 가장 잘 된 소개는 Rosemary E. Shinko, "Agonistic Peace" A Postmodern Reading, *Journal of International Studies*, Vol. 36 No. 3(2008), pp. 473~491. 경합주의 민주주의 이론에 대해서는 유용민, "경

경합적 평화의 관점은 갈등과 경합은 인간 사회와 국제정치에서 매우 근본적인 것이기에 '일치된 합의'나 '단일한 방식'으로의 협의는 허구에 불과하므로 이견과 차이를 감당하며 갈등의 적대화를 막고 비폭력적 공존에 초점을 맞추자는 평화정치의 원리다. 평화 구축에서 합의보다는 비폭력적 관계를 위한 민주적 절차와 공존의 규칙을 더욱 중요하게 보는 관점이다. 평화적 협력관계의 합의가 몇 차례나 중단되고 역진된 상황에서는 협의주의 못지 않게 경합주의에 더욱 관심을 가질 필요가 있다.

경합주의는 민주주의 이론에서 발원했지만 차이의 소거를 통한 합의에 매달리는 것이 아니라 개방성과 상호성에 기초해 규칙과 절차를 지키며 경쟁하고 경합하는 실천과 관계를 강조하는 국제관계에서 평화적 공생정치의 방법으로 전이하고 확장할 수 있다. 그것은 남북연합의 형성과 운영에도 필요하고 가능한 일이다. 남북연합을 남과 북의 순조로운 합의의 장으로 망상하기보다는 남과 북의 경합적 실천과 공생관계의 장으로 삼는 것이 현실적이다. 그러한 경합적 장으로서의 남북연합이 바로 평화공존과 협력관계의 제도화의 방식일 것이다. 경합적 평화의 관점을 남북연합 논의에 적극 도입해야 한다.

합적 민주주의 이론의 비판적 수용", 『언론과 사회』 21권 4호(2013), pp. 5~45; 임의영, "경합 공간으로서 공공영역과 행정: C. Mouffe의 급진민주주의를 중심으로", 『행정논총』 53권 2호(2015), pp. 1~25.

4. 역사: 독일 국가연합 통일론과 함의

가. 분단 독일의 국가연합론의 유형과 특징

독일 통일은 서독이 동독을 흡수해서 서독 체제를 동독에 일방적이고 급속히 이식하는 방식으로 이루어진 흡수통일이었다. 하지만 1949년부터 1990년 분단 시기 내내 국가연합 통일안은 유령처럼 항상 등장했다. 1949년부터 1990년 3월까지 다양한 정치 사회 세력이 독일 국가연합을 내세워 분단 극복과 민족 결속을 주장했다. 독일이 동독 체제가 급속히 무너지고 서독으로 일방적으로 흡수되는 방식으로 통일되었기에 국가연합 통일론은 독일에서 실패한 길이다. 그렇더라도 한반도 국가연합 통일론의 갱신을 위해서는 분단 독일에서 등장했던 30여 개의 국가연합론을 유형화해 남북연합의 발전을 위해 활용할 논점을 찾을 필요가 있다.[28] 이를 세 유형으로 정리할 수 있다.

1) 탈민족 국가연합론

먼저, 연방주의적 정치원리와 탈민족적(postnational) 지향을 지닌 국가연합론이다. 1950년대의 울리히 노악(Ulric Noack)과 헤르만 에첼

---

28 분단 독일의 다양한 국가연합 통일안에 대해서는 Dong-Ki Lee, *Option oder Illusion. Die Idee einer nationalen Konföderation im geteilten Deutschland 1949-1990*를 참조하라. 이하 서술의 내용은 앞의 책과 이동기, 『비밀과 역설: 10개의 키워드로 읽는 독일통일과 평화』, pp. 305~330; 이동기, "국가연합과 평화체제: 분단 독일의 국가연합안 개관", 이병천·구갑우·윤홍식 엮음, 참여사회연구소 기획, 『안보개발국가를 넘어 평화복지국가로 : 독일의 경험과 한국의 과제』(서울: 사회평론, 2016), pp. 293~323을 축약한 것이다.

(Hermann Etzel)의 국가연합안, 1960년대 후반과 1980년 후반 적극적으로 민족문제 해결에 개입한 작가 귄터 그라스의 국가연합 구상 그리고 1989~90년 녹색당의 생태국가연합론이 그것이다.[29] 연방주의자들은 권력지향적인 중앙 통합적 국민국가보다는 탈민족 소국가와 연방주의 정치 원칙에 충실한 국가연합을 구상했다.

그들이 모색했던 분단 극복의 구상은 인간 삶의 원천적 다양성을 존중하며 지방과 하위 정치 단위의 정치와 문화 자치권에 기초한 국가연합이었다. 그들은 중앙 통합적 국민국가로의 통일에 반대했고 서독과 동독 간 국가연합을 유럽통합의 틀에서 사유했다. 그렇기에 통일(더 정확히는 분단 갈등 극복) 모델로서 국가연합은 독일 연방국가의 중간 단계가 아니라 유럽 국가연합의 과정이자 매개로 인식했다. 이때 그들의 국가연합은 이미 일종의 '평화체제'였다.

비록 1990년 초 급속한 흡수통일의 우세 국면에서 그것은 '반통일 구호'로 전락해 현실적 의미를 상실했지만 그 자체로는 평화를 중심으로 분단 극복을 사유한 독특한 방식이었다. 국가연합 구상에 원천적으로 내재된 연방주의에서 평화의 정신을 찾아 확장한 분단 해결책이었기 때문이다. 특히 그들은 국가연합을 연방제로 발전하기 위한 과도기로 보지 않고 유럽 국가연합의 틀에서 사고했고 유럽 국가연합 속에 독일국가연합으로 독일의 양 국가가 존속할 것을 염두에 두었다.

---

29 이에 대한 상세한 연구는 이동기, "'경계인'의 시간들: 분단 독일 초기(1949~1956) 국가연합 통일안의 등장", 『역사학보』 202, 2009. 06, pp. 333~380; 이동기, "1989/90년 독일통일 과정 시 서독 좌파의 비판과 대안들", 『서양사연구』 43, 2010. 11, pp. 155~186를 참조하라.

2) 중립주의 국가연합론

분단 독일에는 '제3의 길' 내지 중립주의 강령과 결합한 국가연합론이 강력했다. 1950년대부터 1980년대까지 적지 않은 수의 독일 중립주의자들은 국가연합 통일안을 옹호했다. 사실 위의 첫 번째 흐름도 중립주의와 완전히 무관하지는 않다. 다만 여기서는 '제3의 길'이나 중립주의가 국가연합안의 가장 핵심적 지위를 지닌 경우를 말한다. 이를테면, 1950년대 대표적 중립주의자인 빌헬름 엘페스(Wilhelm Elfes), 1960년대 민족중립주자이자 신우파인 볼프 셴케(Wolf Schenke), 1980년대 민족주의 좌파이자 녹색당 소속의 평화운동 주역인 롤프 슈톨츠(Rolf Stolz)와 페터 브란트(Peter Brandt) 같은 중립주의자들은 다양한 중립주의 국가연합안들을 선보였다.[30]

특히 1980년대 초 국제 냉전의 새로운 격화 과정에서 서독의 비판적 시민사회는 대중적 평화운동의 고양을 겪었다. 녹색당은 평화운동 과정에서 급격히 성장할 수 있었다. 사민당 일부와 녹색당 내에서는 민족문제에 대해 다시 토론하는 흐름이 등장했다. 특히 1960년대 후반 급진적 청년 봉기를 경험한 세대 중 일부는 민족 문제를 우파들의 수중에 떨어지도록 하지 말자고 주장하며 사회 해방과 연계한 통일정책을 구상하기 시작했다. 발원은 전설적 학생운동가 루디 두취케(Rudi Dutschke)였지만, 1979년 말 그의 사후 서베를린의 녹색당 지부에 해당하는 대안 리스트 내 '베를린 및 독일 정책 연구그룹'(Arbeitsgruppe Berlin-und Deutschlandpolitik)과 쾰른의 '좌파독일토론 발

---

30 이에 대해서는 이동기, "서독 68운동과 독일정책: 민족좌파로서의 신좌파?", 『독일연구』 17, 2009. 07, pp. 65~110를 참조하라.

의그룹'(Initiativkreis Linke Deutschlanddiskussion: LDD)을 중심으로 일군의 민족 좌파 세력들이 평화문제를 궁극적으로 해결하기 위해서는 독일 통일에 대해서도 대안을 가져야 한다고 주장했다.

서베를린의 '베를린 및 독일정책 연구그룹'을 이끌던 페터 브란트와 헤르베르트 암몬(Herbert Ammon)은 1980년대 내내 국가연합 통일안을 수차례 발표했다. 그들은 '양독 내에서 내부 변혁을 먼저 달성한 뒤에 통일을 추구'하고자 하는 경향과 '통일을 먼저 이루어내고 그 후 해방 과정을 달성'하자는 흐름을 모두 비판하며 동맹 이탈과 국가연합을 전략적 해결책으로 제시했다. 양독이 군사동맹을 이탈한 뒤 국가연합을 이루어내면 양독 주민들이 현실과 단절하는데 용이할 것이며 광범한 사회 세력을 단결시켜 궁극적 사회 해방을 달성하는데도 유리할 것이라고 보았던 것이다.

그들은 동서독이 새로운 질적 협상의 첫 번째 단계에서 군사동맹을 벗어나는 것이 급선무고, 그 다음 단계에서 양 독일 국가가 '독일공동체'를 결성할 수 있을 것이라고 보았다. 그들은 이 국가연합의 기구로 전독일의원평의회와 전독일조정국을 구상했다. 이 국가연합 협정과 기구를 통해 양독은 1972년의 기본조약을 대체해 동서독 주민들의 자유로운 이동을 점진적으로 실현할 수 있다고 보았다. 그들은 그 독-독 간 접근의 세 번째 단계로 경제적 변혁을 염두에 두었다. 이 단계에서는 아직 양 독일 국가가 각각 서유럽의 유럽공동체나 동유럽의 코메콘(COMECON)에서 벗어날 이유가 없었다. 그들은 마지막 단계에서 양독 국가와 '독일공동체'는 전승국과 평화협정 및 베를린협정을 체결하며 오더-나이세 국경을 확정함과 동시에 독일 통일을 완성할 수 있을 것이라 보았다.

그들은 국가연합의 틀을 통한 독-독 간 결합의 문제와 유럽평화체제의 형성 문제를 적절히 구분한 뒤 다시 연결시켰다. 이때 그들은 '독일공동체'가 '아래로부터의 대중운동' 없이는 실현 가능성이 없는 것으로 보았다. 그들 또한 여타 국가연합 주창자들과 마찬가지로 분단 문제 해결이 사회해방운동 과정과 긴밀히 결합되어야 함을 강조했던 것이다. 그러나 서베를린의 국가연합 주창자들은 쾰른의 LDD와는 달리 동서독의 지배 질서에 대항하는 전투적 '제3의 길'을 옹호하지는 않았다. 그들은 녹색당 내 여타 민족주의 좌파그룹과는 달리 1970년대 사민당의 동방정책을 긍정적으로도 평가했고 냉전의 위기 국면이 다시 닥쳤기에 서독 내에서 '새로운 다수파'의 결집을 통해 집권 전략을 구상할 줄 알아야 한다고 주장했다.

첫 번째 유형의 국가연합안과는 달리 그들의 국가연합론은 국민국가 재탄생의 전 단계였다. 그 국가연합안은 현실적 가능성과는 별도로 냉전체제의 균열 내지 극복을 전면적으로 문제 삼았다는 점에서 다시금 평화체제 논의를 비켜가지 않았다. 오히려 유럽 냉전체제의 해체를 독일 통일의 핵심 전제로 간주한 것이다. 그런데 완고한 냉전적 군사동맹 체제의 극복과 구분되는 독-독 간 협력의 독자적 역동성을 더 적극적으로 다루지 못한 것은 결정적 한계로 유의해야 할 대목이다. 아울러 1980년대 서베를린의 국가연합 주창자들이 여타 중립주의적 국가연합 주창자들과는 달리 분단 양국의 체제 '변혁'을 지향하면서도 현실주의적 관점의 정치동맹을 강조하며 '중도' 정치연합(사민당과 녹색당의 연정)의 길로 국가연합을 추구한 것은 한국적 맥락('변혁적 중도론'과 유사)에서도 매우 흥미롭다.

3) 실용적 국가연합론

마지막으로 중립주의에 결박되지 않고 탈민족론과는 무관하며 주로 실용적이고 실제적인 방식과 과정에 집중한 국가연합 통일안이 존재했다. 1950년대 후반부터 등장한 사민당 지도자 헤르베르트 베너(Herbert Wehner)의 '독일경제공동체' 안이 대표적이다. 그것은 주로 양독 간 경제 내지 재정 협력에 초점을 맞추었고 그것의 고유한 동력을 통해 통일과 평화의 동시적·점진적 발전의 길을 찾았다. 그것은 앞의 중립주의와 결합한 국가연합안과는 달리 군사동맹이나 평화체제의 문제를 우선 뒤로 돌리고 경제협력의 심화와 진전에 의거한 양독 간 발전의 성과에 기초해 국가연합적 체제를 발전시키는 것을 말한다.

베너가 제시한 '독일경제공동체'는 4단계를 염두에 두었다. 독-독 간 교류를 원활히 진행하기 위한 화폐결산제도 도입, 공통의 이익에 기여할 양독 공통 투자펀드 조성, 화폐통일, 마지막으로 국제적 긴장 완화를 배경으로 한 국가통일이다. 특히 그는 마지막 단계에서 독일에서의 외국군 철수와 군축 및 중립화를 염두에 두었다. 그도 중립화를 주장하긴 했지만 그것은 가장 마지막 단계의 과제로 보았다. 여기서 주목할 것은 독일문제의 해결에 대해 그는 항상 독-독 간 협력을 가장 중요한 계기이자 동력으로 보았다는 사실이다. 그는 일찍부터 동독의 국가적 실체를 인정하기를 가장 강력히 주장했으며, 동독에서의 자유 선거나 정당 활동의 자유 등을 언급하지 않고 협력관계의 제도화를 강조한 예외적 인물이었다. 아울러 베너는 서독에서 가장 일찍 인도주의적 문제 해결의 중요성을 간파했고 경제교류가 독-독 간 관계 개선과 통일에 미칠 장기적 영향에 주목했다.

베너는 자신이 제안한 '독일경제공동체'의 발전을 '독일연방'이라

불렀다. 그는 두 체제가 상당 기간 병존하면서 협력체제를 발전시키는 방식의 통일 논의를 '독일경제공동체'안으로 끌어 올렸다. 그는 주로 경제협력을 중심으로 한 독-독 간 신뢰와 협력을 강화하고 그것을 제도적으로 확립하는 '독일연방'이 독일 국민국가로의 이행기임을 밝혔다. 그는 중립화를 전제하고 서독 체제의 변혁을 목표로 한 동독의 국가연합안과는 다른 종류의 점진적·실용적 접근의 국가연합안의 초석을 놓았다. 아울러 베너의 '독일경제공동체' 내지 '독일연방'은 브란트의 '작은 걸음의 정책'과 비교하면 '작은 걸음과 동시에 큰 걸음' 정책이었다.

실용적 국가연합의 핵심은 안보동맹과 평화체제의 문제를 유보하거나 제한적으로 또는 신중히 다루면서 양독 간 발전과 협력관계 진전의 역동성에 더 눈을 돌렸다는 사실이다. 그런 점에서 보면, 1989년 11월 28일 헬무트 콜의 10개조 통일강령도 현실적이고 실용적 국가연합 통일안에 해당한다고 볼 수 있다.[31] 왜냐하면 그것은 통일독일의 외교, 안보의 성격이나 지위 문제와 양독 간 경제협력에 기초한 '국가연합적 구조'의 발전을 분리시켜 후자에 집중했기 때문이다. 비록 콜이 1990년 1월 중순 급속한 흡수통일로 방향을 선회했지만 모든 좌파적 통일안을 제압했던 것은 흔들리는 분단 현실과 역동적 정치 상황에 조응했기 때문이다. 좋든 싫든, 콜이 결정적 국면에서 성공한 비밀은 국가연합을 탄력적으로 활용했다는 사실에 있다. 그것은 역설적으로 국가연합이 지닌 본래의 다양성과 유동성을 그대로 드러냈다.

---

31 이에 대해서는 이동기, "'더 나은 통일안'은 없었는가?: 1989/90년 헬무트 콜, 국가연합 그리고 독일 통일", 『독일연구』 20, 2010. 12, pp. 77~113를 참조하라.

나. 독일 국가연합론의 실패와 함의

1) 분단의 불균형

분단 독일에서 국가연합안이 실현되지 못한 이유 중 결정적인 것은 동서독이 상당히 불균형했고 비대칭적이었다는 사실과 그 분단의 불균형과 비대칭을 국가연합 주창자들이 충분히 반영하지 못한 점이었다. 동독은 모든 영역에서 서독에 비해 너무 약했다. 독일 분단의 극심한 불균형은 국가연합의 정치 상상력을 제약했고 평화 정치가들의 운신의 폭을 좁혔다. 동독의 국가 생존은 40년 내내 불안했고 동서독 간 정치와 경제의 질적 격차는 좁혀지지 않았다. 그것은 서로 다른 두 체제의 공존 및 대등한 협력관계라는 국가연합안의 사유 확장과 실천 적용을 막았다.

상황이 그랬기에 분단 독일에서 국가연합론은 동서독간 협력관계의 발전 전망을 가지면서도 분단의 불균형과 비대칭을 적극 반영할 필요가 있었다. 하지만 대부분의 국가연합 주창자들은 중립주의나 '제3의 길' 같은 대안적 사회질서를 모색하는데 경도되었다. 급기야 동독 체제가 붕괴 조짐이 보였을 때 국가연합론은 통일을 저지하는 반통일론으로 현상했을 뿐이었다. '실용적' 관점과 '현실적' 접근이 더 필요했다. 동독에 대한 경제적 지원을 통해 그와 같은 '실제적' 협력관계를 강화하고 그것의 기초 위에서 독일국가연합을 구상하는 것이 필요했다. 그런 점에서 헤르베르터 베너의 독일경제공동체안은 가장 의미있는 구상으로 평가될 수 있다. 한반도에서 국가연합 논의도 분단의 불균형을 숙고하고 반영하는 관점으로 발전해야 할 것이다.

2) 실용적 접근의 중요성

앞에서 말했듯, 수행 주체의 관점에서 보면, 분단 독일의 국가연합 주창자들에게서 실용적이고 실제적인 접근이 부족했던 것에 주목해야 한다. 독-독 간 관계 발전의 심화와 냉전 해체 또는 평화체제 형성의 상호 관련성에 대해 정태적 분석에 갇힌 측면이 없지 않았다. 그런 점에서 한반도는 독일과 다른 방식으로 국가연합 논의의 지평을 더욱 확장할 필요가 있다.

핵무장을 둘러싼 미국과 북한의 관계나 중국과 미국의 새로운 갈등 등에 직면해 당장 한반도 양국 간의 협력을 넘어서는 평화체제가 한반도 내 두 정치공동체의 협력과 긴밀히 결합해 보조를 맞춰 진행될 가능성은 높아 보이지 않는다. 오히려 한반도 두 공동체 간 관계의 질적 발전과 여타 외교와 안보 문제를 분리해 앞의 것이 지닌 독자적 의미와 역동성을 최대한 살리는 것이 중요해 보인다. 아울러 남북연합론은 남북 간 협력관계의 제도화를 통해 그 자체로 평화공존의 틀로 발전해야 하고 그것을 통해 한반도 비핵화와 평화체제 건설의 계기이자 동력이 되는 길을 찾아야 할 것이다.

3) 협력관계 발전과 '사실상의 국가연합'

1980년대 후반 동서독의 관계는 이미 사실상 국가연합의 전 단계라고 볼 수 있을 정도로 발전했다. 1987년과 1988년 소련과 동서독 양쪽에서 국가연합에 대한 관심이 크게 고조되었다. 그것은 당시 동서독 관계의 현실적 발전을 반영했다. 국가연합을 국제법적으로 명료하고 확정적인 상태로 보며 '망상'하면 그것은 너무 멀거나 불가능해 보이지만, 분단 양국 간 현실적 협력관계의 양적 확대와 질적 심화라는 차원에서 정치 행위 주체들의 의지와 결단의 문제로 본다면 '작은 걸음'들이 '그 다음' 단계로 나아가는 방향이자 징검다리가 될 수 있다.

1989~90년 '전환' 시기 독일에서 국가연합 논의가 가장 큰 성세를 맞이한 것은 그동안의 현실 발전이 낳은 자연스런 결과이기도 했다. 그런 면에서 보면, 강령이나 구상이 오히려 이미 발전한 현실을 뒤따라오는 형국이었다. 화해 협력관계의 발전이 심화되면 국가연합은 이미 문 앞에 서 있음에 유의해야 한다.

5. 남북연합: 공존과 협력의 제도화

가. 국가연합 재론

3절에서 다룬 연방주의 사상과 연합주의와 협의주의 및 경합주의 원리에 기초하면, 국가연합은 이미 분단을 극복한 정치체제다. 유럽연합은 현재 미국식이든 독일식이든 연방국가로 더 진전하지 못한 채 정체되어 있다. 그렇더라도 누구도 유럽연합이 다시 해체되어 국민국가들의 대결이나 갈등 상태로 돌아가리라고 예상할 수도 없다. 엄격한 기준에 따르면 유럽연합은 국가연합도 연방국가도 아니며 새로운 종류의 국가결합 방식으로 자리잡았다. 인습적 기준에 따르면 국가연합과 연방국가 사이에 존재하는 어떤 국가결합 체제다. 그것은 독특한 이행기로 보이지만 앞으로 나아가지도 않으며 그렇다고 과거 국가 간 대결 상태로 역진하지도 않는다. 남북연합이 일단 그런 정도 수준으로 발전하면 그것 자체가 이미 통일의 한 형식이다.

국가연합이 연방국가나 통합국가로 발전할 수 있는 가능성은 항상 열어두되 그것을 현재의 정치 과제나 강령적 토론의 핵심으로 삼지 않아야 한다. 국가연합에서 연방제나 단일 정치체제로의 발전 여부는 장기 전망 내지 일시 유보로 두고 국가연합의 형성 내지 진입 과정에 더 집중하는 것이 중요하다. 국가연합으로의 진입과 발전 과정 자체를 더 세밀히 따져야 한다. 이를테면, 낮은 단계의 국가연합은 '분단 극복의 1단계'로, 높은 단계의 국가연합은 '분단 극복의 2단계'로 볼 수 있다. 또는 국가연합을 하나의 긴 '과정'이자 '운동'으로 본다면 남북연합을 남북 간 협력관계 발전의 연속과 심화 과정으로 구상할 수도 있다.

국가연합과 연방국가는 엄밀한 기준에 의거한 질적 구분이 아니라 중앙집중화의 양적 차이나 중앙권력체와 회원 정치체의 권한 분할의 양적 차이의 문제로 구분할 수 있다.[32] 국가연합과 연방국가는 정치체 결속의 기구(연합이나 연방)가 독자 주권을 가지느냐 아니냐, 연방(연합)이 헌법에 의해 구성되느냐 조약(협정)에 의해 만들어지느냐의 문제나 단위 정치체간 결속의 지속성과 안정성 여부로 구분할 수 있지만 역사, 즉 1815~1866년의 독일연방(Deutscher Bund)과 1871년 독일제국(Deutsches Reich) 건설의 역사는 그 구분을 상대화 하도록 만들었다. 즉 독일연방은 독자적인 국가성과 공권력을 갖지 못한 국가연합이었지만 빈(Wien)회의에 의해 국제법적 주체로 승인되었고 전쟁과 평화를 결정할 수 있는 권한을 가졌다.[33]

---

32 국가연합과 연방국가의 구분을 질적 차이가 아니라 양적 차이의 문제로 볼 것을 주장하는 국제법학자들의 견해에 대해서는 Hans Kelsen, *Allgemeine Staatslehre* (Bad Homburg: Springer, ·1966), pp. 194~196; Roman Herzog, *Allgemeine Staatslehre* (Frankfurt am Main: Fischer, 1971), pp. 396~417.

독일제국은 통합국가 지향의 연방국가였지만 헌법에 의해 구성되지 않았고 오히려 조약에 의해 만들어졌다.[34] 게다가 유럽연합의 현실 발전은 국가연합과 연방국가 사이에 새로운 혼합 형태가 따로 가능함을 여실히 보여주고 있다. 즉 유럽연합은 일반적으로 이해되는 국가연합 단계를 넘되 연방국가에 도달하지는 못했다. 1993년 독일헌법재판소는 그것을 '국가연맹'(Staatenverbund, association of states, 또는 국가연방)으로 규정했고 국제적으로 수용되었다. 또 현재의 스위스는 연방국가이지만 공식 국호에는 여전히 연합(Confoederatio Helvetica) 단어가 들어 있다. 스위스는 애초 국가연합(1815~1848)이었고, 1848년 후 26개 칸톤이 외교와 국방권을 제외한 모든 부분에서 상당한 자치권을 갖지만 국가연합이 아니라 연방제도의 가장 느슨한 형태이다.

신한반도 체제론 주창자들도 강조했듯이, 국가연합과 연방국가의 그와 같은 양적 구분 내지 권력 공유의 정도 차이에 기초해 남북연합의 전망을 새롭게 논의할 수 있다.[35] 남북 간 협력관계의 발전 심화와 안정화에 초점을 맞추면 남북연합을 매우 탄력적·유동적·개방적으로 설정해 여러 방식의 이행과 중첩을 모색할 수 있다. 특히 앞에서 강조했듯이, 남북연합을 연방국가나 제도 통합에 의한 통일로 발전하는 것을 그저 열린 가능성이나 아주 먼 장기 전망 정도로 삼으면 협력관계

33 Rudolf Weber-Fas, *Epochen deutscher Staatlichkeit. Vom Reich der Franken bis zur Bundesrepublik* (Stuttgart: W. Kohlhammer, 2006), p. 75; Wolf D. Gruner, *Der Deutsche Bund: 1815-1866* (München: Beck, 2010).

34 Thomas Sempf, *Die deutsche Frage unter besonderer Berücksichtigung der Konföderationsmodelle* (Köln: Karl Heymanns Verlag, 1987), pp. 13~28.

35 조한범·구갑우·김갑식·김유철·김태경·박주화 외, 『신한반도체제 추진 종합연구 (1): 신한반도체제의 개념과 추진전략』(서울: 경제사회연구회, 2020), p. 54.

의 제도화와 평화공존의 지속화에 더 초점을 맞출 수 있다.

그것에 걸맞은 단계나 과정, 양상과 성격에 조응하는 용어나 개념을 창안하고 구상을 발전시킬 수 있다. 이를테면, (국가)연합적 협력, (국가)연합적 구조, (국가)연합의 전 단계, 사실상의 (국가)연합, 국가연합의 입구, 낮은(/높은) 단계의 국가연합, 경제협력공동체, 협력관계의 연합적 실천, 연합 지향의 협력관계, 연합의 연방적 실천, 한반도 국가연맹(Verbund: association: 국가연방), 한-조 연합(한국과 조선: 양 국가의 국가성과 독자성을 고려해 각각의 공식 국호의 약칭을 사용), 한-조 책임공동체 등을 활용할 수 있을 것이다.

나. 협력관계 제도화의 방식

남북연합은 남북 간 협력관계의 안정화와 제도화에서 출발한다. 남과 북은 통일을 위한 이행기 형식에 대해 연합제냐 연방제냐라는 논쟁을 헛되이 진행할 필요가 없고 협력관계의 '실질적'이고 '현실적'이고 '실용적'인 발전과 심화에 전력을 다해야 한다. 체제 대결과 군사 긴장의 악순환에서 벗어나 공존을 실현시키는 것이 남북관계에서 가장 시급한 목표다. 화해 협력이 안정화되지 않고 지속되지 않았기에 남북연합 형성이 어렵다고 볼 문제만은 아니다. 오히려 남북연합은 그것을 위한 적극적 도구이자 계기로 선취할 필요가 있다. 화해 협력 단계와 남북연합의 단계를 질적으로 구분할 이유도 없다. 그것은 관념 속에서나 가능하지 실제 연방주의 제도는 정치 주체의 의지와 실천이 결정적이다. 향후 남북한 모든 대화와 교류는 협력관계를 지속하고 제도화하는 것에 초점을 맞추어야 한다. 화해 협력 단계 후에 남북연합 단계가

온다고 기다릴 것이 아니라 남북 간 대화와 접촉의 모든 새로운 시작이 역진 불가능한 제도화로 이어지도록 궁구되어야 한다.

한편, 현재의 남북한 주민들의 격리와 이반을 고려하면 단기간에 통합 국가로의 통일을 기대하기는 쉽지 않다. 그렇다면 남북연합을 통일국가로의 과도기나 이행기로 논의하는 것을 유보하고 협력관계의 제도적 정착과 지속의 문제에 전념하고 통일과정은 미래 전망으로 열어두는 것이 현명하다. 그렇게 남북연합이 그 자체로 독자적 정치적 무게와 지속성을 가진다면 협력관계 제도화로서 남북연합의 의미는 이제 궁극적인 통일국가 건설 '준비'에 있다기보다는 남북한 주민들이 그 협력을 통해 실질적으로 삶의 기회가 확대되고 접촉과 교류를 통해 상호 이해와 결속이 진작되는 것에 놓여 있다.

신한반도 체제론과 평화협력공동체의 주창자들은 그것의 초기 단계 내지 입구를 '남북연합'으로 설정했다.[36] 그들은 유럽 통합의 역사를 살펴 유럽석탄철강공동체(European Coal and Steel Community: ECSC) 형성에서 남북연합의 협력체제 발전을 위한 계기를 발견했다. 남북 간 실용적인 협력과 권력 공유의 범위를 찾아나가기 위해 ECSC의 고위관리청(High Authority)이 주목되었다. 남북한 정부 간 협력관계를 만들고 지속하기 위한 '연합적 거버넌스'로 단순히 "남북한 간 정부 간 협의체를 넘어서는 상위 공동체" 지향의 정체성에 입각한 초국가적 기구를 따로 만들어 '협력을 입안, 집행' 하도록 해야 한다는 주장이다. 남북 정부간 협력과 초국가주의적 기구의 혼종적 결합을 남북연합의

---

36 조한범·배기찬·이수형, 『변화하는 통일환경에 따른 대북 통일정책 개선 과제: 신한반도체제 구상을 중심으로』(서울: 통일연구원, 2019), pp. 141~158.

초기 구성의 방식으로 제시한 것이다.[37]

유럽연합의 역사가 흥미로운 국가연합 발전의 사례이고 남북연합 구성과 발전을 위해 현실적으로 참조할 수 있는 유일하게 의미있는 과정임은 분명하다. 하지만 냉전 초기 서유럽 6개국의 초국가적 거버넌스가 지닌 역사적 맥락은 한반도 남북 간 협력관계의 조건과는 근본적으로 달랐다. 6개국의 체제는 유사하고 공동의 이익이 뚜렷했다. 남북한 사이의 '공동의 이익'은 그것과 너무도 다르다. 게다가 무엇보다 다자간 협력관계는 서로 다른 체제를 지닌 한반도 분단 양국 간 관계로 활용하기 어렵다. ECSC는 다자간 이견을 조정해야 했기에 처음부터 초국가적 기구로 등장할 수밖에 없었지만 남북은 정부 간 협의체의 강화와 안정화에 집중할 수밖에 없다. 설사 남북 간에도 정부간 협의기구 외에 따로 상위의 초국가적 협의기구를 갖추는 것이 필요하다 해도 그 출발과 지속의 동력은 남북 정부 간 협력체일 수밖에 없다.

그런 점에서 보면 남북 간 협력관계의 제도화를 위해서는 ECSC보다는 1960년대 프랑스와 서독 간의 협력관계 발전 방식이 더 유용하게 참고할 만하다. 1963년 1월 22일 프랑스 대통령 드골과 독일연방공화국(서독) 총리 콘라트 아데나워는 파리의 엘리제궁에서 프랑스·서독 협력조약을 체결하며 화해 협력을 제도화했다.[38] 조약은 양국 정

---

37 조한범·구갑우·김갑식·김유철·김태경·박주화 외,『신한반도체제 추진 종합연구(1): 신한반도체제의 개념과 추진전략』, pp. 54~56.

38 프랑스와 독일 간 협력관계의 제도화에 대해서는 Peter A. Zervakis and Sebastien von Grossler, "40 Jahre Elysée-Vertrag: Hat das deutsch-französische Tandem noch eine Zukunft?", *Aus Politik und Zeitgeschichte* B 3-4/2003, pp. 6~13; Corine Defrance and Ulrich Pfeil (ed.), *Verständigung und Versöhnung nach dem "Zivilisationsbruch"? Deutschland in Europa nach 1945* (Bonn: Bundeszentrale für

상의 정례 만남과 외교·국방·문화 부문에서 장관급 회담을 정기적으로 가질 것을 담았다. 엘리제 조약은 프랑스와 서독이 오랜 적대를 화해로 바꾸기 위해 노력하며 외교·국방·교육과 문화 부문에서 긴밀한 협력관계를 발전시켜 유럽 통합에 기여하는 것을 목표로 삼았다. 양국 정상의 공동선언은 수세기에 걸쳐 내려온 양국 주민들의 적대 의식을 버리고 서로 우호관계를 발전시키는 것을 약속했으며, 양국 간의 협력 강화를 유럽 통합의 핵심 동력으로 삼았다. 그 조약으로 프랑스와 서독은 동맹관계를 확고히 정착시켰으며 전후 유럽뿐 아니라 세계적인 차원에서도 보기 드문 협력관계의 제도화를 선보였다.

　1963년 엘리제 조약은 서로 증오하던 국가들을 역진 불가능한 화해와 협력의 관계로 제도화했기에 큰 의미가 있다. 조약은 단순한 화해와 선린 관계의 명목적 선언이 아니라 실질적 협력관계 정착을 위한 국제법적 확약이었다. 프랑스와 서독이 관계 정상화와 제도화를 위해 가장 먼저 정착시킨 것은 양국 정상간 회동이었다. 양국 정상은 1년에 두 차례 정기적으로 만나 모든 정치 현안에 대해 협의하고 상호 입장을 조정해 견해를 일치시키기 위해 노력했다. 양국 외무장관과 국방방관들은 3개월에 한번 정례적으로 만나 협의를 진행했다. 양국 외무부의 고위직 관료들은 매달 만나 의견을 나누었다. 또 엘리제 조약은 교육과 청소년 관련 부처로 하여금 정례 회합을 통해 '문화 관련 협력'을 만들도록 정했다. 그 결과 1964년 독불청소년협회(Deutsch-Französisches Jugendwerk: DFJW)가 탄생했다. 그것은 양국의 청소년 교육 전문가들이 함께 상호 이해와 화해를 보조하는 공동의 청소년 교육

politische Bildung, 2016).

과 문화 프로그램을 체계화하여 양국 청소년들의 만남과 교류를 활성화했다. 프랑스와 독일은 그 다양한 협력과 교류를 잘 조정하도록 하기 위해 '정부 부처 간 위원회'를 따로 만들었다. 그것은 초국가적 기관이라기보다는 양국 정부 사이의 연락과 조정 역할을 담당하는 협력관계 보조 기관이었다.

양국 간의 협력관계가 더욱 긴밀해지고 신뢰가 깊어지면서 1988년 1월 22일 '엘리제 조약을 위한 보조 조항들'을 만들어 협력관계 제도화를 더욱 심화시켰다. 그것은 다시 초국가적 성격의 기구를 창안했다기보다는 양국 정부 대표자들 사이의 협의체를 다원화했다. 양국은 공동국방안보위원회를 구성했는데, 거기에는 양국 정부 수반과 외무와 국방 장관들 및 양국 군 참모들이 참여하고 1년에 두 차례 열린다. 독-불 경제재정위원회도 만들어져 1년에 4차례 만나 협의하며 경제와 재정부 장관들 및 중앙은행 총재들이 참여한다. 독일과 프랑스 양쪽에서 10명의 위원으로 구성된 독-불 문화위원회도 양국 간 문화협력을 가교하고 있다. 언론이나 환경 및 교육 분야에서도 다양한 교류와 협력이 정례화되었고 도시 간 결연사업과 시민사회 간 교류 및 협력 프로그램도 너무나 다양하다. 특히 청소년 학생들 간의 교류는 양국 간 화해와 협력이 미래에도 이어지도록 만든 효과가 뚜렷했다.

프랑스와 독일의 양자 협력관계는 따로 초국가기구를 전혀 두지 않았다. 그것은 정부 간 협의체의 심화와 확대 형식이었으며 그 형식이 계속 발전했을 뿐이다. 프랑스-독일의 협력관계를 국가연합이라 볼 수는 없지만 전쟁을 두 번이나 치른 두 적대 국가가 화해와 우애의 협력관계를 제도화하고 역진 불가능한 평화적 협력관계의 모범으로 발전했다. 일종의 국가연합에 가까운 '조약 공동체'로 볼 수 있다. 양국의 화해 협력관계는 세계 여타 지역에서 적대적 갈등을 겪는 곳 어디서든 모범 또는 최소한 유용한 참고자료로 수용되고 긍정적으로 평가받고 있다.[39] 한국에서는 한-일 관계 발전을 위해 독-불 화해가 잠시 관심의 대상이 된 적이 있다. 하지만 독-불 화해와 협력의 제도화는 남북한 협력관계 발전을 위해서도 유용하다. 특히 적대적 갈등의 양국 관계를 화해 협력의 제도화로 전환시키는데 가장 유용한 역사적 경험이기에 유럽 통합 초기의 다자간 협력관계보다 남북 간 협력관계의 제도화에 더 유용한 정보와 성찰의 자료를 제공한다.

다. 협력관계 제도화의 과제

협력관계의 제도화는 남북 간 역진 불가능한 신뢰 형성과 평화 정착, 공동 이익 확보와 상호 이해 증진, 그리고 그것을 통한 양 국가 주민들의 집단 경험과 기억을 창출해 결속을 다지는 것을 지향한다. 남과 북은 협력관계의 제도화를 담은 협정을 체결하고 양국 의회에서 비준 절차를 밟아야 한다. 엘리제 조약처럼 '남북협정'은 다음과 같은 구체적 과제를 내용으로 담을 수 있을 것이다. 제도화를 위해서는 국제법적 조약의 규정을 통해 협력관계의 정례화와 협의 내용의 근간을 밝히는 것이 좋다.

---

39 Nicole Colin and Claire Demesmay (ed.), *Franco-German Realtions Seen from Abroad. Post-war Reconciliation in International Perspectives* (Cham: Springer, 2021).

1) 정상간 정례 만남과 상징 정치

독일과 프랑스의 협력관계 제도화에서 가장 중요한 것으로 간주된 것은 양국 정상들의 사적인 친교와 만남이었다. 오랫동안 적대관계로 맞서고 있던 국가들의 '연합적 거버넌스'에는 정치 지도자들의 화해와 평화공존 의지 확인과 발현이 관건이다. 남북연합을 위해서도 남과 북의 정치 지도자들은 평화공존과 화해 협력 의지를 국가간 행사로서 잘 발현해야 한다. '남북협정'은 그 정례 만남을 규정하고 1년에 세 차례 이상의 회합과 협의 내용을 포괄적으로 정할 수 있을 것이다. 남북 정상 간의 상호 방문과 만남을 협정의 내용으로 정하는 것이 필요하다. 구두 약속을 통한 선의와 신의의 교환만으로는 부족하다. 남북 정상회담의 정례화를 협정에 담아야 한다.

아울러 그러한 만남은 한편으로는 단발적인 정치 쇼나 인습적인 의례로 전락하지 않도록 평화 의지와 화해의 상징 정치 또는 감정 정치를 잘 조직해야 한다. 평화와 화해는 이성적 의지로만으로는 부족하다. 감정 정치의 중요성에 주목해야 한다. 정치 지도자들의 평화 의지의 반복적인 공적 발현과 공동체 차원의 집단적 확인과 공유가 남북 주민의 집단 경험과 기억으로 이어지고 그들 사이에 평화와 화해 지향 창출을 보조하도록 만들어야 한다. 남북연합은 국제법적 조약을 통해 안정적 기반을 가지겠지만, 그것은 정치공동체 구성원들의 지지와 정치 지도자들의 의지가 상호작용하는 과정을 따로 필요로 한다. 그래야 협력관계가 실질적으로 안정화된다. 다른 한편으로 정상 간 협의를 위한 정례 만남은 매우 실제적이고 실용적 관점에서 이루어지기도 해야 한다. 설사 정상간 정례 협의는 구체적인 성과를 못 내더라도 상호 이해와 존중 및 상대 입장을 잘 이해할 수 있도록 준비되어야 한다.

2) 정부 부처별 장관 협의체

남북 간 협력관계의 제도화를 위해서는 지난 시기 독일과 프랑스의 정부 부처 간 협력의 모든 형식을 차용할 수 있을 것이다. 남과 북의 정부 간 장관과 고위 공무원 간 협의체를 분야별로 설치한다. 경제와 재정 문제를 다룰 협의체, 안보와 군사회담 기구, 기반시설 건설사업 협의체. 문화협정위원회, 기후-생태-보건 협력위원회 등을 만들어 양국 정부 장관들의 정례 회의와 그것을 준비하는 고위 관료들의 협의를 계속 조직화해야 한다. 이때 필요하면 독일과 프랑스처럼 전체 협력과 만남을 조정할 '조정위원회'를 따로 만들어 남북 정부 간 협의체와 위원회들의 운영을 보조할 수 있을 것이다. 아울러 일부 기구들은 남북 사회의 시민 대표 또는 전문가들이 함께 참여하는 '민관 거버넌스'의 모델도 활용할 수 있다. 한국과는 달리 북한이 자율적 시민사회가 존재하지 않는 상황을 고려하면 중앙정부 외에 지방 차원의 대표들이나 직능 대표자들의 참여를 독려할 수 있을 것이다. 어떻든 남북 정부간 연합적 거버넌스에 남과 북 주민들과 시민사회의 참여가 보장되도록 해야 할 것이다.

제도화된 협력관계가 심화되면 남북 양국 간에는 더욱 다양한 실질적 협력과 공존을 위한 양자 간 협의체와 논의 및 의사결정 기구를 만들 수 있다. 처음부터 초국가적 기관을 만드는 것보다는 남북 간 실질적 협력을 통해 제도화의 방식을 심화시키는 것이 현실적으로 보인다. 남북 간 협력관계가 심화되면 초국가적 기구의 출현도 논의될 수 있다. 그때 그것은 협력관계의 실질적이고 실제적이고 실용적인 요구와 관심을 반영하고 발전하는 형식이 될 수 있다. 그래야 그것은 역진 불가능해지고 실질적 권능을 가진다.

3) 지역과 시민들 간 협력관계의 제도화

남북연합이 협력관계의 제도화와 평화공존의 지속화로 구상되면 정부간 협력 못지 않게 시민사회와 지역과 주민들 사이의 교류와 협력관계의 제도화도 함께 포괄해야 한다. 먼저, 이미 문재인 정부는 접경지대의 평화지대화를 구상했다. 강원도와 경기도의 접경지는 다른 어떤 지역보다 분단의 고통과 남북간 적대의 상처가 존재하는 곳이다. 남북연합이 남북 주민들의 삶과 연결되려면 접경지역이 군사 충돌의 현장 내지 안보 통제의 대상지가 되어 발생할 수밖에 없었던 피해와 고통을 해결해야 한다. 남과 북은 접경지 주요 지역을 평화지대화로 바꿔나가는 연합적 협력을 시도해야 한다. 그 주체는 해당 지역의 지자체와 주민들이 되어야 한다. 양국 정부는 그러한 구상이 현실화되도록 최대한의 지원을 제공해야 한다.

아울러 남북 간 도시 결연도 주민과 지역 차원에서 남북의 평화 공존과 화해 협력의 실질화와 일상화를 보조하는 중요한 제도화다. 또 독일과 프랑스가 모범적으로 보인 것처럼 남과 북도 청소년들과 학생들의 정례 교류를 위한 남북청소년협회를 창립할 수 있을 것이다. 언론과 학술, 문화와 체육 및 환경과 보건 등 관련해서 민간 교류도 단발적인 접촉과 행사를 넘어 제도화와 정례화를 염두에 두며 진행되어야 한다.

4) 경제협력의 제도화의 중요성

남북 간 경제협력은 남북연합 형성과 발전에서 특별한 의미를 지닌다. 남북협정에는 그것에 특별한 의미를 부여해 세세히 규정할 필요가 있다. 남북 간 경제협력은 남북연합이 안정적으로 발전할 수 있는 핵심 고리가 될 수 있기 때문이다. 남북 간 경제협력은 남북 간 공존과 공동 이익을 가장 구체적으로 발현하고 매개하는 영역이다. 비록 기능주의적 통합론의 한계도 분명하고 발전주의 관점의 위험도 경계해야 하지만 경제협력을 통한 남북 간 공생관계와 다층적 연루의 심화는 남북연합의 형성과 발전을 더욱 촉진할 것이다.

다만 경제협력과 남북연합의 관계를 선후로 볼 필요는 없을 것이다. 다양한 차원의 협력관계들이 동시적·병행적·다층적으로 진행되는 것을 전제할 필요가 있다. 남북 간 경제 협력관계와 평화체제 형성과 비핵화 협상, 그리고 남북연합 형성과 발전의 시간과 방식은 비동시적이고 비균질적이며 불균형할 것이다. 평화체제와 경제 협력관계가 안정적으로 이루어지고 난 뒤에 남북연합을 결성하는 것이 아니라 남북 협력관계의 다층적 제도화라는 틀에서 경제협력 심화와 남북연합 결성의 동시 추진이 고려될 수 있다.

라. 보론: 동서독 간 도시결연 역사와 함의

남북연합의 형성과 발전 과정에서는 정부간 협력관계 제도화 못지않게 지역과 시민사회 간의 교류와 협력관계의 제도화도 중요하다. 그것을 위한 참조를 위해 분단 시기 동서독 간 도시결연의 역사를 보론으로 살핀다.

1) 분단 시기 동서독 도시결연의 역사

1950년대부터 이미 서독 도시들은 프랑스의 도시들과 결연을 많이 맺었다. 하지만 1980년대 서독 도시들은 동독 도시들과 협력관계를 발전시켰다. 분단 시기 동서독 간 협력관계의 제도화에서 놓칠 수 없는 것이 바로 동서독 간 도시결연이었다. 1980년대 후반 동서독의 협력관계는 다양한 차원에서 심화되었고 확대되었다. 동서독 간 도시결연은 중앙정부 중심의 분단 극복과 화해 협력을 보조하며 동반했으며 통일 후에도 일부는 여전히 동독과 서독 주민 간 상호이해의 장으로 활용되었다. 남북 간 연합적 협력 과정에서도 독일과 마찬가지로 도시결연은 중요한 '아래부터의 연합적 협력'의 방식이 될 수 있을 것이다.

동서독 도시 간 교류와 협력의 제도화인 도시결연을 적극 발의하고 옹호한 이는 빌리 브란트 총리였다. 브란트는 동서독 간 관계 정상화를 통해 공생 결속을 지향했으며 그 과정을 통해 점차 식어가는 민족 결속 감정을 끌어올리고자 했다. 브란트는 그 방식의 하나로 도시결연을 주장했으며 그것을 통해 동서독 주민들의 직접 접촉을 강화하려 했다. 브란트 정부는 '작은 걸음 정책'의 구체적 예로 도시결연을 구상했고 그것을 "아래로부터의 긴장완화 정책"이라 불렀다. 하지만 1980년대 중반까지 동독은 그것을 거부했다. 동독 지도부는 그것을 서독이 동독에 침투해 교란하려는 정책으로 의심했기 때문이다.

그 오랜 거부와 의심을 물린 것은 호네커의 개인적 관심이었다. 1986년 4월 25일 첫 동서독 간 도시결연이 맺어졌다.[40] 서독 가장 서쪽 주 잘란트의 가장 서쪽 도시인 잘뤼(Saarlouis)와 동독 가장 동쪽 도

---

40 이하 동서독 간 도시결연에 대해서는 Costanza Calabretta, "Deutsch-deutsche Begegnun gen. Die Städtepartnerschaften am Tag der Deutschen Einheit", *Deutschland Archiv*, 31. 8. 2015, (www.bpb.de/211058); Jens Hüttman, "Den Anderen wirklich sehen? Die innerdeutschen Städtepartnerschaften vor und nach 1989", *Deutschland Archiv* 2(2011)(https://www.bpb.de/geschichte/zeitgeschichte/ deutschlandarchiv/54112/staedtepartnerschaften)

시인 아이젠휘텐슈타트(Eisenhüttenstadt)는 도시 간 문화와 인적 교류에 합의했다. 그것은 두 도시 지방 정치가들의 노력으로 이루어졌지만 서독 사민당의 주요 지도자이자 잘란트 주지사 오스카 라퐁텐의 발의와 관심 및 동독 사통당 총서기이자 국가평의회 의장 에리히 호네커의 전격 수용으로 발전된 것이었다. 1985년 11월 라퐁텐은 동베를린을 방문해 호네커와 대담할 때 두 도시 간 협력을 제안했고, 잘란트 출신인 호네커는 그것을 수용함으로써 고향을 특별히 대우했다. 애초 호네커와 동독 슈타지는 잘뤼와 아이젠슈타트의 도시결연 협약을 예외적 조치로 결정했다.

그런데 원래 라퐁텐과 잘뤼의 정치가들과 시민들이 결연을 원한 동독 도시는 할버슈타트(Halberstadt)였다. 2차대전 시기에 폭격이 심했던 할버슈타트 주민들이 피난해 서독으로 집단 이주해 자리를 잡은 곳이 잘뤼였기에 두 도시에는 실제 친인척간 연결이 존재했기 때문이다. 동독 지도부는 두 도시 간 접촉이 긴밀해지면 혹시나 자신들이 통제하기 어려운 상황이 발생할 것을 우려해 할버슈타트가 아니라 그곳에서 600km나 떨어진 아이젠슈타트를 결연 도시로 정했다. 1986년 6월 초 잘뤼의 시축제 '엠메스'에 52명의 동쪽 손님이 참석해 환영받았다. 그 후 1989년 베를린 장벽 붕괴 때까지 대략 400명이 넘는 아이젠슈타트 손님들이 잘뤼를 방문했다.

동독 지도부의 정치 고려나 주저에도 불구하고 그 후부터 1989년 11월 9일 베를린 장벽이 붕괴할 때까지 58개의 동서독 간 도시결연이 이루어졌다.[41] '시민 교환'의 모토로 양측 정부는 모두 지지와 후원을

---

41 Deutscher Städtetag (Hg.), *Die innerdeutschen Städtepartnerschaften* (Köln, 1992),

보냈다. 베를린 장벽 붕괴 후 순식간에 도시결연 사업은 600개로 증대했다. 그 후 1990년대 이루어진 동독과 서독 지역 간 도시와 마을 간 결연은 그 수를 헤아리기 어려울 정도다.

서독 도시들에게 그것은 유럽과 비유럽 여러 국가나 지역 도시들 간 맺은 결연 사업의 연속이자 확장이었지만 독일 두 국가의 도시들 간 동반 협력이었기에 특별한 의미를 지닐 수밖에 없었다. 서독 도시의 주민들에게 동서독 도시결연은 행정관료적 복잡함과 까다로움을 넘는 '아래의 외교'였고 구체적이고 실질적인 인도적 지원의 실천 기회였다. 특히 서독의 지방 정치가들은 동서독 도시결연을 통해 도시의 위신과 명성을 높일 수 있을 것으로 보았다.

반면 동독 정치가들에게 동서독 도시결연은 동독 국가의 국제적 위신을 높여 서독과 서방 국가들이 동독을 국제법적으로 인정하도록 만드는데 도움이 되는 방편이라고 보았다. 도시결연은 항상 대등한 지위를 전제하고 동등한 동반자로서의 역할을 기대하는 것이기 때문이다. 동독 정치가들은 그것을 통해 동독 주민들의 정치 지지와 안정을 기대하기도 했다. 동서독 양자의 이익과 관심이 조응했던 것이다.

베를린 장벽 붕괴 전 동서독 간 도시결연의 의미를 지나치게 높일 수는 없다. 제한적 교류에 그치는 경우가 많았기 때문이다. 하지만 일부 도시들은 실질적 협력이나 의미 있는 교류를 발전시키기도 했다.

p. 23. 1986년 3개, 1987년 17개, 1988년 27개, 1989년 15개였다. 물론 아직도 1989년 11월 9일 베를린 장벽 붕괴 때까지 동서독 도시결연의 정확한 수에 대해서는 논란이 있다. 이를테면, 98개라는 주장도 있다. 다만 분명한 것은 서독 측에서 이미 동독 도시와의 협력관계를 제도화하고자 하는 관심이 매우 높았다는 사실이다. 당시 이미 약 800개의 서독 도시와 마을에서 동독과 결연을 맺고자 신청해 둔 상태였다.

1987년 12월 14일 동독 도시 드레스덴과 서독의 함부르크 간 결연이 체결되었다. 양 도시는 다른 곳에서와 마찬가지로 주민 간 접촉 강화를 내세웠지만 그것 외에 따로 오염된 엘베 강의 정화를 주요 공동 사업으로 가졌다. 그것은 도시결연 활동의 가장 의미 있는 성과였다. 니더젝센주에서 두 번째로 큰 도시 브라운쉬바이크와 동독 작센 지역 대표 도시 마그데부르크는 단지 80km를 사이에 두고 분리되었지만 사실 수백 년 동안 긴밀히 연결된 발전사를 지녔고 인적으로도 매우 깊이 연루된 역사를 가졌다. 1987년 12월 두 도시는 분단을 뚫고 결연을 맺어 옛 인연을 복원했고 인적 교류를 활발히 진행했다.

도시결연을 통해 동서독 사이를 오간 사람들과 해당 시의 주민들은 그 만남을 긍정적으로 기억하고 있다. 일부 동독 도시의 경우 도시결연을 통해 서독을 방문하는 동독인들을 당원으로 제한하며 실질적 교류를 통제했다. 동독 지도부는 서독인들의 영향으로 동독 지역사회가 교란될 것을 두려워했기 때문이다.

서독에서도 정반대의 우려가 있었지만 방문객의 다수는 일반 주민들이었다. 아이젠휘타트에서 잘뤼를 방문했던 동독 주민 폴은 "정치가들이 문제였지, 우리는 아무 문제가 없었어요. 정치 이야기는 거의 안 했죠. 축구 얘기를 많이 했어요"라고 기억했다. 1987년 동독 방문객 중 한 명이 잘뤼에서 자취를 감추었지만 동독 지도부는 과잉 대응을 삼갔고 내버려 두었다. 요컨대, 동독 지도부의 우려와 통제 노력이 없지 않았지만 동서독 간 도시결연은 베를린 장벽 붕괴까지 계속 확대되면서 주민 간 교류와 결속을 강화했다.

특히 통일 직후 서독 도시들은 도시결연을 활용해 동독 자매도시들에 다양한 지원을 아끼지 않았다. 1989년 베를린 장벽의 붕괴로 동독

체제의 종말이 다가오고 동서독 간 통일이 일정에 오르자 서독 항구 도시 브레멘의 정치가들과 시민들은 동독의 로스토크를 방문해 구체적인 도움과 지원책을 상의했다. 브렌멘 시는 로스토크의 도시 재건을 적극 도왔다. 세 가지 범주로 나눌 수 있다. 현금과 물자 공급, 인력지원 그리고 지식 이전이다. 브레멘 시의회는 1990년 로스토크 지원과 협력기금을 5백만 독일마르크(약 34억 원)로 책정했다. 1991년에 다시 3백만 독일마르크의 지원금을 더 보냈다. 현금 지원 외에도 물자 지원도 높았다. 브레멘 시는 쓰레기 수거 차량과 복사기, 전화, 컴퓨터 등의 소통 수단에 대한 로스토크 시의 수요를 채워주었다. 아울러 브레멘 시는 로스토크 시의 환경부 건설을 자문했고 주택건설을 보조했다. 통일 전의 도시결연은 통일 후 동서독 지역 간 협력으로 발전했던 것이다.

2) 남북 도시결연을 위한 함의

최근 한국의 여러 지자체들과 남북경제문화협력재단(경문협)은 남북 간 도시결연 사업을 준비하고 있다. 2020년 경문협은 남북 간 도시결연 30쌍을 목표로 삼았고 지자체와 협력을 준비하고 있다. 여러 시와 군들이 남북 도시협력의 제도화 의지를 표명했으며 앞으로 관심이 더욱 커질 것이다. 그 사업은 현재 시점에서 당장은 가능성이 크지 않다. 독일의 경우에서도 보았듯이, 북한은 그런 "아래로부터의 연합적 결속"에 두려움을 가질 수 있다. 하지만 여기서도 현실적이고 실제적이고 실용적인 접근이 이루어진다면 새로운 지평이 열릴 수 있다. 북한 각 지방의 구체적인 물질적 어려움과 협력 필요를 파악하고 지리적 접근성이나 유사성, 문화적 근친성이나 공통 관심사에 기초하되 북한 주민들의 구체적인 고통과 생활상 필요에 조응하는 방식의 사업들에 초점을 맞추며 꾸준히 타진할 필요가 있다.

함부르크와 드레스덴의 경우처럼 남북 간에도 공통의 생태 환경 개선 사업도 급하고, 바이마르와 트리어, 또는 예나와 에얼랑엔처럼 문화도시 또는 대학도시 간 문화와 학술교류도 정치 부담이 덜할 수 있다. 특히 동독 도시들처럼 북한 도시들도 의료기기와 통신 및 수송 수단에 대한 수요가 높을 수도 있다. 그것에 조응해 남측 도시들은 해당 지역의 자원과 기관들을 활용해 북한의 도시들에게 지원 의사를 밝힐 수 있을 것이다.

남북 간 도시결연 프로젝트는 세 가지 점에서 남북 간 협력관계의 질적 발전에 크게 기여할 수 있다. 첫째, 남북 간 도시결연은 북한의 여러 지역과 주민들에게 실질적인 물질적 도움을 제공할 수 있다. 생활공동체의 구체적 공간과 현장 요구에 남측의 협력과 지원이 더 신속하고 명료하게 조응함으로써 인도적 협력의 질적 발전과 심화를 이끌 수 있다. 그와 같은 구체적이고 직접적인 지원은 남북연합의 발전에 유익하고 통일 과정과 통일 후에도 지속될 수 있다.

둘째, 도시결연은 남북 간 대등한 관계와 상호 존중 및 공생의 상징적 효과를 낳는다. 남북연합에 여전히 깔린 의심과 불안의 배음, 즉 흡수통일이나 적화 같은 불필요한 오해를 줄일 수 있는 방식이다. 결연으로 연결된 남북 도시들은 서로 동등한 자격과 대등한 지위를 누린다. 오랫동안 적대관계였던 상대에 대한 존중과 배려를 학습하고 공유하는 경험을 가질 뿐 아니라 상대 도시와의 교류를 통해 제 도시와 지역의 명망과 위신을 올리는 경험을 갖는다.

마지막으로 도시결연은 '아래로부터의 긴장완화' 정치로서 양 국가 주민들의 일상문화와 경험 세계에서 상호 이해와 평화적 소통 및 교류를 축적한다. 남북연합이 정치 지도자들이 중심이 되어 일부 영역에서 이루어지는 먼 정치가 아니라 주민들의 구체적 경험과 생생한 기억과 전승의 주제가 되어 생애 서사에 깊이 얽히도록 만든다. 그것은 단기적으로는 주민들에게 상호간 적대를 줄이고 접근과 이해의 방식을 찾고 학습하도록 만들어 남북 간 평화공존과 평화정치 및 평화문화를 보조할 수 있다. 아울러 장기적으로는 남북 양측의 '민족적 결속'과 유대의 형성을 촉진한다.

중앙정부 간에도 남북이 협력하지 못하는데 도시결연이 가능할까 하고 뒤로 물러설 이유가 전혀 없다. 도시 간 네트워크는 국가 간 네트워크보다 더 자율적이고 다층적으로 가능하다. 이를테면 한국의 도시들이 북한의 도시들과 결연을 맺는 방식을 매개나 간접 경로를 활용하는 방안도 있다. 한국과 북한의 도시들이 제3국의 도시, 내지 제3국과 제4국의 도시들과 함께 다자간 결연을 맺어도 좋을 것이다. 중국과 러시아 또는 유럽이나 아프리카의 도시들과 남과 북의 도시들이 3자 내지 4자 도시결연을 맺어 간접 접촉이나 다면 관계를 통해 연결 네트워크를 만들 수 있을 것이다. 문제는 현실과 상황이 아니라 의지이고 지혜다. 평화의 길은 닫혀 있지 않고 다만 내딛어지지 않고 있을 뿐이다.

6. 요약과 결론: 협력관계 제도화를 통한 '연합적 결속'

가. 남북연합 논의가 갱신되려면 그것의 사상적 근원으로 돌아가 원래의 이념 지평과 사유 원리를 살펴야 한다. 국가연합의 사상인 연방주의는 단순히 통치 거버넌스 차원의 중앙정부 구성 문제에 한정되

지 않는다. 알투시우스에서 한스 에하르트에 이르는 연방주의 사상가
와 옹호자들은 자연적 또는 인간적 삶이 지향하는 자기결정과 자유의
확대 및 상호의존과 공생의 전망을 연방주의에서 찾았다. 연방주의는
애초 특정 형식의 정치제도를 보조하는 민주주의 이론이나 정치체들
의 결합 또는 권력 분할과 집중을 돕는 공법의 일부가 아니라 개별 존
재로서의 인간의 자유와 공동생활의 운용을 포괄하는 이념이자 사회
구성 원리였다.

연방주의 사회는 항상 개인이나 하위 또는 기초적 공동체를 구성하
는 구성원들의 자기결정 원칙에 기초하되 생활공동체들의 상호의존과
결속의 의미를 높이는 것이다. 남북연합은 남과 북 주민들의 자율적
삶과 자유를 돕는 보조적 정치체로 이해되어야 한다. 연방주의 제도로
서 남북연합은 단순히 남과 북의 국가 간 결합을 위한 제도를 다루는
문제를 넘어 남과 북 주민들의 일상적 요구와 관심, 즉 삶의 자기결정
권과 다양성 존중 및 공생의 원칙에 조응해야 한다. 남북연합은 분단
된 두 개의 정치공동체가 하나로 결합하는 제도 형식이면서 동시에 다
양한 삶들이 더 많이 발현되는 길로 인지되어야 한다.

나. 독일 역사가 토마스 니퍼다이(Thomas Nipperdey)는 국가연합의
사상적 원천인 연방주의가 '역동적 개념'이고 '과정'이자 '운동'이라고
강조했다.[42] 사상으로서의 연방주의는 정적인 실체나 법적으로 확정
된 상태가 아니다. 연방주의는 상황 인지에 기초한 행위 주체들의 정

---

42 Thomas Nipperdey, "Der Föderalismus in der Geschichte", Thomas Nipperdey,
    Nachdenken über die deutsche Geschichte. Essays (München: Beck, 1986), p. 60.

치 의지 결집과 발전 과정에 기초한다. 연방주의 제도는 매우 탄력적이고 유동적이다. 중앙통합 국가의 정치제도들도 다양하고, 연방국가들도 중앙정부와 지자체의 권능 분할과 제도의 차이가 심대한 것처럼 국가연합의 형식과 발전 과정도 극히 다양함을 전제해야 한다. 남북연합도 그러한 유연함과 개방성에 기초해 상황 변화에 긴밀히 조응하는 방식으로 구상되어야 한다. 남북연합을 고정적으로 인식하고 국가연합과 연방국가를 질적으로 엄격히 구분하는 정적 논의를 극복하고 연방주의의 원래 의미와 정신에 의거하면 남북연합은 매우 탄력적으로 논의될 수 있다.

연방주의는 분리주의와 중앙집중주의 둘 모두를 극복하는 사상이다. 연방국가보다는 국가연합이 원리적으로는 연방주의 이념을 가장 잘 대변한다. 연방주의 제도로서의 국가연합은 각 구성 단위 주민들의 삶의 다원성과 자유에 기초하면서 하위 정치체들의 자율성과 책임을 강화한다. 남북연합은 연합주의 이론을 통해서도 그것의 독자적 의미와 성격을 논할 수 있다. 다만 이때도 국가연합과 연방제의 엄격한 분리는 현명하지 못하다. '연합적 거버넌스'의 여러 방향과 가능성을 찾기 위해서 그것은 또 협의주의와 경합주의 같은 공존의 원리를 수용하며 논의될 수 있다. 남북연합이 남북 간 '합의'만이 아니라 '이견과 갈등'을 감당하고 조정하는 기구여야 함을 전제하면 경합적 평화의 관점이 특히 필요하다.

남북연합은 '합의'들의 축적으로 다음 단계로 발전하는 과도기 성격보다는 그 자체로 의미있는 평화공존과 협력의 제도화로 규정할 필요가 있다. 그렇다면 갈등과 이견을 부정적인 것으로 기피하지 말고 오히려 그것을 감당하며 조정하기 위해 노력하면서 국가연합은 공생의 규칙과 갈등의 순화에 초점을 두는 경합주의 관점을 수용할 필요가 있다. 남북연합은 남북 공동의 정치 사유와 상상의 공간이 될 것이며 대화와 협상, 이견과 갈등 및 경합과 조정의 실험장이 되어 공동 실천과 집단 경험의 장으로 발전할 수 있다. 남북연합은 남과 북 정치가들과 주민들의 집단적 상호 작용 공간이자 연방주의와 민주주의 정치의 학습장이 될 수 있을 것이다.

다. 남북연합은 무엇보다 협력관계의 제도화와 평화공존의 안정화로 이해되어야 한다. 남북연합은 분단 질서를 극복할 뿐 아니라 단일체제로의 성급한 중앙집중화 모두를 견제하는 논의로 자리 잡아야 한다. 그것은 남북연합이 분단 극복 내지 통일의 한 형식으로 인정됨을 의미한다. 남북연합은 남과 북의 평화공존과 화해 협력의 안정적 틀이다. 남북연합은 그 안에 이미 여러 단계나 과정을 품을 수 있다.

그렇기에 남북연합의 다음 단계로 연방제나 중앙통합 국가를 설정해서 논의하면 남북연합이 지닌 원래의 의미와 성격, 가능성과 개방성을 축소시키고 오히려 남북연합으로의 진입만 교란할 수 있다. 물론, 그 말은 중앙통합 국가로의 궁극적 통일 전망을 포기하자는 뜻이 아니다. 통합 국가로의 통일을 미래 전망이자 선택 가능성으로 열어두되 그 미래 목표가 현재의 화해 협력에로의 진입과 안정적 발전관계를 가로막아서는 안 된다는 뜻이다. 향후 남북연합 논의는 협력과 공존관계의 제도화에 집중해야 한다.

남북연합으로의 진입 자체가 불가능한 현재 상태에서는 장기 전망에 가까운 마지막 통합적 통일국가 건설에 초점을 맞추어 남북연합을 과도기 임시 체제로만 보는 것은 정치적으로 현명하지 못하다. 남북연합에 대해 실용적 접근과 실제적 모색, 현실적 방식이 도입될 필요가 있다. 특히 남북연합은 한반도 평화체제 형성을 보조해야 한다.

향후 남북연합과 평화체제의 관계는 더 다채롭게 사유되어야 한다. 이남주와 이정철이 잘 포착했듯이, 평화체제로의 최소한의 진입이 남북연합의 전제가 되기도 하지만, 동시에 남북연합이 "남북 상호간에 정치적 신뢰를 증진시킬 경우 북이 비핵화에 더 적극적으로 나설 가능성"도 염두에 두어야 한다.[43] 남북연합과 평화체제의 상승적 상호작용의 가능성을 열어야 한다.

평화체제 논의에서 남북연합을 염두에 두어야 하고 동시에 남북연합을 구상 내지 협상할 때도 그것의 독자적 역동성에 주목해 평화체제 발전에 기여할 수 있는 방식과 기회에 주목해야 한다. 구갑우도 지적했듯이, 남북연합은 한반도 평화체제를 역진 불가능하게 만드는 조치로 이해되어야 한다.[44] 남북연합은 직접 평화체제를 만드는 길은 아니지만 평화체제 형성의 동력이자 계기로 계속 성장해야 한다. 남북 간 협력관계의 제도화로서 남북연합은 그 자체로 역동성과 파장력을 높일 수 있어야 한다. 결국에는 남북연합 발전이 오히려 평화체제의 형성과 안정화에 영향을 발휘할 수 있도록 해야 한다.

라. 남북 간 협력관계 제도화를 위해 유럽 통합의 경험을 살피는 것은 의미가 크다. 하지만 남북연합 논의에서도 ECSC의 고위청을 모범

---

43 이남주·이정철, 『신한반도 체제 추진 종합연구(2): 신한반도체제의 평화협력공동체 형성』, p. 63.

44 구갑우, "한반도 안보 딜레마와 북한의 '경제·핵 조건부 병진노선'의 길: 2019년 12월 한반도 위기와 평화체제를 중심으로", p. 168.

으로 삼기보다 독-불 간 화해와 협력관계의 제도화를 참조하는 것이 유용하다. 협정을 통해 국가 정상 간 그리고 정부 부처 장관들 간 만남의 정례화와 안정화를 확보하고, 그것의 심화를 통해 다시 보조 협정을 맺어 더 포괄적인 정부 간 협의체를 만드는데서 남북 간 협력관계의 제도화를 시작하는 것이 현명하다. 이때 정부 간 협의체 외에도 초기부터 시민사회의 참여 및 도시결연 및 청소년 교류와 협력 프로그램의 정착을 함께 염두에 두는 것도 중요하다.

마. 국가연합은 중앙통합과 획일화에 반하는 다원주의와 지방 분권과 문화적 자율성 및 삶의 다양성을 존중하는 공생적 정치문화를 전제한다. 그것은 통합 민족주의적 '정치민족'이나 문화적 단일성에 의거하는 '문화민족'과는 다른 평화적 공생과 다원적 자율성과 탈집중화에 주목하여 정치공동체 주민들의 집단적 정체성에 대해서도 개방적이고 탄력적으로 이해하는 길을 연다.

연방주의는 각 지역과 사회 및 주민들의 의식과 지향의 불균형과 비대칭 상황을 존중한다. 남북 주민간 결속과 연결은 매우 다층적이고 복합적으로 전개될 수 있다. 남북 간 교류와 협력을 통해 민족 간 결속과 통합적 지향이 높아갈 수도 있고 이질성과 거리감이 심화될 수도 있다. 민족정체성이나 분단국 정체성의 향방에 대해 성급한 당위나 강제는 연방주의 정신에 조응하지 않는다. 남북 정부간 가능한 모든 협력과 교류의 제도적 틀이 마련되고 남북 간 도시가 결연으로 맺어지고 접경지 평화지대화(서해평화협력특별지대와 DMZ 평화지대화)를 통해 남북 간 협력이 다양해지면 남과 북 모두에서 민족동질성은 아니지만 민족적 결속과 연결의 감정이 생길 수 있다. 그것이 하나의 단일한 획일적 민족의식이 아니라면 오히려 다양하게 발현되는 여러 지향과 의식은 남북한 주민들의 새로운 소통과 공유의 대상이 될 수 있다.

남북 주민들은 남북연합을 만들고 발전시키면서 '연합적 결속'을 경험할 수 있다. 교류협력의 실천 경험과 평화 지향의 '연합적 결속'을 통해 새로운 집단적 소통과 공유의 결속 경험을 축적할 수 있다. 남북연합은 최소한 한반도 남과 북의 주민들에게 '연합적 결속'을 낳을 것이고 그것은 다시 평화와 공생의 자산이자 더 안정적인 남북 간 정치체 결합의 기반이 될 것이다.

제2장 열린 한반도 공동체:
삶-정치 그리고 환대의 공동체

1. 삶-정치의 통일론

분단 70년이 지난 지금 한국 사회는 낯선 도전에 직면해 있다. 촛불 혁명 이래 변화된 정치 담론의 문법은 한국사회에 새로운 욕망의 지향과 갈등의 구조가 형성되고 있음을 보여준다. 더 나은 사회에 대한 추구, 아니 무엇이 더 나은 사회인지를 판단하는 관점 자체가 크게 달라졌으며, 예전처럼 하나의 대의로 모이기도 쉽지 않다. 평등과 공정, 인권, 정의에 대한 젊은 세대의 감각은 기성세대의 사회정의 담론으로 환원되지 않는 새로운 가치 구조를 형성하고 있다. 과연 어느 정도 세력화되었는지는 더 지켜봐야겠지만, 적어도 곳곳에서 기성 체계에 균열을 일으키고 있음을 우리는 지난 수년 다양한 계기를 통해 목도해 왔다. 문재인 정부 초기 '20대 남자 현상'[45]과 더불어 '혐오'라는 기이한 코드가 등장한 것이 하나의 전조였다.[46] 인천공항 정규직 채용과 평

---

45 "20대 남자, 그들은 누구인가", 『시사인』, 2019. 4. 15.

46 관련한 분석으로 Jiwoon Baik, "Atopic moments in the square: a report on despair and hope after the Candlelight Revolution in South Korea," *Cultural Studies*, vol. 34, Issue 2, 2020, pp. 185~207 참조.

창동계올림픽 남북단일팀 결성을 둘러싸고 불거진 '공정' 시비는 사회 진보와 정의에 관한 기성 담론의 정당성을 자명한 것으로 받아들이지 않은 세대의 출현을 알리는 신호탄이었다. 또한, '미투(Me Too)'와 조국 사태는 정치적·이념적 성향에 기반하여 '진보'를 규정하는 방식을 근원적으로 돌아보게 하였다.

젊은 세대들이 사회정의를 감각하는 방식의 변화는 개인과 공동체에 대한 인식에도 영향을 미치고 있다. 이들은 개인의 삶에서 구체적으로 감각되지 않는 추상적 가치에 좀처럼 공감하지 않는다. 평창올림픽 단일팀 결성을 두고 불거진 갈등은 민족이나 국가를 앞에 두는 대의가 기회의 균등이라는 평범한 삶의 원칙에 위배되는 모순에 의해 상쇄되지 않음을, 그리고 조국 사태는 검찰개혁이라는 정치적 대의가 자녀의 부당한 스펙 쌓기라는 불공정 시비에 순식간에 무너질 수 있음을 보여주었다.

개인의 삶의 층위에서의 선과 상충하는 '공공'의 선은 더이상 정당성을 강요할 수 없게 되었다. 물론 이러한 변화가 전적으로 바람직한지에 대해서는 별도의 토론이 필요하겠지만, 적어도 1987년의 혁명으로 일궈낸 민주화가 정체되지 않고 진화하기 위해서는 새로운 세대가 발신하는 이질적 목소리에 진지하게 귀기울일 필요가 있다.

통일 담론 역시 마찬가지이다. 진보든 보수든 이제까지의 통일 담론은 국가나 민족의 대의를 중시하는 당위론이었다. 박근혜 정부의 '통일대박론'이 경제적 이익을 강조하며 실용주의적 접근을 보이는 듯했지만 결과적으로 이념에 포박된 공허한 슬로건으로 끝나고 말았다.

한편 문재인 정부의 '평화경제론'은 2018년 남북 및 북미 회담의 개최 즈음 국민들의 기대와 열망을 한몸에 받았음에도 역시 대중들의 삶의 요구와 밀착하는 데는 한계를 드러냈다.

한국 사회에서 통일의 필요성에 대한 인식의 감소는 어제오늘의 일이 아니다. 특히 2030 세대들에게 그러한 경향은 현저하다. 2020년 서울대학교 통일평화연구원의 조사에 따르면, 통일의 필요성에 대한 20대와 30대의 인식은 40대(58.9%), 50대(62.9%), 60대 이상(60.5%)보다 낮은 35.3%, 45%에 불과했다.[47] 이보다 더 주목할 것은 통일이 가져오는 편익과 관련하여 개인과 공동체에 대한 인식의 간극이다. 이 조사는 통일이 남한사회에는 이익이 되지만 개인에게 이익이 되지 않는다고 생각하는 경향이 지난 10여 년 꾸준히 증가 추세였음을 보여주었다. 2007년의 조사에서 통일이 남한 사회에 이익이 된다고 답한 비율과 개인에게 이익이 된다고 답한 비율이 각각 55.8%와 30.3%였다면, 2020년에는 58.5%와 25.2%로 그 격차가 더 벌어진 것이다.[48]

통일이 국가와 사회에는 이익이 될지 몰라도 나에게는 이익이 되지 않는다는 인식의 증가는 필경 통일의 필요성에 대한 사회적 인식의 저하 추세와 무관치 않을 것이다. 아니, 어쩌면 이것이야말로 한국 사회의 통일 담론이 처한 문제의 핵심일지 모른다. 국가와 민족의 번영이 곧 개인의 행복이라는 전제가 자명한 것으로 수용되던 시절의 통일 담론이 지난 30년 민주화와 산업화를 거치며 사회의 모순 구조가 다변화되고 사람들의 욕망 또한 다기하게 분화된 지금까지도 당위로서 강조되고 있는 것이다. 그리하여 통일은 점점 개인의 삶과 동떨어진 정

---

47 김범수 외, 『2020 통일의식조사』(시흥: 서울대학교통일평화연구원, 2021), p. 35.
48 위의 책, pp. 51~52.

치적 슬로건으로 인식되어, 결과적으로 통일 논의에 대한 전반적 무관심의 추세로 이어지고 있다.

이 연구기획의 일환으로 시행한 포커스그룹인터뷰(FGI)를 참고하면,[49] 2030 세대들은 통일을 기성세대의 정치 담론으로 인식하는 경향이 강했으며, 자신의 삶과 통일을 긍정적인 방식으로 연결하는 방법을 찾지 못하는 듯했다. 취업과 주거 문제에서 상대적 박탈감에 내몰리고 공정과 평등, 인권, 젠더 이슈에 예민한 이들에게 통일 담론은 기성세대의 권위주의의 표상처럼 느껴지고 있었다.

분명 통일은 정치, 경제, 군사, 외교에서 고도의 전문적인 전략과 기술을 요하는 국가 대사이며 그런 만큼 대의가 강조되는 것은 어느 정도 불가피하다. 그러나 바로 그렇게 중요한 국가 대사이기 때문에 통일 문제는 사회 구성원들의 적극적 개입이 요구되며, 이를 위해서는 국가의 대의와 개인의 행복이 서로 만나는 지점을 찾는 노력이 끊임없이 경주되어야 한다. 공동체의 선을 강조하는 대의가 개인이 추구하는 가치와 무관하거나 심지어 충돌한다면, 통일에 대한 사회적 합의점을 찾기는 점점 더 어려워질 것이다. 지금 우리에게 필요한 것은 정치적·이념적 슬로건으로 굳어버린 통일 담론을 민주화 이후 변화된 가치관과 행복의 기준, 만들고 싶은 미래상과 서로 소통 가능한 삶-정치의 담론으로 바꾸어내는 것이다.

---

49 이 연구과제의 일환으로 진행한 FGI 녹취록 참조.

2. 왜 공동체인가

　70년 이상 다른 정치체제와 제도, 가치체계에서 살아온 남과 북이 '통일'을 이룬다는 것이 구체적으로 무엇을 의미하는지에 대해 우리의 사고는 극도로 빈곤하다. 앞서 언급한 서울대학교 통일평화연구원의 조사는 2018년 이래 통일의 상을 어떻게 그리고(visualize) 있는지를 묻는 문항을 추가했다. 이에 대한 2020년의 반응을 보면, 응답자의 62.9%가 "남북이 하나의 국가로 합쳐지는 것"이라 답한 반면 "가치·문화·교육이 서로 가까워지는 것"에 답한 비중은 5.8%에 불과했다. 이는 사람들이 마음속에 상상하는 통일의 이미지가 일상적 삶보다는 국가 차원에서 압도적으로 강하게 형성되어 있음을 말해준다. 게다가 이러한 경향은 지난 3년간 꾸준히 증가해왔다.[50]

　그러면 국가간의 결합으로 이루어진 통일국가란 구체적으로 어떤 모습일까. 통일한국의 국가체제가 어떤 것이어야 하는지를 묻는 이 조사의 질문에 응답자의 47%는 남한의 체제를 유지하는 것이라 답했다.[51] 그렇다면, 두 문항에 대한 반응을 합해 보면 대체로 통일한반도에 대해 남한 사람들이 갖는 이미지는 남과 북이 하나의 국가로 합쳐지되 특히 남한의 체제를 북한이 받아들임으로써 실현되는 형태라고

50　"남북이 하나의 국가로 합쳐지는 것"이 통일이라고 답한 수는 2018년 58.1%, 2019년 60.9%, 2020년 62.9%로 증가했다. 반면 "가치·문화·교육이 서로 가까워지는 것"이라 답한 수는 각각 7.5%, 4.1%, 5.8%로 줄어들었다. 김범수 외, 『2020 통일의식조사』, p. 32.

51　"두 체제의 절충", "두 체제의 유지"라 답한 수는 각각 27.8%, 22.3%였다. 김범수 외, 위의 책, p. 63.

볼 수 있다. 어쩌면 통일에 대한 이러한 제한된 상상력이야말로 남북 문제의 해법의 선택지를 좁힘으로써 결과적으로 통일을 비현실적인 것, 나아가 불필요한 것으로 인식하는 경향을 증대시키는 것 아닐까.[52]

국가를 중심으로 하는 통일의 사고에 갇히게 되면 통일은 현실성이 떨어질 뿐 아니라 '나'의 삶과 무관하며, 따라서 불필요한 것으로 감지하는 경향이 증대할 수밖에 없다. 장구한 분단의 세월을 거치며 깊어진 이질감, 한반도를 둘러싼 주변 정세의 긴장 강화, 갈수록 난항에 빠져드는 북핵문제 등을 고려할 때, 국가 간의 결합을 통한 통일의 전망은 점차 불투명하고 심지어 비현실적인 것으로 느껴진다.

그러나 종국적으로 우리는 북한과 어떤 식으로든 관계를 정상화해야 한다. 같은 민족임을 굳이 내세우지 않더라도 남과 북이 역사와 문화, 언어를 공유하고 있음은 부인할 수 없는 사실이다. 또한 남북은 지리적으로 붙어 있고 시대착오적인 국경 단절에도 불구하고 지속적으로 이주가 발생하고 있다. 무엇보다 북한과의 관계를 풀지 않는 한 우리는 전쟁의 위협에서 자유로울 수 없다. 싫든 좋든 우리는 북한과 '함께 사는' 길을 열어야 하는 것이다.

그러나 남북이 '함께 산다'는 것이 반드시 하나의 국가나 체제가 되어야 한다는 의미는 아닐 터이다. 마찬가지로 국가 간의 결합이 이루어지지 않는다고 해서 남과 북이 서로 단절되어 살아야 하는 것도 아

---

52 이 조사에서 통일이 언제쯤 가능하겠느냐는 물음에 '5년 이내'와 '10년 이내'로 답한 비중이 각각 2.4%와 11.7%인 반면, '30년 이상'과 '불가능'에 답한 비중은 18.9%와 25.1%에 달했다. 2007년의 '5년 이내'(3.7%), '10년 이내'(23.5%), '30년 이상'(13.8%), '불가능'(13.3%)과 비교하면, 통일을 비현실적인 목표로 감지하는 추세는 상당히 큰 폭으로 증가하고 있다. 김범수 외, 위의 책, pp. 46~48.

니다. 남과 북이 '함께 사는' 길을 상상하는 우리의 사고가 국가 층위에 제약되는 한, 그래서 관련 논의들이 모두 국가의 문제로 수렴되는한, 통일 담론의 창조적 돌파와 대중적 확장은 기대하기 어렵다. 통일은 국가의 운명을 좌우하는 중대사이지만, 바로 그렇기 때문에 국가에 간히지 않는 사고의 유연성이 필요하다. 일상적 삶의 소쇄한 이슈들속으로 침투하여 복수의 주체들이 다양한 방식으로 개입할 수 있는 담론과 실천의 통로를 열지 못한다면, 통일은 정치가의 공허한 정론 이상이 되지 못하며 그 실현 가능성은 점점 더 요원해질 것이다. 남과 북이 공존하는 미래는 더 광활한 사유의 장(arena)을 필요로 한다.

통일 담론에서 '공동체'의 범주가 소환되는 것은 이러한 맥락에서다. 돌아보면, 민주화 이후 여야의 합의로 만들어진 한국 정부의 공식통일방안의 이름이 '민족공동체 통일방안'이었던 것 또한 국가간의 결합이라는 원론에 매달려서는 남북관계의 실질적 진전을 이루기 어렵다는 현실 인식에서 기반한 것이었다. 당시 남북의 유엔 동시 가입까지 추진되는 마당에 '하나의 국가'를 고수하기보다는 남북의 구성원모두가 공감할 수 있는 범주인 '민족공동체'를 호출함으로써 통일 논의를 진전시킬 기반을 마련했던 것이다.[53] 즉 통일 논의를 구체화의 단계로 진입시키기 위해서는 역설적으로 현실에서 한발 물러나 정서나감정 같은 비물질적 차원에서 구성원 간의 유대를 확인하는 모종의 집단정체성이 필요했으며, 1989년의 시점에서는 그것이 바로 '민족'이었던 것이다.

그러나 30여 년이 지나 삶의 양태와 가치관이 크게 달라진 지금 '민

---

53 이홍구, "서울대학교 통일평화연구원 창립 15주년 기조연설", 2021. 4. 20.

족'이라는 말에 부착된 정서나 감각에 예전 같은 호소력을 기대하기는 어렵다. 앞서의 조사를 다시 인용하면, 통일을 해야 하는 이유를 묻는 질문에 "같은 민족이니까"라고 답한 비중은 지난 14년간 꾸준히 감소해 왔다. 2008년 57.9%와 비교하면 2020년은 37.3%로 대폭 낮아졌다. 그런가 하면, 2020년에는 통일을 해야 하는 이유로 "전쟁의 위협을 없애기 위하여"(37.9%)라고 답한 비중이 "같은 민족이니까"를 (소폭이나마) 능가했다.[54] 이는 통일 문제를 보는 접근 방식이 민족적 당위보다는 평화라는 실용성을 더 중시하는 방향으로 변화하고 있음을 말해준다.[55] 또한 남북 간의 이질성은 말할 것도 없고 남한 내부만 해도 이주와 결혼, 유학 등으로 사회 구성원이 다양해지는 상황에서, '민족'은 한반도를 살아가는 사람들을 '우리'로 묶어내는 독보적 범주로서의 지위를 유지하기 어렵게 되었다.[56]

그런 점에서 '민족공동체론'을 넘어, 지금 한반도를 살아가는 사람들의 달라진 삶의 감각과 양태, 역사와 현재에 대한 인식과 미래에 대한 지향을 담아내는 새로운 공동체의 이념을 창조하는 것이 중요한 과

---

54 김범수 외, 『2020 통일의식조사』, p. 37.

55 2018년 민화협에서 시행한 '남북관계와 통일에 대한 국민인식조사'에서도 '통일을 미루더라도 평화를 유지해야 한다'고 답한 비중은 88. 2%를 차지했다. https://www.kcrc.or.kr/04/03/Default.asp?str_value=View&int_idx=7942

56 '민족공동체 통일방안'을 만들 당시 주무 장관이었던 이홍구 전 총리조차 "하나의 지구촌 시대에 걸맞는 우리 국민과 한민족공동체 구성원의 관계를 새롭게 정리"할 필요를 제기하면서 "혈통주의에 입각한 단일민족의 순수성은 다문화사회를 긍정적으로 수용한 오늘의 대한민국이나 내일의 민족공동체에선 더 이상 유효할 수 없다"고 말했다. 손기웅·고상두·고유환·김학성, 『'행복한 통일'로 가는 남북 및 동북아공동체 형성을 위한 통합정책: EC/EU 사례분석을 통한 남북 및 동북아공동체 추진방안』(서울: 통일연구원, 2014), pp. 66~67.

제로 대두하고 있다. 남북간의 시대착오적인 단절과 적대를 극복하는 것은 물론, 남한 내부의 소모적 정치논쟁을 넘어 삶과 밀착한 통일 담론을 내실화하기 위해서는 다양한 층위에서 민간의 주체들이 자발적으로 주도하는 인식과 실천의 장으로서 한반도 공동체의 이념과 원리를 재탄생시키는 것이 필요하다.

2018년 판문점회담과 싱가포르 북미회담이 가져다 준 기대와 실망은 한반도의 문제가 결코 국가 정상의 회합으로 일거에 해결될 수 없음을 다시 한번 일깨워주었다. 1989년 베를린 장벽이 무너진 데는 동서독 지도자의 정치력도 한몫 했겠지만 그 저변에는 1972년 '기본조약' 이후, 특히 1980년대 후반부터 대대적으로 증가한 민간 교류와 상호 이동의 거대한 조류가 있었다.[57] 반면 한반도는 최소한의 민간 교류마저 극도로 제한되어 있다. 지금 우리에게 국가 정책이나 외교적 기술 못지 않게 절실한 것은 통일에 관한 자발적이고 창조적인 담론과 실천이 백화제방(百花齊放)처럼 곳곳에서 일어나는 것이다. 새로운 한반도 공동체는 외부에서 당위로 주입하는 것이 아닌, 삶의 내적 요구로부터 촉발되는 자발성의 장소가 되어야 한다.

3. 공동체주의의 패러독스를 넘어

새로운 한반도 공동체의 청사진을 마련하기 앞서, 20세기 인류가

---

57 이동기, 『비밀과 역설 — 10개의 키워드로 읽는 독일 통일과 평화』(파주: 아카넷, 2020), pp. 120~122.

경험했던 공동체에 대한 성찰적 검토가 필요하다. 공동체주의에 대한 반성은 21세기의 중요한 철학적 주제여 왔다. 지난 세기 이념, 인종, 종교적 동일성과 내재성에 기반하는 공동체주의는 인류에게 거대한 폭력의 기억을 가져다 주었으며 지금도 지구촌 곳곳에서 극단적 원리주의의 형태로 인류를 위협하고 있기 때문이다. 제국주의와 파시즘, 계급투쟁과 민족해방운동으로 점철된 20세기 역사에서 공동체는 종종 자발적이고 내적이라고 상상되지만 결과적으로 절대 주권의 소환에 부응하는 '상상된 공동체'로 떨어지곤 했다. 민족, 인종, 이념, 종교를 토대로 하는 공동체는 구성원의 동질성과 내재적 일체성, 공동의 이상을 강조함으로써 종종 절대권력에 대한 복종을 강제하는 권위주의화의 위험을 노정해 왔다.

그러나 20세기 공동체의 부정적 경험이 곧 공동체에 대한 허무주의로 귀결되어서는 안 된다. 결국 사람은 스스로 존재할 수 없으며 실존적으로 공동체를 부른다. 사람이라는 것은 어떤 보이지 않는 공동체에 성원권을 갖는다는 뜻으로서, 하나의 개체가 사람이 되기 위해서는 사회 안으로 들어가야 하며 그 사회가 그의 이름을 불러주어야 한다.[58] 공동체에 대한 반성적 사유의 중요한 계보를 이루는 프랑스 철학자 모리스 블랑쇼(Maurice Blanchot)는 "왜 공동체인가"라는 물음에 "모든 인간 존재의 근본에는 결핍의 원리가 있"기 때문이라고 말했다. 이 말은 인간이 자신의 결핍을 메우기 위해 타자가 필요하다는 뜻이 아니다. 결핍에 대한 의식은 자기에 대한 문제 제기에서 비롯되는 바 그 문제 제기를 하기 위해 타자가 필요하다는 의미이다. 즉 인간은 존재하

---

58 김현경, 『사람, 장소, 환대』(서울: 문학과지성사, 2020), p. 31.

기 위해 자기에게 이의를 제기하고 때로 자기를 부인해야 하며, 이를 위해 필연적으로 타자를 향하게 된다. 그리하여 인간은 실존적으로 공동체를 부르며, 공동체란 인간 존재의 유한성을 최대치로 감지하는 존재 방식인 것이다.[59]

실존뿐 아니라 실천의 차원에서도 공동체는 —그 부정적 경험과 기억에도— 쉽게 포기할 수 없는 개념 범주이다. 애초에 공동체에는 국가를 비롯한 기성 체계에 대한 대안적 조직이라는 의미가 새겨져 있었다. 레이먼드 윌리엄스(Raymond Williams)에 따르면 '공동체(community)'라는 말이 영어에서 존재한 것은 14세기부터였지만 19세기 이후 산업사회가 확대되면서 그전까지 없던 형태의 집단생활과 그것을 위한 실험을 논할 때 '공동체'라는 말이 사용되기 시작했다. '국가(state)'나 '사회(society)'가 보다 형식적·추상적·도구적 사회관계에 해당한다면, '공동체'는 더 직접적이고 전체적(holistic)이며 유의미한 사회관계를 지칭했다.

특히 20세기 용법에서 '공동체 정치'는 '국가 정치(national politics)'는 물론 '지방 정치(local politics)'와도 구별되면서 다양한 형태의 직접 행동을 동반하는 개념으로 사용되었다. 윌리엄스는 '공동체'가 기성 관계에 대한 대안적 관계를 기술할 때 설득력 있는 개념이 될 수 있으며, 그런 점에서 '국가(state)', '민족(nation)', '사회(society)' 같은 기성 사회조직에 비해 긍정적 의미가 담겨 있다고 덧붙였다.[60]

---

59 모리스 블랑쇼·장-뤽 낭시, 박준상 옮김, 『밝힐 수 없는 공동체/마주한 공동체』(서울: 문학과지성사, 2020), pp. 17~19.

60 레이먼드 윌리엄스, 김성기·유리 옮김, 『키워드』(서울: 민음사, 2010), pp. 106~107.

유감스럽게도 윌리엄스의 짧은 계보적 정리에는 20세기 공동체의 부정적 경험에 대한 고찰은 포함되어 있지 않다. 국가나 사회 같은 기성 체계에 대한 대안으로서 직접적인 관계와 행동을 추구하는 '공동체'의 이념이 극단화될 때 자칫 기성 체계보다 더한 전체주의로 빠질 위험성이 간과되어 있는 것이다. 그럼에도 윌리엄스의 고찰은 공동체라는 대안의 조직이 요구되던 시점의 사회적 맥락과 문제의식을 상기시켜 준다. 공동체에는 산업화의 진전과 함께 국가 조직이 개인의 일상과 삶을 촘촘하게 통제하게 된 상황에 대한 저항의식이 담겨 있었다. 그 점에서 '공동체'는 국가로 환원되지 않는 생활세계의 다양한 층위에서 세계에 대한 개인들의 주체적인 개입을 위한 대안적 장을 모색하는 데 중요한 분석 범주가 되는 것이다.

우리에게 필요한 것은 인류의 역사적 경험에서 공동체가 드러낸 위험을 경계하되, 인간 실존의 근거이자 대안적 운동이 일어나는 장소라는 그 본래의 의미를 되새기면서 한반도의 미래를 준비하는 새로운 인식적·실천적 원리로서 공동체를 재탄생시키는 것이다. 먼저, 공동체의 철학을 새롭게 재탄생시키고자 하는 최근의 시도들을 검토해 보자. 근래의 공동체 논의들은 공통의 속성을 연역하여 집단 정체성을 확언하는 예의 공동체주의를 경계하면서, 정체성보다는 경계를 사유하는 방식을 통해 공동체의 개념을 확장적으로 재구성하는 시도를 보이고 있다.[61]

이를테면, 이탈리아 철학자 로베르토 에스포지토(Roberto Esposito)

---

61 김형주·최정기, "공동체의 경계와 여백에 대한 탐색 — 공동체를 다시 사유하기 위하여", 『민주주의와 인권』 14권 2호(2014), p. 166.

는, 공동체는 본래 정체성을 전제하거나 추구하는 개념이 아니라고 주장했다. 그가 볼 때 현대의 공동체 개념은 19세기 말 독일의 사회학에서 현대 윤리학에 이르기까지 다양한 철학적 개념이 뒤섞여 형성된 패러독스의 산물이다. 공동체에 관한 이론이나 운동에서 '공동체'는 종종 '속성(property)'과 '고유한 것(proper)'으로 풀이되는 '공동(common)'을 말하는데, '공동'과 '고유한 것'은 서로 대립된다는 점에서 여기에는 심각한 논리적 전도가 있다. 왜냐하면 '공동'이란 누구에게도 고유하지 않은 것이기 때문이다.

에스포지토는 공동체를 정체성이나 집단의 공통된 속성으로 간주하는 이해 방식은 공동체의 원래 의미로부터 크게 변질된 것이라 역설한다. 공동체의 어원인 라틴어 'communitas(코무니타스)'가 '증여', '의무', '직무'를 뜻하는 'munus(무누스)'에서 파생되었다는 사실은 공동체 개념의 기원이 공동의 소속이나 속성이 아닌, 다른 사람에게 빚지고 있는 무엇임을 뜻하며, 따라서 공동체의 핵심 원리는 정체성이 아닌 타자와의 접촉을 통한 변화라는 것이다. 공동체란 자신만의 공간에 갇히는 것이 아니라 개인이나 집단의 경험을 제한하는 어떤 경계를 바깥으로 여는 것으로서 타인과의 접촉을 통해 자신을 변화시키는 무엇을 뜻한다.[62]

유사한 맥락에서 프랑스 철학자 장-뤽 낭시(Jean-Luc Nancy) 역시 인간 실존의 층위에서 공동체의 의미에 천착함으로써 20세기 공동체주의가 범한 목적론적 오류로부터 공동체를 구출하고자 했다. '공동체'

---

62 로베르토 에스포지토, "비정치성에 대한 고찰", 이브 미쇼 외, 강주헌 역, 『문화란 무엇인가2』(서울: 시공사, 2003), pp. 140~141.

에 잠복한 연합주의나 파시즘의 충동을 경계하면서 낭시가 강조한 것은 인간 존재 자체의 양태로서의 '더불어 있음(être-ensemble)' 혹은 '공동-내-존재(l'être en commun)'였다. 그는 인간의 실존이 '공동의 나눔(partage)'에 있다고 보았다. 그가 볼 때, 과거 공동체주의의 문제는 '나눔'의 대상과 목적만을 강조했을 뿐 나눔 자체가 인간의 실존적 양태임을 망각한 데 있다. 공동체의 속성과 범위를 규정하고 목적을 설정하는 '공동체주의'를 비판하면서, 그는 우리 모두가 이미 "공동 가운데 있는" 존재라는 것, 즉 '우리'란 어떤 목적과 방법에 의해 만들어진 것이 아니라 이미 존재 자체로 '주어진' 것임을 강조했다.[63]

존재로서의 나눔, 존재로서 이미 주어진 '공동'이라는 낭시의 개념은 블랑쇼의 '무위의 공동체', '부정의 공동체'와도 연결된다. '부정의 공동체'라는 말은 공동체 고유의 내재성의 불가능성을 받아들임으로써 비로소 공동체가 존재할 수 있다는 역설을 담고 있다. 블랑쇼에게 진정한 공동체란 어떤 연합을 통한 융합도 지향하지 않고 어떤 생산적 가치를 목적으로 하지 않으면서 그 자체로 존재하는 '무위의 공동체'이다.[64] 낭시와 블랑쇼가 공통적으로 강조하는 것은 어떤 내재적 본질에 기반하지 않고 또 어떤 인위적 목적을 지향하지 않으면서 '함께 있음'이라는 인간 실존의 기본 양태로부터 공동체의 사유를 다시 출발해야 한다는 것이다.

이러한 철학적 사유들은 실천적 차원에서 공동체를 사고하는 우리

---

63 모리스 블랑쇼·장-뤽 낭시, 『밝힐 수 없는 공동체/마주한 공동체』, pp. 125~126, p. 131, p. 140.

64 위의 책, p. 17.

에게 짙은 아포리아를 남긴다. 도대체 어떻게, 대상과 본질을 규정하지 않고 목적을 설정하지도 않으면서 실천의 원리로서 공동체를 구축할 수 있을까. 블랑쇼의 말을 빌리면 어떻게 "불가능한 연합을 이루게 할"[65] 수 있는가. 그런데 이 아포리아를 푸는 실마리를 조르조 아감벤(Giorgio Agamben)은 1989년 중국의 톈안먼(天安門) 광장에서 발견한 듯하다. 1989년의 5월 시위가 그에게 인상적이었던 지점은 광장에 모인 수많은 사람들이 내건 요구사항이 중국 당국자는 물론 민주주의와 공산주의의 이원대립에 갇힌 서구 관찰자들의 눈으로 볼 때도 도무지 확실한 내용이 없었다는 사실이었다. 그곳에서 아감벤이 발견한 것은 아무런 귀속성도 형성하지 않고 어떤 정체성을 확언하지 않으면서도 강력한 힘을 만들어내는 공동체의 가능성이었다.[66]

이러한 공동체를 구성하는 핵심 요소로 아감벤은 '특이성(singularity)'이라는 개념을 강조했다. 그의 설명에 따르면, '특이성'이란 '임의적'[67]인 것으로, 보편자와 개별자 어디에도 귀속되지 않으면서 "존재 그 자체로 존재"하는 무엇이다. '특이성'은 어떤 속성이나 개념으로 대표/재현되는 정체성을 지니지 않으면서도 동시에 "함께 귀속"되는 존재의 모순적 양태를 드러낸다. 주목할 것은 "비본질적 공통성의 이념"[68]

---

65 위의 책, p. 17.

66 조르조 아감벤, 이경진 역, 『도래하는 공동체』(서울: 꾸리에, 2017), pp. 117~120.

67 '임의적'이라는 용어의 이탈리아 원어는 'qual-si-voglia'이다. 아감벤은 원래 '무엇이든(whatever)'을 뜻하는 단어 'qualsivoglia'를 의도적으로 세 의미소로 분절함으로써 '마음대로', '뜻대로'에 해당하는 라틴어 'quailibet'과 유사한 방식으로, 즉 "whatever you want"로 해석이 가능하도록 했다. 위의 책, p. 9 역주 참조.

68 위의 책, p. 33.

을 추구하는 특이성의 공동체가 어떤 예기치 않은 계기를 만날 때 순간 거대한 힘을 발휘한다는 사실이다. 아감벤은 계급이 존재하지 않게 된 오늘날, 자기 안에 고유한 것을 주입하는 이념이나 사회적 정체성을 거부하는 "행성적 소시민"만이 존재할 뿐이지만, 이들이 비고유성에 '귀속'되는 데 성공한다면, 그래서 어떤 정체성이나 속성이 아닌 자신들의 맨얼굴로 '함께 존재'하게 된다면, 인류는 최초로 주체도 전제(authoritarianism)도 없는 공동체에 들어서게 될 것이라고 말했다.[69] 아감벤이 기다리는 '도래하는 공동체'란 절대적으로 대표/재현 불가능한 특이성의 맨얼굴들이 그 자체로 '함께 귀속'됨으로써 현현하는 어떤 메시아적 순간이다.

언뜻 사변적으로 들리기도 하지만 공동체에 대한 이러한 철학적 논의들은 사실 우리에게 결코 낯선 관념이 아니다. 2016년 촛불혁명에서 우리는 어떤 개념이나 이념, 속성으로 귀속되기를 거부하는 거대한 '우리'가 현전했던 공동체의 순간을 기억하고 있지 않은가. 어쩌면 그 계보를 따라 1987년의 광화문, 1980년의 광주로 거슬러 올라갈 수 있으며, 아니 바로 지금 이순간에도 홍콩과 미얀마 등 세계 곳곳에서 그러한 순간들을 목도하고 있다. 그러나 혁명으로 현전했던 공동체의 순간을 특정한 개념으로 규정하고 그곳에 모인 맨얼굴들을 어떤 딱딱한 정체성에 귀속시키는 순간, 우리는 또다시 과거 공동체주의가 범했던 과오를 되밟게 될 것이다. 관건은 어떻게 광장에서 경험했던 공동체의 기억을 생활세계의 층위로 끌고 내려오되, 그것을 특정한 대의나 정치적 목적에 귀속시키지 않으면서 일상 속에 살아 숨쉬는 삶-정치의 이

---

69 위의 책, pp. 89~93 참조.

넘으로 부단히 재-생성해 나갈 것인가이다. 어떻게 '우리'를 규정하고 귀속시키는 외부의 힘에 저항하면서 '우리'를 만들어나갈 것인가. 한반도에서 살아가는 수많은 '행성적 소시민'의 일상으로부터, 귀속을 거부하면서도 '함께 귀속'되는 삶-정치의 비본질적 공동체를 어떻게 실현시킬 수 있을까.

4. 한반도 열린 공동체 이념의 탐색

가. 민족공동체에서 마음의 공동체로

공동체를 둘러싼 철학적 사유들을 한반도의 통일 문제와 연결짓는 시도는 일견 낯설다. 그러나 적어도 지난 30년 한국 사회의 통일 담론의 주축이었던 '민족공동체론'을 극복해야 한다는 데는 이미 상당한 공감대가 형성되어 있다. 민족이라는 배타적 속성에 기반하는 공동체 개념은 근대의 중심주의와 위계성에서 탈피하여 상하와 안팎의 자유로운 이동과 소통, 그리고 소수자와 타자에 대한 공감을 중요한 가치로 삼는 오늘의 현실에 뒤처진 낡은 유산임에 분명하다.

돌아보면 민족공동체통일방안은 민주화와 서울올림픽 그리고 베를린 장벽의 붕괴와 소련 및 동구 사회주의권의 해체 등 국내외의 정세가 남한 사회에 자신감을 한껏 불어넣던 시기의 산물이기도 했다. "어떤 동맹국도 민족보다 나을 수 없다"는 1993년 김영삼 대통령의 취임 연설은 한국이 체제 경쟁에서 승리했다는 성취감과 우월감의 기반한 것이었다. 요컨대 민족공동체통일론은 남한이 주도하는 체제통합으로서의 한반도 통일에 대한 낙관주의가 미만하던 시대적 분위기를 반영하는 통일 담론이라 할 수 있다.

그러나 그 후 한반도 정세가 지구적 탈냉전과 역방향으로 흘러온 것은 주지하는 바다. 남북이 하나의 국가로 되는 통일을 전제하는 민족공동체통일방안이 현실과 괴리가 커지면서 그에 대한 비판의 목소리도 생겨나기 시작했다. 박명규 등은 민족공동체론의 한계를 다음과 같이 지적했다. 첫째, 민족공동체론이 오랜 분단의 시간 동안 형성된 남과 북의 개별 국가성의 현실을 외면한다는 점, 둘째, 경제공동체와 평화공동체를 민족공동체로 가는 중간 단계로 설정하는 이행 논리가 현실에 부합하지 않는다는 점, 셋째, 민족공동체론이 전제하는 남북연합이 남과 북의 경제적 비대칭성과 사회문화적 불균등성을 충분히 반영하지 못한다는 점, 넷째, 한국 사회의 민주화·다원화로 인해 통일의식이 약화되는 현실을 반영하지 못한다는 점, 다섯째, 국내외적으로 국민국가의 경계를 넘나드는 다양한 층위의 거버넌스가 출현하는 21세기의 현실에 충분히 대처하지 못한다는 점이다.[70]

그런데 민족공동체론의 한계를 비교적 조목조목 따진 이들의 비판 역시 큰 틀에서 민족공동체론의 계승을 전제로 하고 있어 민족공동체의 개념 자체를 근원적으로 문제삼는 데까지는 나아가지 않았다. 현재까지도, 적어도 정책적 차원에서 민족공동체론에 대한 발상의 전환은 좀처럼 일어나지 않고 있다. 노태우 정부 시절에 만들어진 '한민족공동체통일방안'은 좌우를 막론하고 지난 30여 년 동안 역대 정부에 의

---

70 박명규·이근관·전재성, 『연성복합통일론 ─ 21세기 통일방안구상』(서울: 서울대학교통일평화연구원, 2012), pp. 7~14.

해 답습되어온 바, 민족공동체론의 한계를 지적하는 학자들의 목소리가 증가하고 있지만 사고의 발본적 전환보다는 민족공동체론에 대한 수정과 보완을 요구하는 데 그치는 실정이다.[71]

이처럼 민족공동체론의 한계에 대한 인식이 확산되고 있음에도 근본적인 발상의 전환이 지연되는 이유는 무엇일까. 물론 1989년이라는 시대적 조건에서 민족공동체통일방안이 지니는 역사적 의미는 결코 과소평가될 수 없으며, 또 이후 갈수록 난항에 빠져든 한반도 정세에서 남북 간의 최소한의 유대를 지탱하는 이념으로서 '민족'이 발휘해온 정서적 기능을 전적으로 부정할 수도 없다. 그러나 지난 30여 년 한국 사회가 구조적으로 다양화되고 또 세대가 내려갈수록 가족과 국가, 이웃을 보는 가치와 윤리 감각에 거대한 변화가 발생한 지금, 민족공동체론이 아직도 국가의 공식 통일 담론으로서 자리를 지키고 있는 것은 시대착오적이다.

관점을 바꿔 보면, 이처럼 현실에서 유리된 민족공동체론이 여전히 통일 담론의 중심축의 자리를 지키고 있는 데는 다른 원인이 있는 것은 아닐까. 즉 어쩌면 그것은 '같은 민족'이라는 추상적 관념을 걷어내고 나면 남과 북을 하나로 연결할 실질적인 끈을 찾기가 몹시 힘들어진 현실을 역설적으로 고백하고 있는 것은 아닐까. 오랜 격절과 단절, 심지어 적대의 세월에 더해 한반도 안팎의 정세마저 어려워진 가운데 '같은 민족'이라는 대의의 자명성까지 의심받게 된다면 남과 북을 '우

---

71 고유환, "민족공동체 통일방안의 평가와 계승 발전방안", 한국국제정치학회 기획학술회의, 2014; 김병로, "통일환경과 통일담론의 지형 변화: 정부 통일방안을 중심으로", 『통일문제연구』 26권 1호, 2014, p. 29; 박영정·오양열·이우영, 『남북 문화공동체 형성을 위한 문화통합의 방향과 단계』(서울: 문화관광연구원, 2012), p. 18.

리'로 호출할 공통성을 찾기는 더 힘들어지며, 결과적으로 통일의 정당성을 견지하기가 어려워질 수 있다는 불안이 근저에 작용하는 것은 아닐까. 만약 그렇다면 민족공동체론을 넘어서기 위해 우리가 직면한 과제는 민족의 신화화를 극복하는 것도 중요하지만, 그보다 공통된 속성과 본질을 전제로 삼는 낡은 공동체주의를 먼저 문제 삼아야 하지 않을까. 우리가 지금 물어야 할 질문은 민족이라는 대의가 이 시대에 부합하느냐의 여부보다 한반도의 미래를 위한 대안적 공동체의 철학적·실천적 원리를 어떻게 새롭게 만들어갈 것이냐가 되어야 한다. 남과 북의 공통성을 연역하여 민족이라는 추상적 대의를 상정하고 그 자명성을 규범적으로 고수하는 방식이 아니라, 개체들의 고유성과 특이성이 어떤 속성에 의해 규정되지 않고 존재 그대로 참여할 수 있는 '비본질적 공동체'의 이념이 한반도에서 구현되는 대안적 공동체의 원리를 바닥에서부터 다시 찾아나가야 하는 것이다.

최근 일련의 북한학자들이 공동체 개념을 지양하고 대안적 범주로서 '마음 통합'이나 '접촉지대' 같은 개념들을 제기하고 나선 것도 정체성 사고에 갇힌 공동체주의의 한계를 벗어나 남과 북의 '함께 있음'의 새로운 원리를 모색하는 시도로 볼 수 있다. 이우영, 구갑우, 이수정, 김성경 등이 주도하는 '마음 통합' 연구는 개인의 정서와 느낌, 감정, 의지 등 이제까지 사적이고 파편적이라 간주되어 온 개념들을 사회과학적 분석의 영역으로 불러들임으로써 통일 연구의 지평을 크게 일신했다. 분단이 이성뿐 아니라 감성에도 영향을 미쳐 한국 사회의 특정한 감성구조를 만들어낸다는 김성경의 분석이나, 남북 통합에 제도나 이념을 넘어 개인의 감정까지도 포괄해야 한다는 이우영의 주장들은 국가를 중심에 두는 그간의 통일 연구나 담론의 관행적 틀에 대

한 발본적인 문제의식을 드러내고 있다.[72]

이 새로운 접근 경향의 도드라진 특징 중 하나는 '공동체' 개념을 의식적으로 거부한다는 것이다. 20세기 인류의 경험이 노정한 공동체주의의 위험성을 경계하면서 이들이 대안으로 내놓은 개념 중 하나는 '접촉지대'이다. '접촉지대'란 남북한의 마음체계가 만나는 장소를 뜻한다. 비교문학 연구자 메리 프랫(Marry. L. Pratt)에서 차용한 이 개념은 다른 자아·문화·공동체와의 만남에서 발생하는 배제와 포섭, 충돌과 소통, 갈등과 공존의 역동성으로부터 '우리'와 '그들'의 경계가 다시 만들어지는 공간을 지칭한다. '공동체'가 공통된 하나의 문화, 역사, 언어를 상상한다면, '접촉지대'는 '공동체'가 상상적으로 은폐하는 차이와 더불어 그 차이를 무화하는 권력관계를 드러낸다. '접촉지대'는 '공동체'가 함몰되기 쉬운 동일성, 중심성, 위계주의를 경계하면서 주체들의 수행성으로부터 부단히 재구성되는 관계의 역동성을 드러내 보여준다.[73]

'마음 통합'이나 '접촉지대'의 개념으로 남북관계를 다룰 때 얻게 되는 중요한 효과는 사회통합론에 은닉된 위계와 중심성을 전경화(前景化)한다는 것이다. 이를테면 인천 남동구 소재 북한 출신 주민과 남한 주민들의 공동 거주 임대아파트 지구를 '접촉지대'의 사례로 분석한 글에서 이수정은 남북통합론이 흔히 범하는 오류, 즉 남한 사회(사

---

72 김성경,『갈라진 마음들 — 분단의 사회심리학』(파주: 창비, 2020), p. 26; 이우영·구갑우·양문수 외,『분단된 마음의 지도』(서울: 사회평론, 2017), pp. 6~7.

73 이우영·구갑우, "남북한 접촉지대와 마음의 통합 이론: '마음의 지질학' 시론", 이우영·구갑우·양문수 외,『분단된 마음 잇기―남북의 접촉지대』(서울: 사회평론, 2016), pp. 16~17 참조.

람)가 북한 사회(사람)를 포용하고 받아들임으로써 이질적인 두 집단 간의 통합이 이뤄진다는 위계적 전제를 뒤흔든다. 북한 출신 주민의 행위 자성을 남한 사회에 '적응'하는 것으로 제한하는 소극적 재현 방식을 비판하면서, 그는 접촉지대에서 발생하는 갈등과 충돌, 상호작용 과정에서 북한 출신 주민들이 적극적으로 자기의 존재를 언어화함으로써 남북 간 한층 역동적인 사회적 관계가 형성될 가능성에 주목했다.[74]

기성의 통일 담론이 고수해온 민족 정체성과 동질성의 관념성을 문제화하는 데에도 마음 통합 연구의 공헌은 매우 크다. 일상과 마음의 미시적 차원으로 진입할수록 민족 동질성이라는 관념의 추상성이 도드라지는 반면 갈등과 모순, 충돌이 역동하는 생활세계의 생생한 실상을, 마음 연구는 구체적인 사례에 의거하여 가시화해 나간다. 앞의 글에서 이수정은 같은 민족이라는 연민과 동정이 정부 지원금을 둘러싼 공평성 시비에 턱없이 무력하며, 또 정치적 이슈가 발생하면 언제든 적대감정으로 돌변하는 피상적인 것임을 가차 없이 드러냈다.[75]

또한 개성공단 입주 기업인을 대상으로 하는 조사연구에서 양문수는 개성에 상주한 한국 기업인들이 북한의 근로자들과 더 많이 접촉할수록 북한 사람에 대한 신뢰와 신용이 더 낮아지는 아이러니컬한 결과를 발견했다.[76] 나아가 양계민·이우영은 같은 민족이라는 관념이 현실에서 배반당했을 때 한층 더 극대화된 적대감으로 되돌아올 위험성

74 이수정, "접촉지대와 경계의 (재)구성", 이우영·구갑우·양문수, 위의 책, pp. 1~85.
75 이수정, 위의 글, pp. 70~78.
76 양문수, "개성공단 북한 근로자에 대한 남한 주민의 태도", 이우영·구갑우·양문수, 『분단된 마음의 지도』, pp. 129~130.

을 경고하기도 했다. 이들에 따르면, 북한 출신 주민들은 같은 민족이라는 이유로 국내에 거주하는 타 소수집단보다 더 많은 지원정책을 받지만 정작 일상에서는 타 소수집단보다 더한 배제와 차별감을 느낀다. 같은 민족이라는 감정이 상처받을 때 타 소수집단에 대한 공격성으로 나타났던 독일의 사례를 들면서, 저자들은 같은 민족이라는 요소가 오히려 사회 통합에 부정적으로 작용할 수 있음을 지적했다.[77] 이처럼 마음 통합 연구는 일상이나 감정 등 미시사회학의 층위에서 접근할 때, 민족 정체성이나 동질성의 신화가 얼마나 힘없이 무너질 수 있는지를 적나라하게 보여준다.[78]

요컨대 '마음 통합' 연구는 정서와 감정, 일상이라는 연성적이고 미시적 차원을 파고듦으로써 남북한의 통일과 통합 이론의 새로운 지평을 열었다고 할 수 있다. 마음이라는 미시적 렌즈로 우리의 시야에 포착된, 때로는 불편한 진실들은 같은 민족이니까 통일해야 한다는 규범

---

77 양계민·이우영, "북한 이탈주민이 다문화집단에 대해 느끼는 현실 갈등인식이 삶의 만족에 미치는 영향," 이우영·구갑우·이수정, 위의 책, pp. 204~218.

78 같은 민족이기 때문에 통합이 쉽다는 환상은 통일 30년의 독일의 경험에서, 그리고 중국과 대만·홍콩의 최근 상황에서도 드러난 바 있다. 통일 이후 동독출신 주민과 서독 주민들이 경제적 소득 격차와 가치관, 사고방식, 생활방식 등의 차이로 갈등하며 상대를 '오씨(Ossi)', '베씨(Wessi)'라 이름 붙이며 서로를 구별하는 현상이나, 중국과 대만 간의 경제 교역이 전면화되고 민간의 접촉면이 넓어진 마잉주(馬英九) 정권(2008~2016) 시기 오히려 대만에서 반중(反中)감정이 큰 폭으로 고조되었던 역설적인 상황은 같은 민족이라는 요소가 결코 통합의 유리한 길목을 열어주지 않음을 보여주었다. 이동기, "독일통일 후 동독 정체성: 오스탈기는 통합의 걸림돌인가?",『역사와 세계』50호(2016), p. 43; 윤철기, "독일 '내적 통합'이 남북한 '마음의 통합'에 주는 교훈",『현대북한연구』17권 2호(2014), pp. 10~26; 백지운, "양안관계의 패러다임 전환은 가능한가", 박명규·백지운 편,『양안에서 통일과 평화를 생각하다』(과천: 진인진, 2016), pp. 47~78.

적이고 목적지향적인 통일론을 근원적으로 재사유할 근거를 마련해 준다.

이러한 성과에도 불구하고 '마음 통합' 연구에는 아쉬운 점이 없지 않다. '마음 통합'의 접근은 '같은 민족'이라는 환상을 비판하는 데는 효과적이지만, 그 환상이 걷힌 후 북한(사람)과 남한(사람)이 어떻게 새로운 관계를 수립할 것인지에 대해서는 상대적으로 소홀하다. 다시 말해, 이질적인 타자들이 만나는 장소에서 발생하는 갈등과 충돌의 현실을 생생하게 조명함으로써 민족동질성의 신화를 타파하는 중대한 돌파구를 연 것은 사실이지만, 거기에서 더 나아가 남과 북이 민족을 매개하지 않는 어떤 대안적 관계를 한반도에서 구축해야 하는지에 대해서는 답하지 못하는 것이다.

어떤 면에서, 마음 통합 연구의 이 같은 한계는 공동체에 대한 부정적 입장과 관련된 것이 아닐까 싶다. 즉 민족공동체론을 포함하는 낡은 공동체주의에 대한 비판적 인식이 공동체 자체에 유보적 입장을 취하게 함으로써, 결과적으로 새로운 관계 구성의 철학적·실천적 원리를 모색하는 데 소극적으로 만든 것은 아닐까. 이를테면 '마음 통합' 연구자들은 '공동체' 대신 '접촉지대' 개념을 강조하는데, 엄밀하게 말해 '접촉지대'는 관계가 발생하는 장소에서 드러나는 힘의 위계와 상호관계의 양상을 보여줄지언정 관계 자체를 이론화하지는 못하는 것이다.

더 아쉬운 것은 '마음 통합' 연구가 20세기의 공동체주의를 반성적·전복적으로 재구축하는 일련의 학문적 시도들과 교감을 소홀히 한점이다. 3장에서 살펴본 바 공통성이나 본질적 속성에 귀속되기를 거부하면서 인간 본연의 실존과 대안적 운동의 윤리로서 새로운 공동체

원리를 탐색해온 일련의 진지한 탐색들은, 사실 '마음 통합'론자들이 공동체에 대해 표하는 우려와 경계를 충분히 반영하고 있다. 차이가 있다면, 후자와 달리 전자는 공동체가 내포하는 위험성으로 인해 공동체 개념을 폐기하기보다 오히려 공동체 본래의 실존적 의미 안으로 한결 더 깊이 파고듦으로써 대안적 공동체의 이념을 구출하고자 했다는 점이다.

현재 한반도의 남과 북은 실존적인 도전에 직면해 있다. 북쪽에 대해 그들이 누구이며 도대체 나와 무슨 관계가 있는가라는 질문 앞에, '같은 민족'이라는 당위는 한국 사회에서 현저하게 공명을 잃어가고 있다. 그러나 과연 우리가 그들과 무관하게 살 수 있을까. 현실적으로 그것은 우리의 선택지에 있지 않다. 그렇다면 관건은 어떻게 '민족'이라는 본질적 속성이나 당위에 의존하지 않으면서 남과 북을 연결하는 새로운 원리를 만들어 낼 것인가, 다시 말해 우리가 살고 있는 한반도에서 낡은 공동체주의를 넘어 '함께 귀속'되는 다른 경로를 어떻게 창조해 나갈 것인가이다.

나. 환대 — 대안적 공동체의 인식적·실천적 원리

언뜻 '한반도 공동체'라는 말은 고유성에 의존하지 않으면서 함께 귀속됨을 추구하는 공동체의 새로운 원리를 추구하자는 이 글의 방향과 어긋나는 것처럼 들린다. '한반도'라는 장소를 특정하는 것이 자칫 구성원의 조건을 선험적으로 결정하는 것처럼 들리기 때문이다. 그러나 현재 한반도를 살아가는 사람은 '한민족'만은 아니다. 2020년 기준으로 한국에 체류하는 외국인 수는 250만 명을 넘었으며,[79] 재중동포나 재일동포 등 한인 디아스포라까지 고려할 때 이미 '한민족'이라는 개념 자체도 간단치 않다.[80] 한반도 남쪽만 보더라도 언어나 문화, 혈통, 인종과 같은 선험적 요소로 구성원의 공통성을 연역하기는 점점 어려워지고 있다.

그럼에도 이 글에서 '한반도'라는 장소를 특정하는 이유는 공동체가 궁극적으로 장소성을 지닌 개념이기 때문이다. 문화인류학자 김현경은 사람은 근원적으로 장소와 연결된 존재라고 말했다.[81] 사람이 사람으로 인정된다는 것은 어떤 사회의 성원권을 승인받는다는 것인데, 물리적으로 사회는 하나의 장소이기 때문에 사람의 개념은 곧 장소 의존적이라는 것이다.[82] 공동체의 역할은 사람에게 장소/자리를 마련해 주고 그에 대한 권리를 주는 것이라는 점에서,[83] 이 또한 장소 의존적이다.

'환대'가 공동체의 중요한 원리가 되는 것은 바로 사람이라는 존재의 장소 의존성에 기인한다. '환대'란 주인이 손님을 집에 들여 머물게 하는 것이다. 즉, 환대는 타자에게 그 사회의 어떤 장소에 있을 자리를 인정하고 권리를 부여해 주는 것을 뜻한다.[84] 이 글에서 '한반도

---

79   "국내 체류 외국인 252만 명…'다문화 사회 진입'", 『한국경제』, 2020. 2. 27.

80   백영서는 국경을 넘는 신체감각과 공감능력으로 자기를 상대화하는 디아스포라의 훈련을 통해 '한민족' 관념에 내재한 위계성을 해체하고, 원심력과 구심력의 길항으로부터 '한인공동체' 개념을 재구성할 것을 제기했다. 백영서, "경계를 넘나드는 한인공동체와 동아시아의 평화 ─ 재일조선인과 중국조선족의 정체성 담론을 중심으로", 『동방학지』 제180집(2017), pp. 413~433.

81   김현경, 『사람, 장소, 환대』, p. 26.

82   위의 책, p. 57.

83   위의 책, p. 203.

84   위의 책, pp. 207~208.

공동체'라는, 어떤 면에서 지극히 관념적으로 보이는 개념을 천착하는 이유는 한반도에서 살아가는 사람들을 어떤 본질이나 속성으로 묶어내려는 것이 아니라, 누구에게나 사회에 있을 자리를 내어주고 권리를 인정하는 환대의 원리를 남북관계에 접목시킴으로써 '민족'에 의존하지 않고도 '함께 귀속'할 수 있는 대안적 공존 방식을 모색하려는 데 있다.

그런데 '환대'를 말할 때 흔히 빠지는 함정이 있다. 바로 주인과 손님의 이원대립이다. 일반적으로 공동체를 논할 때 환대는 종종 주인의 관점에서 다뤄진다. 북한 출신 주민을, 외국인 노동자를, 혹은 어떤 소수집단을 주인인 '우리'가 어떻게 이해하고 공감하며 받아들일 것인가라는 차원에서 '환대'의 윤리가 다뤄지는 것이다. 그러나 이는 환대의 본뜻과는 거리가 멀다. 환대를 뜻하는 프랑스어 'hospitalité'의 어원 'hôte'는 주인과 손님 두 가지 의미를 모두 지닌다. 즉 'hôte'는 환대를 베푸는 쪽과 환대를 받는 쪽 모두를 포함한다. 이것은 애초부터 '환대'에 주는 것과 받는 것의 경계가 존재하지 않음을 말한다. 환대의 경계 없음을 한층 전복적인 방식으로 설명했던 자크 데리다(Jacques Derrida)는, 환대란 주인이 이방인에게 그냥 내쪽으로 오라고만 하는 것이 아니라 내 안으로 들어와 내 안에 자리를 잡고 나를 점령하라는 뜻이라고 말했다. 이방인이 들어와 장소와 권력의 포로가 된 '자기성'으로부터 주인을 해방하기를 간절하게 기다리는 것이 바로 환대라는 것이다. 이러한 해석은 환대라는 말이 주인과 손님의 전도된 관계를 내포하고 있음을 보여준다. 초대하는 자인 주인은 손님에게 자신을 인질로 내어줌으로써 손님이 되며, 손님은 초대하는 자를 자기 안으로 초대함으로써 주인이 된다. 환대란 주인과 손님이 각자를 상대의 인질로 만드는 상호 과정이며, 여기에는 주인이 손님이 되고 손님이 주인이 되는 반복적 치환만이 있을 뿐 고정된 경계선은 존재하지 않는다.[85]

따라서 환대란 단지 타자에게 자리를 내어주는 데 그치지 않는다. 환대는 자신을 온전히 타자에게 내어주고 타자를 통과하여 자신에게 되돌아오는 과정이다. 다시 데리다의 말을 빌리면, 주인은 손님을 불러들임으로써 "손님의 은혜에 힘입어" "마치 자신이 집 밖에서 오기라도 한듯" "자신의 집으로 들어가게 된다."[86] 환대란 '우리'가 주인의 입장에서 타자에게 제한된 자리를 내어주고 그 자리에 그냥 머물게 하는 것이 아니다. 타자가 '우리'의 '안'을 점령함으로써 '우리'를 정의하는 규범과 속성으로부터 '우리'를 자유롭게 해 주기를 간절히 고대하는 것이 바로 환대이다. 앞서 블랑쇼의 말처럼, '우리'는 자신에 대한 결핍을 발견하고 그것에 문제 제기를 하기 위해 필연적으로 타자를 불러야 한다. 그렇다면 환대란 타자에 관한 윤리가 아니라 자신에 관한 윤리가 된다. 환대의 핵심은 타자를 이해하고 공감하며 수용하는 것이 아니라, 타자의 "은혜에 힘입어" '우리' 자신을 규정하는 속성과 관념으로부터 '우리' 자신을 해방하는 데 있는 것이다.

이처럼 주인-손님의 전도를 축으로 환대의 의미를 이해하고 나면, 현실에서 열린 공동체의 시도가 왜 번번이 좌절되는지 비교적 쉽게 알 수 있다. 타자에게 극히 제한된 자리를 내주면서 그에 대한 보답이 돌아오지 않으면 적대감으로 돌변하는 상황을 우리는 주변에서 종종 발견한다. 북에서 온 사람들을 '불쌍한 사람'이라 연민하면서 그들에게

85　자크 데리다, 남수인 역, 『환대에 대하여』(서울: 동문선, 2004), pp. 134~135.
86　위의 책, p. 136.

주는 제도적 지원이 한국 사회에 대한 감사와 충성으로 돌아오기를 기대한다. 북에서 온 사람들은 존재 그대로는 한국 사회에 있을 자리가 없다. 그들은 이방인으로서가 아니라 대한민국 국민으로서만 받아들여진다. 한국 사회가 내어준 '국민'이라는 자리에 충실하기 위해 이들은 끊임 없이 자신의 모국을 부정하고 심지어 억양과 외모까지 바꿈으로써 자신의 존재를 부정한다.[87] 북에서 온 사람들이 이방인의 '존재 그대로' 이 사회에 들어올 수 없는 한, 그리하여 그들의 존재 그대로의 타자성이 '우리'의 주인성에 의문을 제기하는 데까지 이르지 않는 한, 다시 말해 그들이 자신의 특이성의 맨얼굴로 우리 사회의 온전한 구성원이 됨으로써 한국 사회를 규정해온 규범과 속성에 실존적 균열을 일으키는 데까지 이르지 않는 한, 그것은 결코 환대가 아닌 것이다.

최근 일부 연구자들이 주목했던 통일 독일의 '오스탈기(Ostalgie)' 현상은 환대의 원리가 현실 속에 구현되는 하나의 가능성을 보여준 사례로 읽을 수 있을 듯하다. '오스탈기'란 통일 이후 독일에서 형성된 동독 주민들의 집단정체성을 뜻한다. 이에 대해, 이동기는 동독 출신들이 동독의 고유한 경험과 기억에 기반하여 자신의 서사를 만들고 그로부터 자기 위로와 자기 확인을 획득함으로써 역설적으로 동서독 사회통합의 매개로 작용했다고 분석했다.[88] 또한 이혜주 등은 여기서 더 나아가 몰락한 동독의 문화적 자존감을 부활시킨 오스탈기가 서독 문화에 대한 대항공론장의 역할을 수행함으로써 궁극적으로 통일독일의

---

87 이수정, "접촉지대와 경계의 (재)구성," p. 75; 김성경,『갈라진 마음들 ― 분단의 사회심리학』, p. 203.

88 이동기, "독일통일 후 동독정체성: 오스탈기는 통합의 걸림돌인가?", p. 54.

문화장(場) 전체를 변화시켰다고 주장했다.[89]

이들이 공통적으로 강조하는 것은 통일 직후 동독을 서독에 동화시키는 방식의 사회 통합이 위기를 초래하는 가운데, 오히려 동독 고유의 정체성 결집을 통해 동독 출신들의 사회적 존재감이 강화될 때 결과적으로 동서독 사회 통합에 도움이 되었다는 사실이다. 이를 환대의 견지에서 풀어보면, 동독의 타자성이 존재 그대로 통일독일의 사회 안에 자리를 획득하고 나아가 서독인들의 주인성에 균열을 가함으로써 궁극적으로 '함께 귀속'되는 공동체의 가능성을 보여준 사례로 재해석할 수 있지 않을까.[90]

북한을 떠나온 사람들을 '존재 그대로' 사회의 구성원이 되게 하는 환대의 윤리는 아직 한국 사회에서 상상하기 어렵다. 이들이 북에서의 삶을 부정하지 않고 억양과 말투를 고치지도 않으며 자기 검열 없이 자유롭게 고향과 모국에 대해, 또 남한 사회에 대해 말할 수 있을 때, 나아가 이들의 존재가 '우리'를 규정하는 속성과 본질에 의문을 제기하고 남한 사회에 의미 있는 균열을 일으킬 때, 그래서 이들의 타자성에 '힘입어' 우리의 주인성의 내면을 '바깥에서' 들여다볼 수 있게 될 때, 다시 말해, 이들의 방문으로 인해 우리가 우리의 집으로 초대받게

---

89 이혜주·서리인, "독일 통일 후 동독문화의 변천과정을 통한 지속가능한 남북사회문화공동체 형성의 방향 고찰", 『지속가능연구』 5권 제1호 (2014), pp. 5~6.

90 베를린의 DDR박물관이 '그 자리에' 존재한다는 사실은 자체로 중요한 의미를 지닌다. 동독에서의 삶이 총체적으로 부정당하는 것을 막고 동독에서의 일상생활을 기억하기 위해 2006년 어느 동독 출신 지식인에 의해 설립된 이 사설 박물관은 2008년 '올해의 유럽 박물관'의 후보에 올랐으며 2015년 기준 4백만 명의 방문객을 불러들였다. 윤철기, "독일 '내적 통합'이 남북한 '마음의 통합'에 주는 교훈", p. 20; ⟨https://en.wikipedia.org/wiki/DDR_Museum⟩

될 때, 비로소 환대의 윤리에 기반한 대안적 공동체의 실낱 같은 가능성이 한반도에 열리게 될 것이다.

5. 자기에게 열린 공동체

환대가 타자가 아닌 자신에 관한 윤리라는 발견은 통일에 대해 한국 사회가 안고 있는 모종의 두려움에서 예기치 않게 드러난다. 앞서 언급한 서울대 통일평화연구원의 조사를 다시 참고하면, 통일 이후 남한의 사회문제의 개선 가능성을 물었을 때 거의 대부분의 항목에서 부정적 견해가 우세했다. 다수의 응답자들이 통일이 되면 이념갈등, 빈부격차, 지역갈등, 범죄문제, 부동산투기, 실업 등의 사회문제가 지금보다 더 악화될 것이라고 답했다.[91]

그런데 곰곰이 생각해 보면, 이러한 문제 대부분은 남한 사회의 고질적 병폐들로서 통일과 직접적 상관관계가 적다. 통일이 이러한 사회문제를 초래한다기보다 한국 사회가 이미 안고 있는 병폐들이 통일에 대한 부정적 인식을 야기하는 것이라 보아야 하는 것이다. 결국 우리가 타자를 우리의 집으로 불러들이기를 기피하는 근원적인 이유는 그들이 아닌 우리 자신에 대한 불안에 있다. 통일에 대한 한국 사회의 증대하는 부정적 인식의 근저에는 북한이 아닌 남한 사회에 대한 부정적 인식과 그로 자신감의 결여가 폐쇄적인 방어의식으로 나타난 면도 있는 것이다.

---

91 김범수 외, 『2020 통일의식조사』, pp. 49~51.

유사한 지점을 포커스그룹인터뷰에서도 발견할 수 있었다. 2030 전문직을 대상으로 한 이 인터뷰에서 어느 참가자는 "통일이 되면 북한의 가부장이 내려온다"는 흥미로운 주변의 반응을 소개했다. 그 맥락을 자세히 들어보면, 그런 기괴한 표현의 근저에 작용하는 것은 남한 사회의 뿌리 깊은 가부장제와 젠더의식의 결핍에 대한 불안이었다. 즉 통일이 되면 남한의 남성들이 북한 여성을 가부장제의 새로운 대상으로 소비하게 될 터이므로 가뜩이나 낙후한 남한의 젠더의식과 성평등의 수준이 지금보다 더 후퇴할 것이라는 두려움이었다.[92] 흥미롭게도 남한 사회에 대한 불안이 언어로 표현될 때는 "북한의 가부장이 내려온다"는 타자의 문제로 전이되어 나타났던 것이다. 타자에 대한 공포는 사실상 자기에 대한 불안의 굴절된 표현이었다.

한편 통일의 경제적 효과를 강조하는 기성세대의 논리를 비판하는 데서도 청년세대의 불안은 여지없이 드러났다. 북한의 저임금 노동력을 들어 통일의 경제적 이점을 강조하는 기성의 논리에서, 2030 세대가 발견한 것은 심각한 공정 감각의 결핍이었다. 다시 말해, 청년세대가 북한 노동력의 유입을 우려하는 진짜 이유는 세간에서 생각하는 것처럼 북한의 저임금 노동력이 자신들의 일자리를 앗아가는 데 있지 않았다. 이들에게 더 심각한 문제는 북한 노동력이 남한 사회에 들어와 가용 저임금 노동력이 증가하게 되면 노동과 인권에 대한 존엄이 한국 사회에 자리잡는 것이 지금보다 더 어려워질 것이라는 두려움이었다. 여기에는 실업과 비정규직으로 노동의 정당한 대가를 얻지 못하고 또

---

92 남남북녀의 가상결혼을 테마로 한 모 방송사의 예능프로그램에서 노출된(!) 바 순종적 아내에 대한 한국 남성의 욕망이 이들에게 불편한 기억으로 남아 있었다.

직장에서 괴롭힘으로 고통받는 청년들이 우리 사회에 던지는 절망적 시선이 고스란히 담겨 있다.

통일에 대한 2030 세대들의 부정적 인식이 한국 사회에 대한 질문과 연결되어 있다는 발견은 환대의 윤리가 타자에 대한 관용이나 포용이 아니라 자기의 결핍을 직시하는 데서 출발하는 것임을 새삼 각인시킨다. 공동체란 타자에게 시혜를 베풂으로써 만들어지는 것이 아니다. 타자의 눈을 빌려 자기 눈으로 보이지 않던 자신의 내면을 투시하고 타자의 존재에 힘입어 자기를 구성하는 속성이라 간주되는 것에 균열을 일으키는, 주인과 손님 간의 부단한 전복(顚覆)이야말로 새로운 공동체를 가능케 하는 기초이다.

필경 이러한 깨달음은 촛불 이후 수년 간 우리 사회가 직면한 낯선 도전들을 통일과 동떨어진 것으로 여기는 관행적 사고를 돌아보게 만든다. 통일을 남북 및 주변 강대국의 상층의 정치게임으로 사고하는 풍토는 사회 곳곳에서 제기되는 삶-정치의 다양한 이슈들을 통일의 토론장으로부터 분리시킴으로써 결과적으로 한반도의 '함께 귀속됨'에 관한 사유를 '민족공동체'라는 앙상한 관념에 결박시키고 말았다. 공정, 정의, 다양성, 젠더, 소수자, 인권 등 다변화된 삶-정치의 누적된 질문들을 꺼내 직시하려는 노력, 성정체성·종족·세대·계층 등 다양한 성격의 갈등을 해결하는 능력은 통일을 준비하는 문제와 결코 무관치 않다. 아니, 바로 그것이야말로 수많은 이방인과 더불어 한반도에 새로운 공동체를 실험할 우리의 역량을 시험하는 중대한 시금석이다.

분단 70년이 지난 지금, 우리가 한반도에서 상상하고 만들어가야 할 공동체는 결코 과거에 존재했던 공동체의 복원이 아니다. 그것은 미래로 열린 새로운 공동체의 창조이며, 우리가 한번도 경험하지 못한 공동체를 만드는 실험이어야 한다.[93] 새로운 공동체의 관건은 어떻게 타자가 존재 그대로 우리 안으로 들어와 '우리'를 규정하는 속성과 본질로부터 우리를 해방하여 새로운 '우리'를 만들어 내는가, 그 과정에서 주인과 손님, 자아와 타자 간의 치열한 전도(顚倒)가 어떻게 삶-정치의 새로운 지평을 열어낼 수 있느냐에 달려 있다.

　이러한 역동적 관계로 채워지는 장소로서 한반도 공동체는 결코 주인과 손님 간의 공통성이 무엇인지 묻지 않을 것이다. 그리고 이 때의 손님은 북한(사람) 외에도 다른 종족과 민족, 그리고 남한 국민 안에서도 온갖 논리과 관념 속에 배제되고 차별당하는 수많은 이방인들을 포함할 것이다. 타자를 자기 안으로 불러들임으로써 자기를 해방하는 과정이 쌍방 모두에게 반복적으로 발생하는 환대의 원리가 한반도의 삶-정치의 층위에 정착할 때, 어쩌면 통일은 지금보다 한결 가까운 미래가 되어 있을지 모른다.

93　박명규·이근관·전재성, 『연성복합통일론 ― 21세기 통일방안구상』, pp. 14~16.

| 제2부 |

새로운 남북관계 발전 비전

제3장 신한반도체제와 한반도경제

1. 문제 제기

문재인 정부가 2019년 이후 내놓은 '신한반도체제론'은 남북관계와 대외관계를 종합하는 거대한 국가전략이라 할 수 있다.[94] 신한반도체제론은 2018년에 진전된 남북관계 및 북미관계를 배경으로 새로운 국가 설계를 해보겠다는 시도였다.

2018년은 남북관계와 북미관계가 극적으로 호전된 시기였다.[95] 그러나 2019년 2월 27~28일 하노이에서 열린 2차 북미 정상회담은 합의 결과가 없는 '노딜'로 결론이 났다. 회담에서의 주요 쟁점은 '영변'

---

94 이하에서 논의하는 '신한반도체제론'은 2019년 이후 문재인 대통령이 내놓은 신한반도 및 평화경제와 관련한 메시지, 그리고 이를 체계화하기 위해 진행된 연구기관들의 담론화 작업의 성과를 통칭한다.

95 2017년 5월 출범한 문재인 정부는 북핵 문제와 남북관계의 악화라는 조건에 직면하고 있었다. 2017년 내내 북한은 미사일 발사와 핵 실험을 강행하면서 긴장을 고조시켰다. 악화된 조건의 정점에서 2018년 들어서면서 상황은 반전되었다. 2018년 1월 김정은의 신년사에서는 남북한 사이에 대화를 할 의사를 나타냈고, 북한은 2018년 2월 열린 평창 동계올림픽에 고위급 대표단을 파견했다. 4월 27일 판문점에서 남북 정상회담이 열렸으며, 판문점 선언이 채택되었다. 북미 정상회담이 6월로 예정되었다가 미국 측에서 파기 선언이 나오자, 5월 24일 판문점에서 전격적으로 2차 남북 정상회담이 열렸다. 이후 6월 12일에는 북미 정상회담이 싱가포르에서 진행되었고, 9월 18~20일에는 평양에서 3차 남북 정상회담을 갖고 평양 공동선언을 채택했다.

의 범위였다. 영변 핵시설 폐기에 추가될 항목, 그리고 추가적 보상에 대해 합의를 이루지 못했고, 북미 및 남북관계는 정상회담 이전으로 돌아갔다.

2019년 2월 하노이 북미 정상회담의 결렬로 한반도 정세가 다시 경색되면서 신한반도체제론의 비전과 현실적인 남북관계 및 국제 환경이 서로 엇나가는 국면으로 넘어갔다. 따라서 정부 정책 및 신한반도체제 담론의 방향성과 현실성에 대해서는 이러한 상황 전개를 반영한 새로운 검토가 필요하다고 볼 수 있다.

이 글에서는 '한반도경제론'의 관점에서 신한반도체제 담론을 검토·비평하면서 향후의 남북 및 동아시아 네트워크의 방향을 모색하고자 한다. 이는 신한반도체제론에 대한 비판적 검토를 통해 체제적 차원의 한반도 정책 담론을 새롭게 재구성하는 시도라 할 수 있다.

한반도경제론은 1990년대 이래로 만들어온 학계 일각의 체제 인식 방법론이다. 이 논의에는 분단체제론의 세계체제 인식과 비판적 지역연구의 문제의식의 수용, '한반도'라는 체제적 관점과 '네트워크 국가론'의 결합, 세계체제-남북분단체제-국내체제의 상호작용의 공간 속에서의 한반도경제 모델의 구성 등이 주요한 내용으로 포함된다.[96]

---

96 한반도경제론의 접근법은 다음과 같은 요소들로 구성되어 있다. 첫째, 1997년 동아시아 경제위기 경험을 통해 일국주의 접근법의 한계를 인식하고 분단체제론의 세계체제 인식과 비판적 지역연구의 문제의식을 수용한 것이다. 그 이전이 민족적 접근과 계급적 접근에 대한 비판적 입장, 그리고 신자유주의 반대 일변도의 담론과 서구형 사회민주주의 대안에 대한 비판적 입장을 취한다. 둘째, 2000년대의 지역주의 접근법의 성과에 '한반도'라는 체제적 관점과 '네트워크 국가론'을 결합한 것이다. 대안경제의 요소로 거시체제로서의 '한반도경제-한국경제-북한경제', 발전모델로서의 '더 좋아진 동아시아 모델', 미시체제로서의 '지역'과 '혼합형 조직'을 포함한다. 셋째, 민족경제론과 분단체제론의 합리적 핵심을 재평가하고 한반도경제를 세계

신한반도체제론은 전통적인 사회과학 이론의 체제 관점에 입각해 있다. 체제를 일종의 컨테이너박스와 같은 고체적 건축물로 보는 것이다. 이에 비해 한반도경제론은 네트워크 관점을 적극 수용한다. 체제 내부도 네트워크로 연결되어 있고 이 체제는 또 다른 체제와 복수의 노드로 연결되어 있다. 한반도경제론에서 보는 체제는 중층적으로 연결된 거미줄 구조와 같은 것이다.

신한반도체제론은 문재인 정부에서는 대통령 메시지를 통하여 담론의 골격을 제시했고, 이를 이어 받아 통일연구원, 경제·인문사회연구회 등 정부 관련 연구기관들에서 담론의 체계화를 시도하고 있는 중이다. 그러나 정부를 중심으로 한 논의 과정, 담론 체계와 하노이 노딜 이후의 현실적 조건이 괴리된 점 등의 한계점이 있다.

물론 신한반도체제론이 1980년대 말 이후의 한국 내부 및 세계체제 조건의 변화에 대응하려 한 문제의식 자체는 높이 평가할 필요가 있다. 이에 따라 이 글에서는 기존의 신한반도체제론을 구성하는 핵심 요소를 추출하여 보다 체계화하는 한편, 이를 한반도경제론의 접근법과 비교·검토하면서 개선의 방향을 제시하고자 한다.

체제-남북분단체제-국내체제의 상호작용의 공간으로 정식화했다. 발전경제학과 제도경제학의 계보에서 한반도경제 모델을 논의하는 한편, 전략적 정책 요소로 동아시아·태평양연합, 남북연합, 도시연합 등 3개 차원의 네트워크를 제안혜했다. 이일영, "한반도경제론의 전개과정: 민족경제론 이후의 정치경제학,"『중국사회과학논총』2권 1호(2020).

2. 신한반도체제론의 전개

신한반도체제 담론은 문재인 정부에서 내놓은 가장 포괄적 범위의 국가전략 또는 국가비전이라 할 수 있다. 대통령이 메시지를 발신하면서 담론의 큰 골격을 제시했으며 정부 관련 기관들에서 구체적 내용을 채워가는 톱다운 방식으로 담론을 형성하고 있다. 청와대가 주도하여 메시지를 먼저 발신했기 때문에 대통령이 정부 부처나 분과 학문 체계를 뛰어넘는 총체적 범위의 문제의식을 담고 있지만, 또한 그 때문에 구체성이 떨어지고 정부 부처, 학계, 언론의 호응이 약한 측면도 있다.

신한반도체제론은 2019년 3·1절 100주년 기념사에서 문재인 대통령이 '신한반도체제'를 언급한 것을 공론화의 출발점으로 잡을 수 있다. 이때 문재인 대통령은 "'신한반도체제'로 담대하게 전환해 통일을 준비해 나가겠습니다. 신한반도체제는 이념과 진영의 시대를 끝낸, 새로운 경제협력공동체입니다. 한반도에서 '평화경제'의 시대를 열어나가겠습니다"라고 선포했다. 여기에서 신한반도체제, 평화협력공동체·경제협력공동체, 평화경제 등과 같은 핵심 개념이 등장하고 있다.[97] 이후 〈표 1〉에서 보듯이 대통령의 주요 기념사, 연설 등에서 이러한 개념이 반복적으로 사용되었다.

대통령 메시지를 해석하고 체계화하는 연구들은 정부출연 연구기관을 중심으로 이루어져 왔다. 이와 관련한 주요 텍스트는 조한범

---

97 이어지는 언급은 평화협력과 경제협력의 선후관계이다. 문재인 대통령은 "비핵화가 진전되면 남북 간에 '경제공동위원회'를 구성해 남북 모두가 혜택을 누리는 경제적 성과를 만들어낼 수 있을 것입니다"라고 말하였다.

(2019), 조한범·배기찬·이수형(2019), 조한범 외(2020), 이석기·김수정·빙현지(2020) 등이라고 할 수 있다.[98] 다음에서는 이들 텍스트와 문재인 대통령의 메시지를 기초로 신한반도체제론을 구성하는 요소들을 도출한 후 이를 한반도경제론의 관점에서 검토·비평한다.

〈표 1〉 '신한반도체제' 담론의 전개 과정

출처	주요 개념
3.1절 100주년 문 대통령 기념사 (2019. 3. 1.)	• 우리가 주도하는 100년의 질서 • 평화협력공동체·경제협력공동체 • 평화경제 • 혁신적 포용 국가 • 사람 중심의 한반도·동아시아 평화·번영 공동체
프랑크푸르터 알게마이네 차이퉁 문 대통령 기고문 (2019. 5. 6.)	• 평범함의 위대함 • 일상의 평화 • 포용적 세계질서
오슬로 포럼 문 대통령 기조연설 (2019. 6. 12.)	• 국민을 위한 평화 • 일상을 바꾸는 적극적 평화 • 분쟁과 갈등 해결에 기여하는 평화
광복절 74주년 문 대통령 경축사 (2019. 8. 15.)	• 아무도 흔들 수 없는 나라 • 평화와 통일로 하나된 나라(One Korea) • 세계의 평화와 번영을 이끄는 새로운 한반도
74차 유엔총회 문 대통령 기조연설 (2019. 9. 24.)	• 지속적인 평화(sustaining peace) • 평화경제의 선순환 구조 • 한반도, 동아시아, 아시아 전체의 사람 중심, 상생번영의 공동체

출처: 조한범, 『신한반도체제 구상의 이해』(서울: 통일연구원, 2019), p. 8.

---

98 조한범, 『신한반도체제의 개념과 추진방향』(서울: 통일연구원, 2019); 조한범·배기찬·이수형, 『변화하는 통일환경에 따른 대북 통일정책 개선 과제: 신한반도체제 구상을 중심으로』(서울: 통일연구원, 2019); 조한범 외, 『신한반도체제 추진 종합연구(1): 신한반도체제의 개념과 추진전략』(세종: 경제·인문사회연구회, 2020); 이석기·김수정·빙현지, 『신한반도체제 추진 종합연구(3): 신한반도체제의 경제협력공동체 형성』(세종: 경제·인문사회연구회, 2020).

3. 신한반도체제의 구성요소

가. 평화와 경제의 양대 축

신한반도체제론에서는 평화협력공동체와 경제협력공동체를 양대 축의 구성요소로 제시하고 있다. "신한반도체제의 추진 구도는 평화협력과 경제협력을 양대 축으로 평화·번영의 한반도·동아시아 질서를 추구하는 것"이라고 한다.[99] 이는 두 개의 하위 체제를 구성요소로 하는 복합적 체제 개념을 설정한 것이라 할 수 있다.

또한 신한반도체제론에서는 두 개의 하위 체제 사이의 관계를 '평화와 경제의 상호 선순환'이라는 개념으로 연결하였다. 물론 이는 객관적 현실을 서술하는 것이라기보다는 규범적 지향성을 표현하는 것이다. 따라서 현실에서 '선순환'이 일어나지 않는 경우 어떻게 '선순환'의 구조로 이행할 것인가가 중요한 문제가 된다. 이것이 신한반도체제론이 지니고 있는 약점이자 해결해야 할 과제이다. 한반도경제론에서는 '선순환'의 구조로의 이행을 촉진하는 네트워크 전략의 선별을 중요한 과제로 설정하고 있다.

신한반도체제론 연구자들도 체제 형성 또는 이행의 문제를 인식하고 있다. 그래서 "(평화·번영의 한반도·동아시아 질서를 추구하기 위해) 평화와 경제의 선순환 구조, 한반도와 동아시아 국제질서의 선순환 구조의 형성이 필요하다"는 점을 강조하면서 평화경제 개념을 끌어온다.

---

99 조한범·배기찬·이수형, 『변화하는 통일환경에 따른 대북·통일정책 개선 과제: 신한반도체제 구상을 중심으로』, p. 158.

평화경제는 평화와 경제의 선순환과 거의 동일한 의미로 사용되고 있다. "평화경제는 신한반도체제를 실현하기 위한 수단이자 목표로서의 성격을 내재하고 있다. 평화와 경제는 선후 관계가 아니며, 양자 간 동적인 선순환 구조의 형성에 주안점이 있다."[100]

신한반도체제, 평화경제의 핵심적 아이디어는 평화와 경제의 양대 축의 선순환을 시동하는 출발점이 평화에 있다는 것이다. 즉 평화경제론은 경제평화론과 구분되는 문제의식을 지니고 있는 것이다. 평화와 경제의 선순환을 강조하지만 순환의 출발점은 평화라고 본다. "선순환이 작동하기 위한 초기 조건(initial condition)은 평화이고 … 주어진 평화의 상태에서 교역의 이익이 결정된다"는 것이다.[101, 102]

신한반도체제론에서는 선순환 구조 형성의 출발점을 한반도 비핵·평화체제로 논의했다. 한반도 비핵·평화체제 구축은 동아시아 신안보질서의 형성을 견인하고 역내 평화협력공동체 형성으로 이어지게 한다는 것이다. 그리고 평화의 진전에 따라 남북경제공동체 형성을 중심으로 신북방정책과 신남방정책을 연계하는 한반도 신경제 구상이 진전되고 이것이 한반도·동아시아 경제협력체 형성을 견인한다는 것이다.[103]

이는 평화협력공동체를 중심으로 평화 프로세스가 진전되고 이것

---

100 위의 책, p. 158.

101 조한범 외, 『신한반도체제 추진 종합연구(1): 신한반도체제의 개념과 추진전략』, p. 99.

102 즉 평화와 경제협력 가운데 무엇이 우선인가에 대한 인과관계의 딜레마를 풀어야 한다는 것이 신한반도체제론, 평화경제론의 핵심적 문제의식이다. 평화경제론은 초기 조건으로서의 '평화'를 재인식하고 강조한다. '평화의 최우선 추구', '흔들리지 않는 평화'는 이러한 인식을 반영하는 것이다. 위의 책, p. 89.

103 위의 책, p. 75.

이 다시 경제협력공동체를 형성하며 다시 평화협력공동체가 강화되는 선순환 구조를 의미한다. 현실에서 평화협력공동체를 형성하는 계기를 마련하면 경제협력이 쉽게 진전될 수 있다는 아이디어인 것이다.

그러나 평화협력공동체를 형성한다는 구상은 현실에서 작동하지 못했다. 문재인 정부는 톱다운의 북미간 협상을 적극 주선했으나 하노이 노딜 이후 평화 프로세스가 진전되지 않고 있다. 현실에서는 북미 협력, 남북간 협력이 모두 작동하지 않고 있기 때문에 평화와 번영의 선순환의 출발점이 작동하지 않고 있다. 협력의 출발점을 북미협력과 남북협력으로 설정해 놓은 상태에서 신한반도체제의 작동이 유예되고 있다.

그런데 남북 정상회담을 계기로 신한반도체제의 출발점을 마련하는 것을 새로운 체제로의 이행 경로의 유일한 길로 간주할 필요는 없다. 미중 관계, 북미 관계 등 세계체제의 조건을 볼 때, 평화협력공동체의 형성 계기를 찾는 것이 쉽지 않은 상황이다. 평화 프로세스를 작동시킬 수 있는 계기를 새롭게 탐색할 필요가 있다. 미국, 중국 외의 다자간 협력 파트너로서 일본과 동남아의 역할 비중을 높이는 전략을 모색할 필요가 있다.[104]

---

104 한일관계가 막혀 있기 때문에 남북관계를 먼저 풀어야 한다는 논리도 남북관계 우선론의 일종이다. 한반도경제론에서는 남북관계, 한일관계, 북일관계를 선후의 문제라기보다는 체제 안에서 서로 연동하는 하위 요소들이라고 본다.

나. 세 개의 차원

신한반도체제론은 평화협력공동체와 경제협력공동체의 양대 축 형성을 세 개 차원에서 추진하고자 한다. 이러한 목표 달성을 위해 행동하는 주체는 국가 단위이다. 양대 축은 일종의 남북 및 동아시아 차원의 국가간 관계에 기초한 협력공동체이다. 그런데 적대와 경쟁의 정도가 높은 현재의 세계체제 조건에서는 국가간 관계에 의한 협력공동체 형성은 쉽게 실현하기 어려운 과제이다.

신한반도체제론은 또한 세 개 차원 각각에서 추진해야 할 목표를 제시하고 있다. 우선 국내적 차원의 목표는 '사람 중심의 평화와 번영의 공동체'를 실현하는 것, 평화·포용의 질서가 중심인 사회, 평화·포용 국가를 건설하는 것이다.[105]

다음으로, 남북관계 차원에서는 코리아연합, 즉 남북연합적 거버넌스를 통해 달성된다고 본다. 신한반도체제론에서는 남북관계의 진전을 신한반도체제의 비전 실현이 핵심이자 출발점으로 본다.[106]

세 번째로는 동북아 차원의 목표로, 평화의 차원에서는 한반도의 비핵·평화 공동체를 동(북)아시아 지역으로 확장해 동(북)아시아 다자

---

[105] 위의 책, p. 78.

[106] 남북관계 차원에서 신한반도체제의 목표는 다시 평화와 번영의 두 차원, 즉 남북 평화협력공동체 형성과 경제협력공동체로 제시된다. 우선은 남북이 기존 합의를 실천하는 것이 중요하다고 본다. 2018년 4·27 판문점 선언에서 합의한 경의선·동해선 철도·도로 연결 및 현대화, 그리고 평양 공동선언에서 합의한 서해경제공동특구 및 동해관광공동특구 등을 실천하는 것이 중요하다고 본다. 남북의 철도 및 도로의 연결은 북한 철도·도로·항만의 현대화 및 남북 연결 등을 통해 남북경협 활성화를 위한 교통·물류 기반의 환경 조성이 시발점이라는 것이다. 위의 책, pp. 79~80.

안보협력체제를 구축하는 것이다.[107]

이와 같이 신한반도체제의 세 개 차원을 논의하면서 각 차원 사이의 관계에 대한 논의는 구체적으로 전개되지는 않고 있다. 그러나 남북관계 차원을 핵심과 출발점으로 인식하고 있다는 점은 분명히 나타난다. 여러 차원들 중에서 우선순위를 정하고 프로젝트를 선별해야 한다는 것은 현실 인식에서 중요한 진전이다. 그러나 남북관계를 출발점으로 삼아야 한다는 것은 특정 조건에서는 실현하기 어려울 수 있다. 그리고 세 개 차원을 분리해서 목표를 정하고 추진하는 것이 가능한 것인지, 바람직한 것인지도 다시 생각해봐야 한다.

한반도경제론에서는 세 개 차원이 분리되지 않고 서로 긴밀히 연결된 한 덩어리의 체제라고 인식한다. 세 개 차원의 목표를 병행적으로 동시에 추구하는 것은 현실에서 실현되기 어렵고, 남북관계로부터 선차적으로 출발하는 것도 상황에 따라 어려울 수 있다. 그러므로 국면에 따라 세 개 차원 중에서 작동 가능한 네트워크 전략을 선별하고 추진하는 유연성을 중요하게 생각한다. 이러한 유연한 네트워크 전략을 통해 한 덩어리의 체제에 변화의 출발점을 만들어낼 수 있다고 본다. 즉 전면적 전환의 빅푸시 전략보다는 기존 체제로부터의 출구, 새로운 출구로의 입구를 개척하자는 발상이다.

다. 구성요소의 인식방법

신한반도체제론에는 경제와 정치를 분리하는 근대 사회과학의 인

---

107 위의 책, p. 81.

식방법을 넘어서려는 문제의식이 있다. 정치·군사와 경제 부문의 양대 축의 상호작용에 주목한다는 점에서 체제 전체를 한 덩어리로 보는 총체적 인식에 접근하려는 태도를 보이는 것이다. 그러나 평화경제가 신한반도체제 실현의 수단이면서 또한 목표라는 것은 형식 논리로는 성립하기 어려운 인식이다. 수단은 목표를 달성하는데 필요한 하위 요소들로 구성하는 것이 보다 적절하다. 예를 들어 자본주의 체제를 논의한다면 자본주의가 추구하는 목표를 제시하고 그 하위 요소들로 임노동 관계, 자본 축적, 발전, 양극화 등을 거론할 수 있는 것이다.

그렇다면 신한반도체제를 구성하는 핵심요소인 평화경제를 어떻게 정의할 것인가를 좀더 깊이 논의할 필요가 있다. 평화와 경제의 양대 축으로 볼 것인지, 여기에 양대 축의 상호관계를 또 다른 축으로 설정할 것인지, 평화와 경제의 상호작용 내지 상호관계를 평화경제 그 자체로 볼 것인지를 따져야 한다. 한반도경제론에서는 네트워크 관계를 핵심적이고 결정적인 구성요소로 상정한다.

신한반도체제론에서도 네트워크 개념이 등장하지만 다른 요소들과 병렬하여 서술적 개념으로 사용되는 경향이 강하다. 현재까지 제시된 개념 정의 중 하나는, 신한반도체제를 평화와 경제의 선순환 구조와 동일시하는 한편 이의 하위 요소로 두 개의 협력공동체를 상정하는 것이다. 그리고 각각의 협력공동체의 하위에 다수의 협력 네트워크를 구성요소로 설정한다.[108]

---

108 평화협력공동체의 하위 구성요소는 한반도 비핵화 및 평화체제, 동아시아 다자안보협력체제 등이고, 경제협력공동체의 하위 구성요소는 한반도신경제구상, 신북방협력, 신남방협력 등이라 할 수 있다. "신한반도체제가 상정하는 평화경제의 선순환 구도를 떠받치는 평화협력공동체, 경제협력공동체는 한반도신경제구상, 신북방

이러한 논의에서는 현실의 존재에 기반하지 않은 다수의 하위 공동체, 다수의 하위 네트워크를 설정한다. 그런데 이러한 하위 구성요소들이 현실에서 병렬적으로 성립하기는 어렵기 때문에, 그들 요소의 총합인 신한반도체제는 현실에서 존재할 수 없는 가공의 이미지인 것으로 인식될 수 있다.

신한반도체제, 평화경제는 그것을 구성하는 하위 요소가 지나치게 많아서 제작하기도 어렵고 잘 가동되지도 않는 거대하고 복잡한 기계 장치인 것처럼 보이기 쉽다. 신한반도체제론이 시사하는 바는 이들 하위 요소들을 병행적으로 발전시키는 것처럼 여겨진다. 신한반도체제의 실현을 위해서는 강력한 능동성에 의한 빅푸시 전략이 필요하다는 것이 실천 전략으로 이어진다. 이러한 거대한 아이디어는 계획 도상에서 구상하기도 어렵고 현실에서 작동시키기도 어렵다.

한반도경제론에서는, 세계체제-분단체제-국내체제의 강고한 구조가 존재하고 있고 이를 돌파하는 것이 쉽지 않다고 본다. 그래서 거대한 체제 변동을 기획하기보다는 세계체제와 연결된 글로벌 지역을 작은 규모로 형성하는 핵심 프로젝트를 통해 불균형적으로 네트워크를 증대시키는 전략을 취해야 한다. 한반도경제론에서 중요한 과제는, 평화와 경제의 양대 축에 포함되는 요소를 가지고 있으면서 기존 세계체제 질서를 일부라도 변경시킬 수 있는 프로젝트를 선별하고 구성하는 것이다.

협력, 신남방협력이 연계되는 역내 경제협력의 네트워크와 함께, 한반도 비핵화 및 평화체제 구축과 향후 동아시아의 새로운 다자안보협력체제 기획을 아우르는 지역 질서 구성을 가리킨다." 위의 책, p. 30.

4. 신한반도체제의 이행 단계

신한반도체제론을 발전시키는 논의에서는 분단체제, 남북연합, 한반도경제 개념을 산발적으로 언급하고 있다. 이들 논의에서는 대체로 남북연합 이전 단계를 신한반도체제 단계로 규정하는데, 이는 남북간 국가 단위를 중심에 놓고 생각하는 접근방법이라 할 수 있다.

신한반도체제론에서는 장기간의 평화협력 및 경제협력 단계를 거친 이후에 평화협력공동체와 경제협력공동체가 형성된다고 본다. 이러한 공동체가 형성된 이후에 남북한 합의를 통한 국가연합 형성이라는 평화 통일 단계에 진입한다는 단계론을 구성하고 있다.

그러나 한반도경제론의 네트워크 관점에 입각한다면, 신한반도체제 내에서 남북 네트워크 또는 남북연합이 형성될 수 있다. 신한반도체제론이 신한반도체제와 남북연합을 구분하는 단계론에 입각해 있다면, 한반도경제론에서는 남북 네트워크와 남북연합의 연속적 이행과정을 상정하고 있다.

신한반도체제론에서는 또한 한반도 분단체제 극복과 동아시아 공동체 형성을 분리하여 단계론으로 접근하는 경향이 있다. 분단체제를 남북한 관계의 문제로 협소하게 보거나 동아시아 등 세계체제와는 분리하면서 신한반도체제와는 별개의 단계로 인식하는 경향을 나타낸다. 한편 한반도경제론에서는 세 가지 차원이 서로 분리되지 않는다는 인식에 기초해 있다.

가. 신한반도체제와 남북연합

신한반도체제론에서는 4·27 판문점 남북정상회담을 신한반도체제의 출발점으로 중시한다. 그리하여 2018년 4·27 남북정상회담에서부터 문재인 정부의 임기인 2022년까지를 신한반도체제 입구의 형성기로 설정한다.[109] 이후 두 번째 단계(2023~2030년)는 남북한의 사회·문화공동체와 경제공동체를 형성하는 시기로 본다.[110] 이러한 논리는 평화협력으로부터 시작하여 사회·문화공동체와 경제공동체 형성으로 이어지는 단계론을 설정한 것으로 볼 수 있다.

남북 사이에 양대 공동체가 형성된 이후 신한반도체제는 새로운 단계로 들어가는 것으로 본다. 2031~2045년은 공동체를 넘어선 남북간 거버넌스가 형성되는 시기라는 것이다.[111] 2035년경을 남북연합에 진입하는 시기로 보는데, 이는 그간 형성된 부문별 공동체와 함께 2032년 올림픽 남북 공동 개최를 성사시키는 일정을 감안한 것이다. 이러한 남북연합 거버넌스를 기반으로 광복 100주년인 2045년경 남북통일을 완성하여 하나의 한반도를 도모한다는 것이다.[112]

정리해보면, 신한반도체제론에서는 "남북 사회·문화공동체와 경제

---

109 조한범·배기찬·이수형. 『변화하는 통일환경에 따른 대북·통일정책 개선 과제: 신한반도체제 구상을 중심으로』, p. 159.

110 이러한 두 번째 단계를 신한반도체제의 '가속화기'라고도 부른다. 위의 책, p. 160.

111 2031~2045년을 신한반도체제 '형성기'라고도 칭하고 있는데(위의 책, p. 160), 이는 잘못된 용어 사용인 것으로 여겨진다. 2018~2022년을 신한반도체제의 입구, 2023~2030년을 가속화기로 지칭하면서, 2031~2045년을 다시 뒤돌아가서 형성기로 부르는 것은 합당치 않다.

112 위의 책, p. 160.

공동체 → 남북연합 → 남북통일”의 단계론적 일정을 제시하고 있다. 이러한 단계론은 기존의 국가체제를 바탕으로 한 국가 단위의 이행을 전제하고 있다. 남북연합을 국가간 연합으로, 남북통일을 국가간 통일로 설정할 때 이러한 단계론이 등장하게 된다. 그런데 남북연합을 국가간 연합으로 설정하지 않고 네트워크 관계의 특수한 형태로 본다면 남북연합의 설정은 남북간 공동체 형성의 시기, 또는 그 이전 시기에도 형성될 수 있는 거버넌스라 할 수 있다.

한반도경제론의 경우 남북 통일국가를 최종 목표로 설정하면서 선형적 단계론의 일정을 제시하지 않는다. 현 단계가 세계체제-분단체제-국내체제가 거미줄처럼 연결된 체제인 것으로 본다. 남북연합은 일종의 네트워크 국가 형태이며 기존 네트워크의 빈 구멍(holes)을 연결하는 협력 증대의 과정을 관리하는 복합적·중층적 거버넌스라 할 수 있다.

한편 남북연합을 신한반도체제의 초기 단계로 설정하는 논의도 있다. 신한반도체제 초기 단계, 입구를 ‘남북연합’ 단계로 설정하고, 남북연합을 ‘연합적 거버넌스’의 제도적 구성으로 설계한다는 것이다. 남북한 간, 정부 간 협의체를 넘어서는 상위 공동체로 한반도 차원의 협력을 입안하고 집행하는 기구를 포함하는 방식을 생각할 수 있다는 것이다.[113]

이와 같이 남북연합을 신한반도체제의 초기 단계로 설정하는 것은 남북연합을 공동체 형성 이후의 중장기 단계의 과제로 설정하는 것과는 다른 갈래의 논의이다. 협력 초기 단계부터 남북연합이 가능하다는

---

113 조한범 외, 『신한반도체제 추진 종합연구(1): 신한반도체제의 개념과 추진전략』, p. 54.

한반도경제론의 논리에서는, 협력 사업을 중심으로 남북한 간, 정부 간 협의체를 넘어서는 상위 공동체를 구성해보자는 아이디어를 강조한다.[114] 특정 부문의 협력 사업을 중심으로 초국가기구를 결성하는 것에서 시작해보자는 구상은 통합 초기 국면에서 참고·응용할 만한 점이 있다.

그러나 유럽과 한반도가 처한 세계체제 조건은 서로 차이가 크다는 점도 감안해야 한다. 유럽의 경우 수백 년 동안 이어져 온 전쟁의 반복을 막자는 합의가 광범하게 존재했다. 주요 당사자인 프랑스와 독일은 물론이고 주변국의 지역 융합 및 통합의 취지에 대한 공감도가 높은 편이었다. 동아시아의 경우 국가간 규모의 비대칭성도 크고 융합 또는 통합에 대한 합의 기반이 거의 없는 상황이다. 남북한 간의 갈등과 격차의 정도도 매우 높은 편이다. 따라서 국가 단위 외에 비국가 행위자들의 참여 비중이 높은 협력 및 연합 관계를 형성하는 것이 현실적인 방안이다.[115]

신한반도체제론에서는 국제적 차원, 동아시아 차원의 공동체도 단계론적으로 형성되는 것으로 보고 있다. 즉 평화·번영의 한반도·동아시아 공동체 형성기(2046~2129년)를 따로 설정한다. 이 단계는 신한반도체제와 한반도 통일을 기반으로 동아시아연합(East Asian Union: EAU)

---

114 이러한 논의에서는 유럽연합의 출발점이 되었던 기구들의 사례에서 실천적인 시사점을 구한다. 예를 들면 유럽석탄철강공동체(ECSC)의 초국가적 기구인 고위관리청(High Authority)은 이후 유럽연합의 초국적 기구 집행위원회의 맹아 역할을 한 바 있다.

115 비국가 행위자에는 지방정부나 비정부조직이 포함될 수 있다. 이들이 참여한 네트워크 또는 거버넌스를 '시민참여형' 남북연합이라 할 수 있다.

을 지향하는 시기에 해당한다.[116] 여기서 논하는 동아시아연합은 한반
도 통일국가와 여타 동아시아 국가와의 연합을 의미한다. 신한반도체
제를 통해 남북 통일국가에 이르고 이후 동아시아연합을 결성하는 단
계론을 전개하고 있는 것이다. 이러한 단계적 과정은 기본적으로 국가
체제의 연속과 확대 과정을 상정하고 있다.

신한반도체제론에서는 한반도 권역의 남북연합을 형성하는 한편
이에 조응하는 동아시아 역내 평화체제 구축을 주장한다. 동아시아 지
역 내에서의 다자주의적 협력을 추진하고, 동아시아 지역 차원의 정
체성을 지지하며 초국적 협력을 위해 개방적인 흐름을 강화한다고 한
다.[117] 이러한 다자간 평화협력은 남북관계의 진전을 견인하는 국면을
만들어낼 수도 있다. 그러나 국가 차원의 다자간 협력체제를 진전시키
기 위한 구상과 실천이 뒷받침될 필요가 있다. 실현 가능성을 높이기
위해 좀 더 구체적인 다자간 프로젝트를 기획하는 노력을 기울일 필요
가 있는 것이다.

한반도경제론에서는 국가체제의 연속성 관점 대신 새로운 지역체
제의 형성을 통해 기존 국가체제를 혁신하겠다는 문제의식을 지니고
있다. 이 점에서 한반도경제론은 신한반도체제론과 차별성을 지닌다.
신한반도체제론이 국가 단위의 협력공동체 및 연합체를 지향한다면,
한반도경제론은 남북 및 동아시아 지역의 국가 및 비국가 행위자가 함

---

116 신한반도체제와 한반도 통일의 관계에 대해서는 혼란이 존재하고 있다. 서로 구분
되는 단계로 보는 것이 일반적이지만 "한반도 통일에 따라 형성된 신한반도체제"
라는 서술도 있다. 조한범·배기찬·이수형, 『변화하는 통일환경에 따른 대북·통일
정책 개선 과제: 신한반도체제 구상을 중심으로』, p. 160.

117 조한범 외, 『신한반도체제 추진 종합연구(1): 신한반도체제의 개념과 추진전략』, p. 55.

께 참여하는 글로벌 지역 형성을 지향한다. 동아시아연합 같은 거대 지역공동체보다는 글로벌 도시 및 도시 네트워크를 형성하는 프로젝트를 선별하는 것에 중점을 둔다.

나. 신한반도체제와 분단체제

신한반도체제론에서는 분단체제 개념을 적극 도입하고 있다. 신한반도체제론에 내재된 "분단체제 해소 → 신한반도체제 구상의 실현"이라는 논리는 체제 대 체제의 이행 논리라고 추정할 수 있다. 그러나 분단체제에 대해 명료한 개념을 정면으로 정의하지는 않고 있다.

신한반도체제론에서는 분단체제 개념을 신한반도체제가 극복해야 할 대상으로 인식하고 있다. 한반도 비핵·평화체제 구축과 한반도 신경제 실현의 병행이 분단체제의 해소를 가져온다는 것이다.[118] 신한반도체제의 구성요소를 양대 축으로 논의하는 것에 비추어볼 때, 분단체제를 양대 축이 결여된 체제 정도로 보고 있는 것으로 추정된다. 신한반도체제의 양대 축을 작동시키면 분단체제가 해소된다는 식으로 보고 있다.

그러나 북핵 문제나 경제적 분단 문제는 분단체제 안에 포함된 분단체제의 하위 요소라기보다는 분단체제와 분리될 수 없는 분단체제 그 자체의 문제라 할 수 있다. 분단체제가 이완되어야 평화협력과 경

---

118 분단체제와 관련된 서술은 다음과 같은 대목이 있다. "한반도 비핵·평화체제 구축과 한반도 신경제 구상의 실현을 병행함으로써 분단체제의 해소를 지향할 필요가 있다." 조한범·배기찬·이수형.『변화하는 통일환경에 따른 대북·통일정책 개선 과제: 신한반도체제 구상을 중심으로』, p. 159.

제협력이 진전될 수 있다. 한반도경제론에서는 세계체제-분단체제-국내체제를 한 덩어리의 체제로 인식하며 분단체제가 세계체제와 연결되어 작동하고 있다는 점을 중시한다. 분단체제를 돌파하는 다층의 체제 혁신 프로젝트를 중요하게 본다.

물론 신한반도체제론에서는 한반도, 동북아, 남북한 내부가 서로 연결되어 있다는 체제적 시각으로의 진전을 보여주기도 한다. 평화경제도 일국적 차원을 넘어서는 문제라는 인식의 진전이 나타난다.

신한반도체제론에서는 분단체제론이나 한반도경제론에서 보이는 체제적 인식을 공유하기도 한다. "분단체제는 한반도와 동북아의 긴장과 불안정의 핵심 요인으로 작용하고 있으며⋯ 과거 한국의 권위주의 정권과 북한의 유일 지배체제는 분단체제의 위협을 정권 유지의 명분으로 활용하는 경향을 보였다"고 서술하기도 한다. 또 분단체제의 형성이 세계질서의 변화 과정에서 탄생했으며, 이 때문에 한반도 평화경제는 남북관계의 차원을 넘어선다고 보기도 한다.[119]

그러나 신한반도체제론은 기본적으로는 세계체제보다는 남북관계 또는 한국을 중심으로 한 체제 인식의 틀을 가지고 있다. 한반도 분단체제의 해소로 남북 갈등관계와 전쟁 위협이 근본적으로 제거되며, 남북은 단일 경제권을 형성할 수 있다고 주장한다. 또 한국이 대륙과 연계되는 육상 교통·물류망을 갖게 되면 유라시아 대륙과 태평양 해양 경제권을 연결하는 허브 국가가 될 수 있다고 논의하기도 한다.[120]

그러나 세계체제 관점에서 본다면, 남북 단일경제권은 상상 속에서

---

119 위의 책, pp. 170~171.
120 위의 책, p. 172.

만 존재한다고 할 수 있다. 자본주의 세계체제 속에서 글로벌화와 민족주의는 배타적인 것이 아니라 상호 병진적으로 발전해왔다. 한반도의 경우에는 분단 속에서 남북한의 각각 분리된 민족주의가 진전되고, 자본주의와 사회주의의 양 진영으로 갈라진 세계체제 속에서 비대칭적 글로벌화가 전개되었다. 전 세계적으로 냉전이 해소되고 사회주의권이 붕괴되는 속에서도 동아시아에서는 진영간 분단선이 해소되지 않았다. 이러한 조건에서는 한국이 대륙경제권과 해양경제권을 연결하는 허브가 된다는 전략은 실현되기 어렵다.

한반도경제론은 한반도와 동아시아에서 진전된 양 진영으로 갈라진 세계체제 조건을 중시하면서 이에 대응한 글로벌주의와 민족주의의 병행 발전을 지향한다. 즉 분단체제를 활용하면서 분단체제를 극복하는 장으로서의 글로벌 지역을 형성하는 복합적·중층적 프로젝트를 탐구하고자 한다.

신한반도체제론에서는 과도한 분단체제 환원론을 전개하기도 한다. 한반도 분단체제가 해소될 경우 분단과 직·간접적으로 연계된 구조적 폭력이 축소 또는 소멸될 것이라고 한다. 또 분단경제의 제약이 해소되면 신성장동력의 창출이 가능해지며, 분배구조도 투명해질 것이고, 남북 경제공동체의 형성을 기반으로 북한 경제는 과거 한강의 기적을 능가하는 빠른 성장을 기대할 수 있다고 한다. 장기적으로 북한의 민주화와 시민사회로의 발전이 촉진될 것이라고도 한다.[121]

물론 분단체제와 구조적 폭력, 성장, 분배 등이 연관된 고리가 존재하고, 그러한 문제는 각각 나름의 고유한 문제 영역을 가지고 있기도

---

121 위의 책, p. 172.

하다. 그러나 정교한 논리적 관계와 현실 분석이 진전되기 전에 분단체제가 이들 문제의 모든 궁극적 원인이라고 선언하는 것은 섣부른 단정이다. 이에 따라 한반도경제론에서는 여러 차원의 정치·군사 및 경제 문제가 세계체제-분단체제-국내체제와 연결된 고리를 탐구하는 것을 중요한 과제로 삼아야 한다.

5. 신한반도체제의 전략과 정책(1): 남북협력과 신북방·신남방 정책

신한반도체제론에는 국가 중심적 관점, 한국 중심적 관점, 국가 능동성을 강조하는 관점이 포함되어 있다. 전략과 정책은 국가 및 국가 간 관계 차원에서 추진되는 것으로 상정된다. 즉 신한반도체제론은 한국 정부의 능동성에 기초하여 남북 및 동아시아 공동체 형성을 추진하는 구상이라 할 수 있다. 그러나 국가간 관계를 형성하는 데 부과되는 제약조건, 목표로 삼는 국가간 협력공동체의 범위와 순서, 공동체로의 이행에 필요한 전략에 대한 현실성 검토가 필요하다. 자원과 기회의 제약조건을 고려하면서 어떤 연결선을 선택하는 것이 바람직한지를 판단하는 현실적 전략 구상이 필요하다.

가. 남북협력과 한반도의 능동적 역할

신한반도체제론은 한국과 한반도의 중심적·능동적 역할을 강조한다. 신한반도체제의 비전은 지난 100년간 강요되었던 '수동적 냉전질서에서 새로운 100년의 능동적 평화질서로의 전환'을 통한 '평화·번영의 한반도·동북아'라고 할 수 있다고 선언한다.[122] 그러나 한국의 중심적 역할, 남북협력에 기반한 한반도 역할의 중요성을 강조할 경우 주변 국가들의 의구심을 불러일으킬 수 있다. 북한, 일본, 중국에게 한국의 급속한 성장은 부담스럽게 인식될 수 있다는 점을 감안하여 다자적·개방적·포용적 지향성을 강조할 필요가 있다.

신한반도체제론은 한반도 평화경제의 출발점으로 평화에 기반을 둔 새로운 관점의 남북경협을 강조한다. 한국 경제의 관점에서 북한은 경쟁력 있는 산업기지이며, 동시에 새로운 시장이라고 보면서, 북한의 경제건설 총력집중 노선 관철을 위해서는 한국의 자본과 기술이 필수적이라고 본다.[123]

그러나 북한은 물론 주변국들도 한국이 북한에 대한 시장 및 자본 진출을 주도한다는 것에 동의하기 어려울 것이다. 따라서 한반도경제론에서는 한국의 주체적 입장을 강조하는 대신 다양한 주체가 함께 개입하는 글로벌 지역 형성이라는 관점을 취한다. 여기에서는 평화경제의 출발점이 반드시 남북간 경협일 필요는 없으며, 글로벌 경협에 남북이 함께 참여하는 것이 중요하다. 한국 입장에서도 북한 입장에서도 양자만의 단일경제권보다는 개방적 지역경제권 형성이 유리할 것이다.

신한반도체제론은 김대중 정부 이래의 전통적인 남북경협론을 반복하고 있다. 남북경협은 남북 경제의 상호보완성의 확대에 주력하고

---

122 조한범 외, 『신한반도체제 추진 종합연구(1): 신한반도체제의 개념과 추진전략』, pp. 74~75.

123 조한범·배기찬·이수형. 『변화하는 통일환경에 따른 대북·통일정책 개선 과제: 신한반도체제 구상을 중심으로』, p. 173.

금강산 관광 및 개성공단사업 재개와 5·24 조치의 해제를 통해 위탁가공교역을 활성화해야 한다고 주장한다.[124] 그러나 한반도경제론은 남북경협을 남북 양국간 보완성 차원에서 접근할 필요는 없다고 본다. 금강산과 개성은 새로운 방식으로 경협을 추진할 필요가 있다. 종래의 남북간 경협의 실험장에서 나아가 다양한 글로벌 주체가 개입하는 글로벌 지역 형성의 실험장으로 재구성하는 방식이 좋다.

신한반도체제론은 발전주의적 남북경협론을 주장한다. 남북경협의 주요 프로젝트를 한반도를 중심으로 3대 경제벨트를 구축하고 '한반도 신경제지도'를 구현한다는 목표로 구체화하고 있다. 3대 경제벨트와 동아시아 철도공동체 사업을 통해 남북경협의 참여자를 남북한과 한반도 문제의 관련국들까지 확대하겠다는 것이다.[125] 이는 한국을 중심으로 남북경협을 추진하고 이를 동아시아 철도공동체로 확대하겠다는 문제의식이다.

북한의 철도를 현대화하는 것은 북한의 국내적 수요가 있는 프로젝트이다. 이를 일부 남북 철도로 연결하는 것은 여건에 따라 추진해볼 수 있다. 문제는 국제적 여건이다. 비핵화와 국제제재 문제가 해결되는 경로에 들어가더라도 북한 철도 현대화를 글로벌 협력 프로젝트로 가져가는 방안을 논의할 필요가 있다.

북한 철도를 중국과 러시아로 연결하는 것은 또 별도의 문제이다. 이는 먼저 북한의 주권 문제에 해당한다. 단기적으로는 동북아 철도 프로젝트가 경제적 비용편익분석 기준을 충족하기는 어렵고 한국이

---

124 위의 책, p. 173.
125 조한범 외, 『신한반도체제 추진 종합연구(1): 신한반도체제의 개념과 추진전략』, p. 90.

단독으로 자본을 제공할 능력도 부족하다고 본다. 정치·군사적 측면에서도 일본과 미국이 함께 참여하기는 쉽지 않은 사업이다.

신한반도체제론에서는 한반도 문제가 동북아 문제의 중심에 있다고 본다. 한반도 문제 해결에 따라 동북아 역내 신안보질서의 형성과 안보협력의 확대가 가능해질 것이고, 한반도 비핵·평화 프로세스가 진전될 경우 북·미 및 북·일 등 관계 정상화가 촉진되며, 한·미·일 대 북·중·러 간 북방 3각 구도의 관성도 종식될 것이라는 것이다.[126]

그러나 한반도 문제와 동북아 문제는 서로 겹치는 부분도 있지만 차원을 달리하는 문제이기도 하다. 한반도 문제가 세계체제 속에서 형성되었지만 동북아 갈등의 모든 것이라고는 할 수 없다. 한반도 갈등 완화가 동북아 갈등 해결에 긍정적 역할을 하지만 모든 문제를 해결할 수는 없다. 현재 갈등 구조는 미중간 갈등, 북미간 갈등, 남북간 갈등 등이 중층적으로 겹쳐져 있다. 한반도 비핵·평화 프로세스가 여타 갈등 문제와 관련이 있지만 선형적 인과관계에 있다고 보는 것은 무리한 추론이다.

나. 신북방정책과 신남방정책

신한반도체제론에서는 남북협력을 중심에 놓으면서 신남방정책과 신북방정책을 통해 동아시아 경제협력의 공간을 확대하고자 한다. 신남방·신북방 정책을 통해 역내 신안보질서의 형성을 견인하고, 경제

---

126 조한범·배기찬·이수형. 『변화하는 통일환경에 따른 대북·통일정책 개선 과제: 신한반도체제 구상을 중심으로』, p. 172.

협력과 평화협력을 양대 축으로 하는 동아시아 공동체의 형성을 가속화한다는 것이다.[127] 이는 신남방정책과 신북방정책의 동시 병행 전략이자 동아시아 공동체 형성의 '빅푸시' 전략이라 할 수 있다. 문제는 이러한 전략이 실현될 가능상이 있는가이다. 한반도경제론에서는 실행 가능성을 높이려면 방향을 선택하고 자원을 집중할 수밖에 없다.

신한반도체제론에서는 평화경제의 공간적 영역을 확대한다는 목표를 두고 북방 공간을 적극적으로 재해석하고자 한다. 러시아의 극동·시베리아 개발을 위한 신동방정책, 중국의 일대일로 정책에 주목하면서 이를 남북 경제협력공동체와 연계하려 한다. 한반도와 유라시아 대륙의 연계를 통해 교통·물류 및 에너지 네트워크를 형성하고 경제협력을 확대함으로써 해양에 의존해온 한국의 발전전략 및 물류체계의 전환을 도모하자는 것이다.[128]

근대로의 이행기에 철도는 국민경제를 형성하는 주요한 추진력이었다. 북한이 낙후된 국내 철도망 재건에 관심을 갖고 있는 것은 북한의 당면 과제이므로 여건이 마련된다면 남북 및 글로벌 차원의 협력 프로젝트로 발전할 가능성이 있다. 그러나 북한 국내 철도를 동북아 철도로 연결하는 것은 전혀 다른 차원의 문제가 된다. 근대 세계경제 형성에서 주요한 추진력이 된 것은 무역과 해상운송이다. 동북아 철도망과 관련된 글로벌 차원의 수요가 뒷받침되지 않으면 막대한 투자비용을 감당하기 어렵다.

신한반도체제론에서는 한반도와 북방 공간의 경제협력 확대가 남

---

127 위의 책, p. 159.
128 위의 책, p. 174.

방 공간과의 경제적 연계성을 강화하는 계기가 될 것으로 본다. 중국의 일대일로 정책과 러시아의 신동방정책의 실현을 위해서는 한반도라는 출구를 필요로 한다. 중국의 동북 3성은 한반도를 경유할 경우 경쟁력 있는 교통·물류체계를 확보할 수 있다.[129]

중국 입장에서는 일대일로 정책을 굳이 한반도 동북부와 연결할 필요가 없다. 동북 3성의 경우 경제 중심지인 랴오닝 성을 출구로 이미 해양으로 연결되고 있다. 지린, 헤이룽장 일부를 동해로 연결하기 위해 막대한 투자를 감행할 의지가 있을지 의문이다. 그간 두만강 개발 사업이 신속히 진전되지 않은 것은 중국과 러시아의 이해관계가 긴밀히 부합되지 않았기 때문이기도 하다. 설사 북·중·러의 이해관계가 부합되더라도 또한 미중 전략경쟁이 심화되는 상황에서 한국이 중국의 일대일로 정책에 호응하는 것은 미중 갈등을 불필요하게 자극하는 것이 될 수 있다.

역사적으로 러시아는 한반도를 통해 해양으로 연결하려는 의지가 강했다고 볼 수 있다. 그렇지만 한국이 러시아의 해양 출구를 열어주는 데 기여할 능력이 있는지, 그것이 한국의 전략적 이익에 부합하는지에 대해서는 충분한 검토가 이루어졌다고 보기 어렵다.

신한반도체제론에서는 러시아의 시베리아 횡단철도(TSR)와 극동·시베리아의 에너지 자원의 활용도를 높이기 위해서 TSR과 한반도 종단철도(Trans-Korean Railway: TKR)를 연결하자고 제안한다. 또한 북한 내륙철도 현대화를 위한 남·북·러 협력을 강화할 필요가 있다고 본다. 러시아는 한반도와 에너지 네트워크의 형성을 통해 유럽에 편중된

---

129 위의 책, p. 174.

에너지 수출선을 다변화할 수 있고, 한국은 수입선을 다변화할 수 있으며, 북한의 에너지난 해소가 가능하다는 것이다.[130]

그러나 러시아 극동의 경우 경제 규모가 작아 남북한이 동아시아경제로 연결하는 가교 효과가 약하다. 수소경제 및 신재생에너지 비중의 확대, 정치군사적 불확실성을 고려하면 시베리아로 연결하는 인프라 투자의 경제성은 반드시 긍정적으로 평가할 수 없다. 북한의 에너지난 해소도 생태적 전환의 방향을 염두에 두고 시도할 필요가 있기 때문에 러시아와의 연결의 이점에 대해서는 신중히 검토해야 한다.

신한반도체제론에서는 대륙국가로서의 한반도의 정체성을 회복하고, 대륙과 대양을 연계하는 허브 국가의 위상을 정립하자고 논의한다.[131] 그러나 한반도의 성장동력에서 대륙과 해양의 비중은 크게 다르다. 북한의 입장에서도 도쿄, 상하이, 광둥, 하노이 등과 해양적으로 연결되는 것이 중요하다. 세계체제 차원에서 보면, 대륙국가, 대륙과 대양을 연계하는 허브 국가에 집착할 필요가 없다. 현 단계에서는 미중 갈등 구도를 견뎌내기, 남북연합과 한반도-일본-동남아를 잇는 삼각 네트워크 만들기가 핵심 전략이 되어야 한다.[132]

---

130 위의 책, pp. 174~175.

131 위의 책, p. 175.

132 한반도경제론에서는 신북방전략보다는 신남방전략이 중요하다고 본다. "평화경제를 가능케 하는 핵심 전략은 남북연합과 신남방정책을 연계해서 진행하는 것이고 한일 협력관계는 이를 뒷받침하는 환경이다. 현 단계에서는 시민적 자유주의와 지역적 민족주의의 지향을 가다듬으면서 한일 분쟁을 남북일 협력의 틀로 전환하는 것이 필요하다." 이일영, "한반도경제론에서 본 남북연합,"『황해문화』104호 (2019).

다. 가교국가 전략

신한반도체제론에서는 평화경제와 함께 가교국가를 전략적으로 중시한다.[133] 가교국가 전략이란 "한반도가 동북아의 교량이 되어 한반도를 허브(hub)로 하고 주변국이 이슈에 따라 바퀴살(spoke)이 되는 질서의 창출을 목표로 하는 전략"을 의미한다.[134] 그런데 가교국가 전략을 한국 중심으로 논의할 때 한국의 능력으로는 감당할 수 없는 바퀴살을 만들어야 하는 문제가 발생한다. 한국을 바퀴살의 일부 또는 네트워크의 일부로 간주하는 전략이 현실적이면서도 포용적인 성격을 지닌다고 할 수 있다.

신한반도체제론이 남방과의 협력 강화를 언급하지 않는 것은 아니다. 남방 공간이 경제적 잠재력이 크다는 점에서 평화경제를 확대 재생산하는 기반이 될 수 있다고 보기도 한다.[135] 실제로 동남아의 발전

133　평화와 경제의 유기적 연관관계 형성을 통해 국가발전을 지향하는 3대 전략으로, 기능적 선순환 차원에서의 평화경제전략, 대내적 차원에서의 역량강화전략, 국제 공간 차원에서의 가교국가전략을 제시하고 있다(조한범 외, 『신한반도체제 추진 종합연구(1): 신한반도체제의 개념과 추진전략』, p. 85). '남북한 내부의 역량 강화'에 대해서는 한국 내부의 역량 강화, 북한 내부의 역량 강화, 남북관계적 측면에서의 역량 강화로 구분하여 제시하기도 한다(위의 책, p. 100). 그러나 북한 내부의 역량 강화를 언급하는 것은 현실적으로 실행력을 지니기 어렵고 남북 양측에서 많은 부작용을 불러일으킬 가능성이 있다. 남북관계적 측면에서의 역량 강화도 결국은 한국 내부의 역량 강화에 포함될 수 있다. 대내 전략으로서의 역량 강화는 시민역량 강화 정도에 국한될 수밖에 없는데, 이를 정책 대상으로 설정하는 것이 타당한 것인지는 의문이 있다.

134　위의 책, p. 116.

135　조한범·배기찬·이수형, 『변화하는 통일환경에 따른 대북·통일정책 개선 과제: 신한반도체제 구상을 중심으로』, p. 175.

속도가 빠른 편이고, 인도로 연결되는 중요한 경로상에 있다. 미중 갈등이 격화되는 구조 속에서 미국과 중국 중 어느 일방으로 급격히 쏠리는 것은 바람직하지 않다. 어느 정도 버티는 힘이 있어야 이익을 취할 수 있는데, 이 때문에 일본, 동남아를 잇는 새로운 경제적 공간을 창출하는 것이 전략적으로 중요하다.

북한의 입장에서도 일본 및 동남아와의 분업체계를 형성하는 것이 교류선의 다각화에 성과를 낼 수 있는 방향이라 할 수 있다. 다만 핵문제와 국제 제재 때문에 운신의 폭이 좁다. 한국도 남북관계를 바로 진전시키기는 쉽지 않다. 한국이 너무 앞장서지 않고 일본의 주도적 역할을 인정해준다면, 일본-한국-동남아의 공간이 확대될 수 있다.

신한반도체제론에서의 가교국가 전략 개념은 너무 방대하고 방만한 상황이다. "신남방·신북방 정책 간의 연계, 신남방정책과 인도-태평양 전략의 연계를 통해 대상 국가들 간의 건설적 가교국가 역할을 도모하겠다"[136]는 것은 달성하기 어려운 목표이다. 문재인 정부에서 구성된 신남방정책특별위원회, 신북방정책특별위원회는 통일부, 외교부 등 기존 부처와 효과적인 분업관계를 형성하지 못했다. 정책 기획 및 추진 주체가 세분화됨으로써 정책체계가 산만해지고 방향성을 뚜렷하게 형성하지 못했다. 정책 방향을 분명히 선별한 후 외교부가 책임을 지고 집행하는 체계가 효과적이라 여겨진다.

하노이 노딜, 바이든 정부 출범 이후 북미 사이에서 한국이 가교 역할을 하기는 어려운 상황이 되었다. 톱다운 방식의 개입이 어려운 상황에서는 대화 채널의 레벨을 낮추고 정부와 민간이 혼합된 대화 채널

---

136   조한범 외, 『신한반도체제 추진 종합연구(1): 신한반도체제의 개념과 추진전략』, p. 118.

을 운용하는 방안을 꾸준히 실천하는 것이 필요하다.[137]

　신한반도체제론에서도 미중 갈등의 조건을 인식하고는 있다. 그래서 가교국가 전략을 통해 미중 갈등의 위협을 헤징(hedging)하는 것이 신한반도체제 구축을 위한 필수적 작업이라고 주장하기도 한다.[138] 그러나 한국의 가교국가 전략이 작동하려면 미국과 중국이 한국의 가교 역할을 인정해야 한다. 동북아 및 한반도에서와 같이 지정학적 갈등이 격심한 경우에는 어느 누구도 중립적 가교 역할을 수행하기 쉽지 않다.

　미중 갈등, 북미 갈등 사이에서 한국의 가교 역할이 벽에 부딪치면서 새로운 전략적 북방협력 논의가 제기되기도 한다. 김연철(2021)은 북중경제권이 구조화되고 있기 때문에, 남·북·중 삼각협력 또는 남·북·러 삼각협력의 우회전략으로 남북관계의 돌파구를 찾아야 한다고 주장한 바 있다.[139]

137　남북 및 북미 관계에서 한국이 수행할 수 있는 역할은 국면에 따라 변동할 수 있다. 세계체제 조건에 따라 역할을 유연하게 조절하는 것이 필요하다. "북미 간 비핵화 협상의 타결을 위해 가교 역할을 지속해야 한다든지, 북한에게는 보다 전향적인 초기 비핵화 조치 및 신고·검증 절차에 대한 미국의 불신 해소를 위한 비핵화 범위의 명확화를 설득한다든지, 미국에게는 행동 대 행동 원칙에 보다 다가간 비핵화 로드맵 수용의 불가피성을 강조한다든지 하는 것"(위의 책, p. 120)은 2018년의 조건에 국한된 것이라 볼 수 있다.

138　위의 책, p. 114.

139　최근의 북방협력론의 주장은 다음과 같다. "미중 전략경쟁 국면에서 북중 경제관계는 일시적이 아니라 구조적으로 전환했다. … 북한은 중국의 중요한 생산 거점이다. 물론 북한 입장에서 중국은 '수요 독점'으로 부를 만큼 유일한 무역 상대국이다." "남북 경제협력은 비핵화 협상의 진정에 달려 있지만, 그 이전이라도 협력을 통한 우회의 기회를 적극적으로 찾아야 한다. 남·북·중 삼각협력에서 한중 협력을 우선 추진하거나 남·북·러 삼각협력의 경우 한러협력부터 시작할 수 있다. 공급망과 시장의 분단을 막기 위해서는 북방경제권에의 전략적 참여가 매우 중요하다."

그러나 북중경제권 강화와 남북협력은 상호 모순적인 경향이다. 미중 갈등 심화라는 세계체제의 구조적 변동 속에서 한중 협력을 전략적 방향으로 앞세우는 것은 현실적으로 어려운 일이다. 또한 한중관계의 비대칭적 특성상 남·북·중 삼각협력은 성립하기 어렵다. 중국이나 외부 세계 입장에서는 남·북·중 협력은 중화경제권의 외연 확장으로 인식될 가능성이 높다. 남·북·러 삼각협력의 분야로 거론되는 철도, 가스, 전력의 경우 투자 대비 경제적 효과가 불확실해서 민간의 참여를 이끌기 어렵다.

미중 전략경쟁의 구조 하에서는 기능적 경제협력보다는 국제사회의 공감을 얻을 수 있는 원칙을 앞세우는 것이 필요하다. 평화와 생명안전, 개방과 공영의 원칙에 기초한 국제협력, 민주주의, 생태 등 가치와 원칙에 입각하여 능동적인 외교 공간을 만들어가야 한다. 이러한 기조에서 한미동맹과 한중관계와는 다른 차원의 새로운 외교 공간을 개척해야 한다.[140]

한미동맹과 한중관계는 정치군사적, 경제적 측면에서 강대국 주도성이 존재할 수밖에 없다. 그러나 한국은 중견국으로서 미중 이외의 국가 및 지역과의 네트워크를 확장할 수 있는 능력을 갖추고 있다. 구한말 유길준이 중국과 미국 사이에서의 두 겹으로 접혀진 '양절체제(兩截體制)'를 거론한 것처럼, 미국·중국과의 사이에서, 그리고 일본·동남아 사이에서 세 겹으로 겹쳐진 '삼절체제(三截體制)'를 구상해볼 수 있다.[141]

김연철, "한반도의 새봄을 위하여," pp. 62~63.

140 이남주, "미중 전략경쟁, 어디로 가는가," pp. 49~52.

'삼절체제'에서 중요한 것은 한일관계이다. 그런데 문재인 정부에서 한일관계는 크게 악화된 상황이다. 한일간 국력 격차가 빠르게 좁혀지고 있는 추세 속에서 한국의 과거사에 대한 피해의식, 일본의 미래 상황에 대한 피해의식이 서로 충돌하고 있다. 한일 양국 모두 피해의식을 넘어설 필요가 있지만, 해결하기 쉽지 않은 문제이다. 그러므로 한일관계를 다자적 국제관계에서 포용하여 접근하는 것도 하나의 방법이다. 이를 위해서는 환태평양경제동반자협정(CPTPP)을 적극 활용하는 방안을 고려할 수 있다.[142]

한편 남·북·일 삼각대화 채널을 다양한 레벨에서 활성화하는 방안을 추진할 필요가 있다. 동아시아에서의 평화협력, 경제협력에서 일본은 비토 파워를 지니고 있다. 북미 교섭이 진전되지 않은 데에는 일본의 부정적 반응도 주요한 요인 중 하나이다. 일본은 한반도 협력의 진전을 미일관계, 한·미·일 관계의 틀을 이용해 견제하는 입장을 견지하고 있다.[143] 한국은 중장기적으로 한반도 협력의 틀에 일본을 끌어

---

141 유길준은 갑신정변 실패 후 외부와의 연락을 끊은 채 6년간 집필한 『서유견문』에서, 국내적으로 입헌군주제를 주장하는 한편, 국제관계에서는 양절체제(兩截體制)를 논의했다. 당시 청국과는 전통적 조공관계를 유지하면서 서구와 일본에 대해서는 주권국가로서 국교를 수립해야 하는 상황이었다. 유길준은 이러한 상황을 양절체제라 명명했다. 장철균, "인물로 본 한국 외교사 (22) 유길준(兪吉濬): 근대화 개혁의 이론적 토대 마련," 『월간조선』 2016년 7월호.

142 환태평양경제동반자협정(CPTPP)은 일본, 캐나다, 호주, 뉴질랜드, 멕시코, 페루, 칠레, 싱가포르, 베트남, 말레이시아, 브루나이 등 11개국이 참여하여 2018년 말 발효되었다. 영국이 추가로 가입을 신청했고 중국도 가입에 관심을 표명했으며, 미국과 한국은 가입을 검토 중이다. 한국의 가입에 대해서는 호주, 캐나다, 뉴질랜드, 칠레, 싱가포르 등이 지지하는 것으로 알려지고 있다. 악화된 한일관계를 타개하는 차원에서도 일본의 지지를 구하는 노력이 필요하다. 박태호, "CPTPP 가입 신청, 빠를수록 좋다." 『중앙일보』 2012. 4. 16.

들이는 전략이 필요하다. 한국은 북일간 납치문제 해결, 북일 정상회담 성사 등에 꾸준히 협력할 필요가 있다.

6. 신한반도체제의 전략과 정책(2): 경제협력공동체와 경제통합

가. 경제협력에서 경제통합으로 이행하는 단계론

신한반도체제론의 경제협력 논의는 대체로 기능주의 근대경제학 통합이론에 기초하고 있다. "경제협력 → 경제공동체 → 경제통합"의 단계론이나 "공동체 이후 남북연합=평화통일"이라는 논법을 취하고 있다. 여기에서는 남북 국가간 경제협력에 초점을 두고 있는데, 현실적으로 협력에서 공동체 및 통합으로 선형적으로 이행할 가능성은 크지 않은 것이 문제점이다.

경제협력공동체를 논의할 때도 남북연합을 통일 단계에 진입할 때 형성되는 것으로 보고 있다. 장기간의 평화협력 및 경제협력 단계를 거친 이후에 평화협력공동체와 경제협력공동체가 형성되고 이러한 공동체 형성 이후에야 남북한 합의를 통한 국가연합 형성이라는 평화 통일 단계에 진입한다는 것이다. 그리고 평화경제와 남북 경제협력을 경제적 관점에서 중시한다. 평화경제론을 "신한반도체제론의 또 다른 버전"으로 간주하는 한편, 남북한 경제협력은 평화협력과 함께 신한반도

---

143 이종원, "탈냉전의 한국, 신냉전의 일본," 제162차 세교포럼, 2021. 4. 16.

체제의 구축 과정에서 가장 핵심적 과정이라고 논의한다.[144]

그런데 경제협력과 경제공동체를 논의하는 경우에는 신한반도체제론에서 제기했던 체제적 인식이 약화된 형태로 나타난다. 신한반도체제론이 양대 축과 세 가지 차원으로 구성된다고 하지만, 또 다른 한편으로는 여전히 남북 경제협력을 경제적 관점에서 보는 경향이 나타난다. 특히 경제통합의 단계론 논의는 신한반도체제론이 복합적 체제 인식으로 진전하고자 하는 문제의식과는 분리된 형태로 진행되고 있다.

남북 경제협력을 경제통합이라는 최종 단계의 이전 단계에 이루어지는 과정으로 논의하는 것은 전형적인 기능주의적 접근법이다. 경제통합을 경제적 측면에서의 통일로 분리하여 파악할 수 있다는 입장이다. 경제통합에 이르는 과정은 경제협력 단계, 경제공동체 형성 단계, 경제통합 단계로 구분된다. 남북관계의 진전 정도 및 대외 여건 등을 고려하여 단계별 협력 전략을 수립하고 특히 각 단계별로 중점 협력사업과 목표를 설정해야 한다고 주장한다.[145]

이러한 논법은 기본적으로 서구에서 발전되어 온 국가 대 국가의 관점에서의 경제통합론에 입각한 것이다. 이는 평화와 경제의 선순환에 주안점을 둔 신한반도체제론의 문제의식을 적절하게 반영하고 있다고 보기 어렵다. 물론 세계체제론, 분단체제론, 한반도경제론의 전체론적 인식방법과는 더 분명한 차별성이 존재한다.

남북 경제통합 논의에서 경제통합의 단계는 초기 단계와 중장기 단

---

144 이석기·김수정·빙현지, 『신한반도체제 추진 종합연구(3): 신한반도체제의 경제협력공동체 형성』, p. 3.

145 위의 책, pp. 30~37.

계로 구분된다. 그리고 경제통합이론 및 대만과 홍콩의 사례를 들어 경제통합 초기 단계에 CEPA와 유사한 형태의 협정을 체결할 필요가 있다는 주장을 펼친다. 그리고 신한반도체제론에서 논의하는 남북 경제공동체 건설을 위한 가장 첫 단계를 무역자유화를 이루기 위한 과정으로 결합시키고 있다.[146]

그런데 중국-홍콩간 CEPA, 대만-중국간 ECFA는 협력이 제도화에 선행된 사례로 남북협력 과정에 바로 적용하기는 어려운 점이 있다. 중국-홍콩간 CEPA는 2001년에 추진되었는데, 이는 홍콩 반환 이후 중국의 주강삼각주 경제권과 홍콩과의 연계 필요성에서 출발한 것이다. 중국-홍콩간 CEPA는 홍콩이 중국에 흡수되는 과정의 일환으로 볼 수 있다. 대만-중국간 ECFA는 중국의 개혁개방 이후 대만의 대 중국 투자 증대 과정에서 추진된 것이다. 대만-중국간 ECFA가 논의된 2010년은 친중국 성향의 마잉주 후보의 총통 당선을 계기로 양안관계가 급속한 발전을 이루던 시기이다. 그러나 중국의 시진핑 체제가 출범하고 대만에서 민진당이 재집권하면서 대만-중국 양국간 관계는 크게 후퇴한 바 있다.

경제통합의 단계론에서는 중장기 단계에는 자유무역 이후 남북 경제공동체 수립으로 이어진다는 주장을 전개한다. 자유무역을 통해 경제의 긴밀성이 강화되면 남과 북이 공동으로 역외국에 대해 공동관세를 부과하는 관세동맹을 결성하게 된다. 관세동맹 이후에는 공동시장의 형태로 진전하여 공동의 경제정책을 수립하고 시행한다는 것이다. 이것이 남북 경제협력공동체 건설의 중기 목표이다. 공동시장을 형성

---

146 위의 책, p. 32.

한 이후에는 통합 단계를 높여 경제동맹으로 이행하는데, 이를 남북 경제협력공동체가 지향해야 할 장기 목표라고 논의한다.[147]

관세동맹에서 공동시장으로, 그리고 경제공동체로 순차적으로 이행하는 것은 유럽의 사례로부터 구성된 경로이다. 이는 EU의 다수 회원국들로 구성된 통합 과정이라 할 수 있는데, 이는 남북간 공동체 형성보다는 동아시아 공동체 형성의 경로로 참고할 수 있다. 그러나 동아시아와 유럽은 차이도 크다. 우선 국가간 규모의 차이가 크고 내부에 공동체 형성을 주도할 능력이 있는 주도 국가 그룹이 형성되어 있지 않다.

2000년대의 10년 동안은 남북 경제통합에 관한 논의에서는 점진주의 접근이 확대되는 시기였다. 이 때문에 당시의 한반도경제론 역시 점진주의 관점에서 남북 경제통합과 북한의 개혁·개방이 연계해서 진행되어야 한다는 점, 또한 통합과 개혁·개방 과정이 북한, 남한, 남북한관계, 국제사회의 네 차원에서 다시 연계되어야 한다는 점을 주장한 바 있다.[148]

그러나 2010년대의 세계체제 조건은 이전과 많이 달라졌다. 그리하여 한반도경제론에서는 2010년대 이후를 뉴노멀시대로 규정하는데 이는 그 이전 시대와는 다른 방식으로 체제가 작동한다는 것을 의미한다. 즉 세계체제-분단체제-국내체제가 한 덩어리의 체제로 작동하는 가운데, 미중 경쟁과 글로벌 산업체제 변동 속에서 남북한 국가간 차원에서 통합과 개혁·개방의 연계가 전면적으로 진행되기 어려워

---

147   위의 책, p. 34.
148   이일영, 『새로운 진보의 대안, 한반도경제』(서울: 창비, 2009).

진 조건이 만들어졌다고 본다. 남북한 사이에 국가간 경제통합 전략을 추구하기보다는 글로벌 지역 차원에서 남북을 연결하는 네트워크 전략을 모색할 것을 주장한다.[149]

나. 경제협력공동체의 중요한 역할

경제통합 논의에서는 신한반도체제는 경제공동체가 아닌 경제협력 공동체를 상정한다는 주장을 전개한다. 이는 중장기적 목표인 경제공동체, 경제통합체의 기반 조성을 위한 경제협력을 보다 강조하는 것이라 할 수 있다.[150]

이때 경제협력은 다음과 같은 원칙에 따라 추진해야 한다고 한다. 첫째, 전면적인 경제협력을 통하여 경제공동체 형성 기반을 구축할 것, 둘째, 시장질서에 기반한 남북경협의 확대를 추구할 것, 셋째, 북한의 적극적인 참여와 북한 정부의 주도성을 확보하면서 경제협력 사업을 추진하고 북한 정부가 물적 투자를 비롯한 주도적 역할을 수행하게 할 것, 넷째, 남북한의 역할과 이익의 균형을 추구할 것 등이다.[151]

그러나 이 논의의 결정적 문제는 경제협력의 출발점을 어떻게 설정할 것인가가 제시되지 않고 있다는 점이다. 남북간에 전면적인 경제협력과 시장관계의 형성이 경제 분야 내부에서 시작되기 어렵다는 것이

---

149 이일영, 『뉴노멀 시대의 한반도경제』(서울: 창비, 2019).

150 이석기·김수정·빙현지, 『신한반도체제 추진 종합연구(3): 신한반도체제의 경제협력공동체 형성』, p. 46.

151 위의 책, pp. 49~51.

신한반도체제론이 등장한 기본 문제의식이기도 하다.

출발점을 설정하는 것이 어렵기 때문에 신중한 접근방법은 취하고 있기는 하다. 경제공동체가 형성되는 단계에 도달하기까지는 상당한 기간의 경제협력 단계를 설정한다. 경제협력 단계에는 남북 간 경제제도의 차이가 존재하는 상황에서 시장통합을 진전시키는 것으로 본다. 북한의 경제제도 변화가 쉽지 않을 것이므로, 남북한 시장의 통합이 시장별로 다르게 진전될 수밖에 없다는 점을 지적한다.[152]

그런데 이러한 경제협력 논의에서는, 협력 이후의 단계에서는 혼란된 인식을 보여준다. 경제공동체=국가연합이 조응하는 것으로 간주하기도 하는데, 신한반도체제론의 또 다른 논의에서는 통일=국가연합으로 보기도 한다. 그런데 경제협력이 선행한 이후 단계에 국가연합 거버넌스가 성립한다는 논리는 평화협력 우선 출발의 논리와 배치된다. 낮은 수준에서 이루어지는 국가연합 형태를 고려할 수 있다면, 국가연합은 경제협력과 병행하거나 선행할 수 있다. 그리고 현재 동아시아의 경제 네트워크는 북한을 빼고는 매우 조밀한 편이다. 따라서 북한의 시장체제로의 이행 및 연결은 시장별로 다양하게 나타날 것이므로 반드시 남북한 연결이나 통합을 선차적·우선적인 경로로 사고할 필요는 없다.

경제통합 논의에서는 초기의 협력을 과거 개성공단이나 금강산 관광과 같은 형태로 간주한다. 그리고 공동체의 형성을 지향한다면 남북한 정부의 제도적 합의만이 아니라 두 경제가 실질적으로 연계될 수 있는 방향으로 기능적 협력을 지향해야 한다고 주장한다. 초기 단계에

152 위의 책, pp. 55~57.

서는 CEPA와 같은 협정을 체결하고 부문별 무역 자유화로부터 전면적 무역 자유화로 이행하는 과정을 거치는 것으로 본다. 그리고 중장기적으로는 공동시장을 실현해 나가야 하며, 더 나아가 경제동맹, 완전한 경제통합을 이뤄야 한다는 것이다.

이러한 논의는 2000년대의 10년 동안 통합 논의의 가능성이 열린 상황을 감안한 것이다. 이 시기에는 미중 협력 구도 속에서 북한의 일부 경제 기능을 한국과 연결하는 공간이 만들어질 수 있었다. 그러나 2010년대 이후 미중 갈등, 북핵 위기가 진전되면서 남북한 간의 경제협력이 기능적으로 진행되기 어려워졌다. 이러한 조건 속에서 신한반도체제론이 등장한 것이다. 다만 신한반도체제론에 내재된 국가 단위의 사고, 면 대 면 전면적 협력 시도가 실현되기 어려운 제약조건의 장벽이 점점 더 높아지고 있다. 이 때문에 한반도경제론에서는 여러 점들을 연결하는 네트워크 전략을 구상하게 되었다.

신한반도체제 초기 형성의 단계에서 유럽의 탈냉전 및 통합 운동의 모태로서 유럽석탄철강공동체(ECSC)를 초기 평화의 제도화, 경제협력의 증진을 위한 모델로 상정한 것은 의미가 있다.[153] 신한반도체제로의 입구를 형성하는 전략으로 경제통합 단계론에 입각한 기능적 협력을 추구하는 것보다는 가능한 범위 안에서 초국가주의적 네트워크 모델을 구상해볼 필요가 있다.[154]

---

153 조한범 외,『신한반도체제 추진 종합연구(1): 신한반도체제의 개념과 추진전략』, p. 32.

154 일례로 평창올림픽을 계기로 한 '임시 평화체제' 모델을 되돌아볼 필요가 있다(구갑우, "평창 임시 평화체제에서 판문점 선언으로"). 이는 남북한 및 세계 각국이 참여하는 체육행사를 매개로 하여 약 1년간 작동된 정치군사적 협력 네트워크라 할 수 있다.

7. 신한반도체제와 생태적 전환

가. 신한반도체제론의 생태주의 인식

신한반도체제론의 맹점은 '한반도 신경제 구상'에서 보는 바와 같은 발전주의 지향성이 지나치게 강하다는 점이다. 그러나 이러한 맹점을 보완할 수 있는 단초를 내부에 지니고 있기도 하다. 평화경제 개념을 확장하면, 이를 인권, 사회정의, 환경, 불평등 문제와 연결해볼 수 있다. 이미 평화경제는 전쟁과 폭력이 없는 상태를 넘어 인권과 사회정의가 실현되는 정책의 구현을 통해 완성된다는 개념으로 정의된 바 있다. 신한반도체제는 사람 중심의 번영을 추구하는데, 물질적 번영을 넘어 '삶의 질'의 향상을 목표로 한다고 주장하기도 한다.[155]

현재 한국 정부 정책 중에서 기후위기에 대한 문제의식을 적극적으로 반영하고 있는 사례는 많지 않다. 특히 남북협력 관련 정책은 북한의 발전주의적 요구를 전제하고 있는 경우가 대부분이다. 이에 비해 신한반도체제론은 생태주의 시각을 내포할 수 있는 가능성을 포함하고 있다고 할 수 있다. 환경 이슈는 경제협력보다는 평화협력 의제와 연결하여 수용될 수 있다.

생태주의 관점에서는 남북협력에서의 발전주의 시각에 대해 비판적 입장을 취하고 있다.[156] 그러나 한국의 생태주의 진영의 한반도 문

---

155 위의 책, p. 23, p. 76.

156 예를 들면, 기후위기를 주제로 한 다음 좌담을 참고, 강경석·김선철·정건화·채효정, "기후위기와 체제전환", 『창작과비평』, 2020년 겨울호. 여기서는 남북관계 개선의 부정적 효과에 대해 다음과 같은 우려가 나오고 있다. "한국형 그린뉴딜을 지금

제에 대한 인식과 실천의 수준도 높지 않은 편이다. 북한의 생태적 현실을 다소 낭만적으로 인식하는 경향이 있다. 북한의 유기농업에 대해 높은 평가를 하는 것이다. 북한이 지니고 있는 낙후성에서 오는 일부 장점을 과대평가하는 경향이 있다.[157]

북한의 결핍 상태가 생태적으로 양호한 상태를 만들었다는 인식은 구체적 검토가 필요하다. 일반적으로 저개발 및 궁핍 상태에서 생태적 약탈 정도가 심하게 나타나는 경향이 있다. 분단체제 극복의 과제와 생태주의 대안은 아직 구체적이고 현실적인 접점을 찾는 단계로까지는 진전되지 못하고 있다.[158]

생태주의적 지구법 인식을 한반도경제와 연결해보는 것은 향후 좀 더 구체적인 검토와 보완을 통해 진전시킬 필요가 있다. 생태주의 입

의 한반도 차원으로 확대 적용한다면 일종의 식민화 프로젝트가 될 가능성이 높습니다. 가령 지금 산지나 농지에 태양광 발전단지가 들어서며 여러 문제가 발생하는데, 만약 남북관계가 개선되면 이러한 '민원유발형 사업'이 북한에서 진행되리라고 충분히 예상 가능합니다."(채효정의 발언) "국회에 '비무장지대(DMZ) 그린뉴딜공원 남북경협 패러다임'이라는 모임이 있었어요. 거기서 DMZ에 태양광 신기술을 적용해 북한 4400여개 농장에 전기를 공급해주자는 이야기도 나왔습니다."(김선철의 발언)

157 예를 들면 위의 좌담에서의 다음과 같은 발언이 있다. "북한은 비료·농기계·전력 부족으로 어쩔 수 없이 유기농법을 유지하고 있다고 합니다. 그러한 경험을 들여다보면 배울 것이 있지 않을까요."(채효정) "자연 생태계 안에서 철학적·과학적 인식을 결합해낸 답을 북한에서 찾아내고 이것을 새롭게 언어화해서 제시할 필요가 있을 것 같습니다.… 북한이 보존하고 있는 지금의 유기농업도 이런 방식으로 새롭게 소개될 수 있겠다는 생각도 해봅니다."(정건화)

158 한국의 생태주의 담론이 아직은 노동 및 산업 문제와 구체적으로 연결되지 못하고 있는 상황이다. 서구에서는 공정한 전환(정의로운 전환) 담론은 1990년대 노동계 담론으로 처음 등장한 이래 현재에 이르기까지 지역적·계파적으로 끊임없이 확장되고 있다. 한빛나라, "에너지 전환에서의 '공정한 전환'에 관한 글로벌 담론의 동향," 『동향과 전망』 111호(2021).

장에서는 "어느 쪽에도 속하지 않는 한반도의 허리 지역을 지구법적인 관념을 적용해 남도 북도 아닌 평화의 공간, 자연생태계 보존 공간으로 두는 것도 좋겠다"는 제안이 나오기도 한다.[159] 이러한 지구법의 문제 의식은 참고할 대목이 있으나, 분단체제 상황 때문에 지구법적 관념이 한반도에서 실현되기 어렵게 만드는 현실적 맥락도 고려해야 한다.

한반도의 허리 공간 전체를 자연생태계로 비워둔다는 것은 추상적이지만 근본적인 문제 제기이다. DMZ에 대한 그린 데탕트를 지구법적 사고로 접근할 것인지, 분단체제 극복이라는 차원에서 접근할 것인지, 양자를 어떻게 결합할 수 있을지 계속 논의할 필요가 있다. 구체적 현실에서는 DMZ 지역만 하더라도 한강 하구 일대와 상류 지역은 다른 방식으로 접근할 수밖에 없을 것으로 본다.

나. 한반도 평화생태 도시네트워크에 대한 구상

신한반도체제론 안에 생태주의 대안을 통합하여 작동하게 하려면 생태적 도시 프로젝트에서 시작하는 것이 실현 가능성이 높다고 여겨진다. 마이클 데이비스(2021)는 생태적 전환에서 도시화가 가장 중요한 해결책이라는 역설을 강조한 바 있다. 새로운 노아의 방주는 절박한 인류가 가까이에서 구할 수 있는 재료들로 지어져야 한다는 것을 주장하는 것이다. 규모가 큰 거대 도시의 광범한 수평적 팽창으로부터 녹지와 자연생태계 보존, 운송과 주택 건설에서의 규모의 경제, 사적 소비를 공공재로 대체하는 제안을 현실적인 대안으로 검토하자는 것

---

159 『창작과비평』 190호 좌담에서의 정건화의 발언.

이다.[160] 한반도경제 차원에서도 이러한 생태도시 네트워크 방안을 새롭게 구상할 필요가 있다.

현재의 미국과 UN 차원의 대북 제재는 북핵 문제가 전개되는 동안 형성된 국가간 관계이자 국제법 체제이다. 제재 완화와 북핵 문제의 해법은 미국을 중심으로 한 주요 국가간 교섭에 의해 단계적·장기적으로 이루어지는 과정이 될 가능성이 높다. 이러한 과정과 별도의 트랙에서 평화협력과 생태경제를 함께 추구하는 도시 프로젝트를 추진하는 노력을 시도해볼 수 있다.

생태적 전환의 관점에서도 DMZ는 중요한 실험의 장으로 주목받고 있다. 이곳을 세계체제와 분단체제를 돌파하는 세계적인 실험의 장으로 만들 수 있다. 우선 한강 하구와 원산은 평화생태도시 후보지가 될 수 있는 곳이다. 원산은 북한이 바다와 내륙을 연결하면서 동해안 세계도시 네트워크를 형성하는 거점으로서의 잠재력이 있는 곳이다. 북한 입장에서 당장은 발전주의적 접근에 주력할 가능성이 높다. 그러나 또 다른 대안으로 원산을 글로벌 협력과 지원을 통해 생태적 전환을 실험하는 세계도시로 부각시키는 방안을 구상해볼 수 있다. 한강·임진강 수변지역은 세계적인 철새 이동경로의 습지 지대로 수변의 공유지를 이용한 생태적 커먼즈 도시 건설을 구상해볼 수 있다.[161]

---

160 마이크 데이비스는 급진적 발언도 이어가고 있다. 명쾌하게 유토피아적 사고로 돌아가는 것, 현재를 속박하는 정치경제적 가정들과 단절할 것, 기후위기에 대한 "불가능한" 해결책을 찾기 위해 투쟁해야 한다는 것, "현실주의자"의 견해와 결별하자는 것 등을 주장하기도 한다. 이는 근본적 해결책을 강조하는 문학적 메타포어라고 할 수 있다. 마이크 데이비스, "누가 방주를 지을 것인가?", 『인류세 시대의 맑스』(서울: 창비, 2020).

161 커먼즈 도시 논의는 이일영, 『뉴노멀 시대의 한반도경제』(서울: 창비, 2019)의 제11

원산과 한강 하구 사이의 중간 지대는 도시-농촌-자연의 복합지역으로 연결할 수 있을 것이다. 이러한 연결을 구상한 사례로 고(故) 김석철의 남북한 대운하 논의가 있다. 북한 원산에서 추가령구조곡을 따라 한강 상류와 연결하여 동해-추가령구조곡-임진강-한강을 잇는 물길을 조성하자는 것이다. 전력 생산만 하고 내버리는 금강산댐의 물을 끌어들여 운하와 수변 도시를 창출하고 관리하자는 것이다. 백두대간에서 오는 물을 북한의 금강산댐이 막고 있는데, 이를 수로를 통해 흐르게 하여 수도권으로 가져오는 것은 실현 가능성이 있는 논의이다.[162]

비무장지대 자체는 용암 대지를 비롯한 추가령구조곡의 지형을 어느 정도 유지시켜 주고 있을 것이다. 추가령구조곡 지역은 원지형을 보존하면서 군사적 긴장을 완화하고, 아울러 세계적인 수변 복합 도시 네트워크를 창출하는 방안을 추구할 수 있다.[163] 이렇게 하면 비무장지대는 갈등과 은둔의 봉쇄구역에서 글로벌 평화생태 지역으로 전환될 수 있다. 서울-추가령구조곡-원산의 한반도 허리 지역이 도시-농촌-자연이 어우러진 평화생태 지역으로 전환되면서 해양과 대륙으로 연결될 수 있다.

장을 참조.

162 권태선, "김석철의 '남북한 대운하' 구상", 『한겨레』, 2007. 9. 19; "도시설계가 김석철 교수가 제안하는 '한반도 개조론'", 『중앙일보』, 2011. 7. 23.

163 이민부·이광률. "추가령구조곡의 지역지형 연구", 『대한지리학회지』 51권 4호(2016).

8. 요약 및 결론

신한반도체제론은 문재인 정부에서 내놓은 포괄적인 범위의 국가 전략 또는 국가 비전이다. 대통령이 먼저 메시지를 발신하면 정부 관련 기관들에서 내용을 채워가는 톱다운 방식으로 담론을 형성했다. 이상에서는 이들 메시지와 텍스트를 기초로 신한반도체제론의 구성요소를 도출하고 이를 한반도경제론의 관점에서 검토·비평하였다. 이상에서 논의한 주요 내용은 〈표 2〉와 같다.

〈표 2〉 신한반도체제론과 한반도경제론의 비교

구 분	신한반도체제론	한반도경제론
주요 구성요소	• 평화협력과 경제협력의 양대 축 • 국내·남북·동북아의 3대 차원 • 체제 형성의 출발점은 평화협력과 남북관계 차원 • 국가를 단위로 한 능동성 강조	• 세계체제-분단체제-국내체제가 결합된 한 덩어리의 체제 • 네트워크 형성을 체제를 변화시키는 핵심적 과정으로 인식 • 국가·비국가의 다양한 주체 강조
이행경로	• '분단체제 → 신한반도체제 → 남북연합'으로의 단계적 이행	• 분단체제에서 남북 네트워크 (또는 연합)로의 연속적 이행
공간전략	• 발전주의적 남북경협의 확대 • 신남방·신북방정책 병행, 북방경제 중요성 강조 • 대륙과 대양을 잇는 가교국가 역할	• 다양한 글로벌 주체를 연결하는 지역 형성 • 한반도-일본-동남아-몽골을 연결하는 네트워크 형성 • 허브 국가 아닌 네트워크 국가 지향
경제통합	• 국민경제 중심의 기능주의적 통합이론의 관점 • '경제협력 → 경제공동체 → 경제통합=평화통일'의 선형적 이행 • 국가 단위의 면 대 면 협력 추진	• 세계체제와 네트워크론에 입각한 체제 인식 • 네트워크 확대를 통한 비선형적 이행 • 여러 점을 연결하는 네트워크 전략 추진

구 분	신한반도체제론	한반도경제론
생태적 관점과의 관계	• '한반도신경제구상'의 발전주의 지향성 • 평화경제에 생태적 관점이 결합될 가능성 존재	• 생태적 도시 프로젝트 실험 중시 • 비무장지대의 글로벌 평화생태 지역화 구상

출처: 필자 작성

신한반도체제론을 구성하는 핵심 요소는 평화협력공동체와 경제협력공동체의 양대 축이다. 양대 축의 형성은 국내, 남북관계, 동북아의 세 개 차원에서 추진되어야 한다. 공동체 형성을 위해 능동적으로 행동하는 주체는 주로 국가 단위이다. 기계장치와 같은 협력공동체의 가동을 위한 선순환의 출발점은 평화협력이며, 여기에서 남북관계 차원이 핵심 역할을 한다. 한편 한반도경제론에서는 양대 축이 한 덩어리의 세계체제-분단체제-국내체제에 결합되어 있다고 본다. 세 개 차원이 분리되어 있지 않기 때문에 국면과 상황에 따라 네트워크를 확장할 수 있는 프로젝트를 선별하고 추진하는 유연성이 중요하다. 국가·비국가의 다양한 주체가 관여하는 지역 네트워크 형성이 체제를 변화시키는 핵심적 과정이다.

신한반도체제론에서는 남북연합과 분단체제를 단계론으로 인식하고 있다. 대체로 남북연합 이전 단계를 신한반도체제 단계로 규정하고 있다. 장기간의 협력 단계를 거친 이후에 공동체가 형성되고 그 이후 남북 합의를 통해 국가연합이라는 평화통일 단계에 진입한다고 본다. 또 분단체제 개념을 신한반도체제가 극복해야 할 대상으로 인식하면서 신한반도체제의 양대 축 형성이 분단체제의 해소를 가져온다고 본다. 한편 한반도경제론에서는 남북 네트워크로의 연속적 이행과정을 상정하고 있다. 한반도 분단체제는 양 진영으로 갈라진 세계체제 속에서 형성되었으며, 이 속에서 국가 주도의 불균형 발전이 이루어졌다. 글로벌 지역주의에 입각한 네트워크 확대에 의해 남북연합과 동아시아 협력이 분단체제 이완과 중첩되면서 진행된다.

신한반도체제론에는 국가 중심적 관점, 한국 중심적 관점, 국가 능동성을 강조하는 관점이 포함되어 있다. 김대중 정부 이래의 전통적인 남북경협론의 연장선에서 발전주의적 남북경협론을 주장한다. 남북협력을 중심에 놓으면서 신남방정책과 신북방정책을 통해 동아시아 경제협력에서 가교국가 역할을 수행하고자 한다. 평화경제의 공간적 영역을 확대하기 위해 북방협력을 적극적으로 강조한다. 한반도경제론은 종래의 남북간 경협의 틀에서 나아가 다양한 글로벌 주체가 연결되는 글로벌 지역을 형성하는 데 중점을 둔다. 실행 가능성을 높이기 위해 방향을 선택하고 자원을 집중해야 하며, 대륙과 대양을 연계하는 허브 국가에 집착할 필요가 없다. 미중 갈등 구도를 견뎌내면서 한반도-일본-동남아를 잇는 삼각 네트워크를 만드는 것을 기본 전략으로 삼아야 한다고 제안한다.

신한반도체제론의 경제협력 논의는 기능주의 근대경제학 통합이론에 입각한 '경제협력 → 경제공동체 → 경제통합=평화통일'의 단계론을 취하고 있다. 그리고 이러한 단계적 발전의 출발점으로서의 남북 국가간 경제협력을 강조한다. 초기 단계에는 남북간 무역협정을 체결하고 무역 자유화로 이행하는 과정을 거치도록 한다. 중장기적으로는 공동시장을 실현해 나가야 하며, 더 나아가 경제동맹, 완전한 경제통합을 이뤄야 한다고 주장한다. 한반도경제론에서는 2010년대의 세계체제 변화로 인하여 협력에서 공동체 및 통합으로 선형적으로 이행할 가능성은 크지 않다. 남북 국가간 차원의 통합과 개혁·개방의 연계, 국가 단위의 면 대 면 전면적 협력을 추진하기 어려운 조건에서는 글로벌 지역 차원에서 남북을 잇는 여러 점들을 연결하는 네트워크 전략이 현실적이라고 인식한다.

신한반도체제론의 약점은 발전주의 지향성이 지나치게 강하다는 점이다. 그러나 평화경제 개념은 생태적 전환 프로젝트로 연결될 수 있는 단초를 지니고 있다. 기존의 생태주의 관점에서는 남북협력에서의 발전주의 시각에 대해 비판적이지만, 한반도 차원의 평화와 경제에 대한 인식과 실천의 수준은 높지 않은 편이다. 신한반도체제론과 한반도경제론의 관점에 생태적 전환의 문제의식을 수용한다면 담론의 수준을 한층 제고할 수 있다. 신한반도체제론에 생태주의 대안을 통합한 실험으로 한반도 군사분계선의 비무장지대를 글로벌 평화생태 지역으로 전환하는 프로젝트를 구상해볼 수 있다.

제4장 지속가능한 한반도:
스마트 생태도시 네트워크

1. 들어가는 말

현재 한반도가 맞닥뜨리고 있는 의제는 대체로 세 가지로 요약된다. 기후위기에 따른 문화 변동, 코로나19 팬데믹 이후 사회 변동, 그리고 한반도 평화이다.

2021년 7월 14일~15일 독일 서부와 벨기에·네덜란드 접경 지역에 폭우와 홍수가 발생하여 평화로운 마을과 아름다운 풍경이 진흙탕으로 덮이는 놀라운 뉴스가 전해졌다. 독일에서만 100명이 넘게 사망하고 1300여 명이 실종되었다고 전하면서 독일 재건에만 수십억 유로가 필요할 것이라고 전했다.[164] 그런가 하면 북미 서부지역은 6월 중순부터 연일 열돔현상(Heat dome)이 폭염으로 이어지면서 수백여 명이 사망하고 산불이 빈번하게 발생하여 인명과 재산상의 손실이 불어나고 있다. 전문가들은 이러한 현상을 극단적 기후변화 현상으로 진단하고 "우리는 이미 기후변화 한가운데 있다"고 경고하면서 뉴노멀의 도

---

164 [출처: 중앙일보] [이 시각] 우주에서도 아름다운 전원마을이 사라졌다…獨 참상 위성사진.

래와 생태 복원을 서두를 것을 호소했다.

2021년 출범한 신기후체제, 파리협정은 산업화 이전 대비 지구 기온의 상승폭을 1.5℃ 이하로 제한하는 노력을 추구하여 국가 자발적 감축기여(Intended Nationally Determined Contributions: INDCs) 제출을 의무화하였다. 유럽연합(EU) 집행위원회는 2030년까지의 온실가스 감축 목표치를 1990년 대비 40%에서 55%로 상향 조정할 만큼 기후위기 내용에 고심하고 있다.[165] 2020년 12월 19일 미국 바이든 대통령은 내무장관, 에너지장관, 환경보호청장, 환경품질위원장을 '기후팀(climate team)'으로 발표하였다.[166] 미국의 토지이용, 에너지 전환, 환경경제 정책을 즉각적이고 실용적으로 전환하겠다는 선언이다. 기후특사로 지명된 존 케리(John F. Kerry)는 "기후전쟁에서 EU와 더 강력한 협력이 필요하며 지금이 행동할 순간"이라고 기후경제 전환을 촉구하였다.[167]

2020년 초 코로나19가 가져온 갑작스럽고 충격적인 일상의 변화는 개인의 삶은 물론 사회·경제·정치와 관련된 정책 변화를 반강제시켰다. 코로나19는 선진 국가 내부의 질서와 안전망이 생각처럼 견고하지 않을 수 있다는 데이터를 보여주었다. WHO 코로나바이러스 상황판에서는 미국, 영국, 프랑스와 독일 등 서구 선진국의 확진자 수

---

165 https://ec.europa.eu/clima/policies/eu-climate-action/2030_ctp_en (검색일: 2021. 3. 30.).

166 https://www.nytimes.com/2020/12/19/climate/biden-climate-team.html (검색일: 2021. 3. 30.).

167 https://www.euronews.com/2021/03/09/kerry-calls-for-enhanced-cooperation-on-climate-between-eu-and-us (검색일: 2021. 3. 30.).

와 사망자 수 증가를 확인할 수 있다.[168] 서구 선진국과 달리 중국, 호주와 뉴질랜드 등은 상대적으로 감염자 수가 적다. 중국은 확진자가 발생한 도시를 강력히 통제하여 전파를 차단하고 북한은 여전히 공식 감염자 수 '0'을 자랑한다. 전문가들은 이러한 현상을 유교사회의 전통이나 효과적인 통제 때문으로 해석한다. 이에 새로운 공산주의 혹은 공동체주의 출현을 주장하거나 도시 내 '자급자족'을 강조하는 중세 '성벽도시'로의 회귀를 염려하는 시나리오도 있다.[169]

한국은 코로나19 위기를 'K-방역 모델'을 만드는 기회로 바꾸어놓았다. 발생 초기 국경 봉쇄나 록다운 없이 OECD 37개국 중 세 번째로 낮게 유행을 억제하였다.[170] 'K-방역' 모델은 투명성, 열린 소통, 민관협력과 더불어 공공의료 시스템, 스마트 기기 보급과 데이터 기반 정보의 수집·가공 및 분석 능력 덕분이라고 말한다.

2020년 기후위기에 엎친 데 덮친 코로나19는 사회의 물리적 시스템 변화와 개인의 정서적 변화를 되짚어보는 계기가 되었다. 대면 접촉이 줄어들고 비대면 경제, 문화, 레저 활동이 증가하였다. IT 기반 전환 사회가 급속히 진행되었고 이미 4차 산업혁명 시대에 살게 되었다. 그렇다고 디지털 전환이 마냥 경이롭기만 한 것은 아니었다. 랜선 어

---

168 "WHO Coronavirus (COVID-19) Dashboard", https://covid19.who.int/ (검색일: 2021. 3. 30.).

169 문정인, 『문정인의 미래 시나리오 : 코로나19, 미중 신냉전, 한국의 선택』(서울: 청림, 2021)은 포스트코로나 시대의 세계질서로 5가지 시나리오를 가정하고 시나리오에 따른 한국의 대응 방안을 제시하였다.

170 https://www.gov.kr/portal/ntnadmNews/2154087 (검색일: 2021. 3. 30.). K방역은 2020년 10월 최종국제표준안전으로 통과하였고, 2020년 12월에는 국제표준화기구에서 감염병 진단검사기법 국제표준으로 제정되었다.

업과 랜선 농업이 인간의 배고픔을 해결하지는 못하고 랜선 나무, 랜선 데이트가 인간 내면의 정서를 안정시킬 수는 없었다. '코로나 블루' 위에 '디지털 블루'가 겹쳐졌을 때 사람들은 도시공원과 자연공원, 캠핑장과 산골에 모여들었다. 첨단 인프라와 디지털 기술이 생활 속으로 침투할수록 우리가 살아갈 도시 공간은 삶의 정서와 어메니티(amenity)를 제공해주는 자연 기반 전환이 중요하다는 경험을 일깨워주었다.[171] IT기술과 교통 인프라를 바탕으로 일상의 문화는 점점 대면 접촉을 적게 하는 소규모, 저밀도, 에코형 라이프스타일이 자리잡아 가고 있다.

기후위기와 코로나19 팬데믹이 촉발한 사회문화 변동은 남북을 포함한 한반도와 지구촌이 똑같이 겪고 있다. 마침 파리협정은 교토의정서 체제와 달리 모든 당사국의 자발적 참여와 지속가능발전목표(SDGs)를 통해 사회공동체 회복과 글로벌 생태계 복원을 내세운다. 변화에 대한 '적응'의 문제를 해결하기 위해 정부, 기업, 지역 이해당사자 등 사회공동체의 참여를 강조한다. 반면 한반도 평화는 우리 스스로 국제사회에 관심과 지지를 유도하는 구심력을 끊임없이 제공해야 수렴되는 문제이다. 한반도 평화는 전적으로 한국이 문제이다. 그렇다면 기후위기와 팬데믹 이후 문화 변동을 한국이 국제사회에 제안하여 한반도 평화·번영의 해법을 추동할 수는 없을까?

2018년 세 번의 남북 정상회담과 후속 실무회담에도 불구하고 남

---

171 K.E.Y. PLATFORM 2020 특별 세션 한반도 인프라의 미래 국제토론회 중 "스마트시티와 디지털 경제의 디지털 트랜스포메이션 효과-언택을 넘어 스마트 컨택으로-의 토론문 "첨단 인프라와 삶의 질의 조화" 내용을 정리하여 재구성함.

북은 현재 상호작용의 작은 돌파구라도 찾아야 할 처지에 있다. 남북 관계 발전의 상징인 인도개발협력 사업은 한반도 비핵화와 종속관계에 놓이는 한계를 넘지 못했다. 이를 반추해 보면 한반도 평화·번영 정책은 비핵화 과정의 멀고 험난한 '큰 평화'와 일상의 작고 '소소한 평화'를 분리하거나 종속시키지 않는 방법을 고민하게 한다. 남북 및 국제사회가 공유하고 있는 의제의 해결방안을 모색해 같은 방향을 향해 가는 동행의 실마리를 찾아야 한다. 그러나 그것이 개념이나 문헌 속에 머물러서는 현실을 타개할 수 없다. 한반도 평화·발전 전략사업이 국제협력의 구심력으로 작동할 수 있도록 문화변동 트렌드와 경제발전을 유도하는 현실적 연대의 공간으로 표출되어야 한다.

신통일론 하의 지속가능한 한반도는 평화·번영의 구심력을 추동하는 협력 사업을 발굴하는 데 주안점을 두고 진행한다. 이 글은 기후위기와 코로나19 팬데믹에 대응하는 국제사회의 변화와 적응 노력을 살펴볼 예정이다. 유엔과 EU 및 남북의 현황 이해를 통해 시사점과 전망을 도출하고 새로운 개발협력 사업을 구상하여 남북·국제사회에 제안하기 위함이다. 지속가능한 한반도 평화·번영 사업은 남북이 글로벌 평화·번영 네트워크의 일원이 될 수 있도록 몇 가지 원칙을 세웠다.

첫째, 선행연구의 지속가능성과 지속가능한 발전 과제를 비판적으로 고찰한다. 시민사회에 남북과 관련하여 널리 퍼져있는 개념을 발전시키기 위함이다.

둘째, 협력 사업의 발굴은 북한의 생태계 특성과 인프라 수용성을 고려한다. 북한의 법제도와 정책 현안을 통해 남북의 공유 요인과 범위를 한정하기 위함이다.

셋째, 기후위기와 코로나19 팬데믹 이후 남북 및 국제적 해법을 반영한다. 기후위기와 코로나19 팬데믹은 남북 및 국제사회가 똑같이 대응하는 문제이기 때문이다.

넷째, 지속가능한 한반도 평화·번영 사업은 남북 양자를 넘어 다자 협력이 가능하고 사람이 모이고 인프라가 집결되는 현실적 공간에 실현되도록 한다.

2. 지속가능한 한반도 평화 발전 의제

가. 유엔 지속가능발전목표와 인도개발협력

1) 유엔 지속가능발전목표(SDGs)

지속가능발전목표는 환경에 악영향을 최소화하자는 개념인 지속가능한개발(Environmentally Sound and Sustainable Development: ESSD)로부터 발전하였다. 1992년 브라질 리우-데자네이로(Rio de Janeiro)에서 열린 유엔환경개발회의(UN Conference on Environment and Development)에서 채택된 리우 선언은 1987년 유엔보고서 〈우리 공동의 미래(Our Common Future)〉에 제안된 브룬트란트(Brundtland)의 '지속가능한 개발' 즉 "미래세대가 그들의 필요를 충족시킬 능력을 저해하지 않으면서 현 세대의 필요를 충족시키는 것"을 근간으로 한다.

유엔은 2000년 새천년개발목표(Millennium Development Goals: MDGs)를 도입하여 ESSD의 개념을 인도개발지원에 적용하였다. 유엔총회에서 189개국이 채택한 새천년개발목표는 극심한 빈곤 및 기아, 교육, 보건, 환경, 개발의 협력을 포괄하는 8가지 목표와 60여 개의 세부 목표를 평가하고 목표 달성 기한을 구체화 하였지만 수원국의 취약성 개선에 대한 비판을 받아왔다. 이에 대안 모색이 필요했던 유엔은 2015년 MDGs를 발전시킨 지속가능발전목표(Sustainable Development Goals: SDGs)를 채택하였다. 17개 목표와 169개의 세부 목표로 구성된 UNSDGs는 2015년 '지속가능발전을 위한 2030 의제'와 기후변화협약 제21차 당사국총회의 '파리협정(Paris Agreement)'을 채택하여 유엔 의제와 지역단위 의제의 효과적 이행을 추구하였다.

2020년 말 발간된 〈지속가능 발전목표 2020 보고서(The Sustainable Development Goals Report 2020)〉는 순식간에 전 세계로 확산된 코로나19의 영향으로 국제 개발협력의 목표 달성이 전반적으로 저하되었고 유엔은 심각한 식량 불안, 실직, 취약한 의료 시스템, 불충분한 기본 서비스 및 낮은 사회보장 시스템으로 인한 모든 외부 충격에 대응책 마련을 고심하고 있다고 밝혔다.[172]

한반도 지속가능발전목표(K-SDGs)는 유엔 지속가능발전목표(UNSDGs) 의제와 맞물려 있다. 한국은 국내 및 역내 환경문제 해결, 특히 동아시아 국가 간 환경협력을 강화하였다. 〈국제개발협력종합시행계획〉에는 동남아, 동북아 및 중앙아시아 지역의 저개발 국가를 대상으로 한 공적개발원조계획을 담고 있다. 환경 분야는 주로 쓰레기 문제 공동 대응, 자연재해 및 기후변화 취약 지역에 대한 재난 대응과 회복 탄력성(Resilience) 향상을 위한 사업들을 추진한다. 동북아 및 중앙아시아 의제는 대체로 기후변화 대응 회복 탄력성 증진을 위한 개발협

---

172 UN, *Sustainable Development Goals Report 2020*(New York: United Nations Publications, 2020).

력 사업과 맞물려 있다.

2021년 6월 발행된 〈북한 지속가능발전을 위한 2030 의제 이행에 관한 국가 자발적 검토(Voluntary National Reviews: VNR)[173]는 북한이 2015년부터 2020년까지 UNSDGs와 국가개발계획 및 정책을 일체화 시키려는 노력과 더불어 국제표준에 대응하려는 자세를 보여준다. 북한 정부는 〈사회주의 강국을 위한 국가건설 5개년전략(2016-2020)〉, 2018년 4월 김정은 국무위원장이 주도한 〈경제건설집중전략〉 등 국가의 특정 SDGs와 2030어젠다 이행을 위한 지표를 선정한 결과 유엔 지속가능발전위원회의 고위급 정치포럼을 위한 자발적국가검토 보고서를 준비할 수 있었다.

〈SDGs 2030어젠다 이행에 관한 국가 자발적 검토〉에 의하면 북한은 2030의제 실행을 위해 국가 지속가능발전 태스크포스(NTF)와 기술위원회(TC)를 구성하였고, 글로벌 목표 및 지표에 국가 지속가능발전 목표 및 지표를 일치시키고 국가 실행과 조정에 책임을 다하였다. 국가 전략은 과학과 교육의 중시와 자립적 민족경제 토대 마련을 바탕으로 에너지, 농업, 물, 보건위생(WASH), 환경 등 사람들에게 보다 풍요롭고 문화적인 삶을 제공하는 것을 정책의 우선순위로 내세웠다.

한편 UNSDGs는 개발협력 계획과 이행 과정 및 결과에 대해 평가지표를 활용하여 평가보고서를 작성한다. K-SDGs는 17개 목표와 122개 세부 목표를 214개의 평가지표를 개발하여 평가한다. 남북협력 사업이 현재와 같이 돌발적이고 급작스럽게 발생되는 이벤트처럼

---

173 https://sustainabledevelopment.un.org/content/documents/282482021_VNR_Report_DPRK.pdf

진행되는 것이 개선되지 않는다면 SDGs를 기반으로 남북협력 사업을 계획하는 것이 적합한지에 대해 고민이 필요하다.

2) 인도개발협력 방향

빈곤 퇴치는 인류의 숙제이면서 개발협력의 기본 목표이다. 국제 개발협력은 선진국-개발도상국, 개발도상국-개발도상국, 또는 개발도상국 내에 존재하는 발전과정의 빈부격차를 줄이고 빈곤문제 해결을 통해 인간의 기본권을 지키려는 국제사회의 노력과 행동양식이다. 과거에는 개발원조(Development Assistance), 국제원조(Foreign Aid), 해외원조(Overseas Aid)등의 용어가 사용되어 왔으나, 최근에는 개발도상국과의 포괄적 파트너십을 통한 '협력'이 강조되어 국제개발협력(Official Development Cooperation)이라는 용어가 정착되었다.

공적개발원조(Official Development Assistance: ODA)는 제2차 세계대전 이후 아프리카, 아시아, 남미 등 신생 독립국가에 만연한 빈곤을 해결하려면 국제사회 공동의 노력이 필요하다는 인식에서 시작되었다. 정부를 비롯한 공공기관이 개발도상국의 경제발전과 사회복지 증진을 목표로 제공하는 원조를 의미한다. 국제개발재원(Resources for Development)은 개발도상국의 개발을 목적으로 정부가 제공하는 공적개발원조와 개발도상국 정부 및 지역, 국제기구에 제공되는 자금이나 기술협력과 수출신용, 투자금융 등 기타 공적자금과 해외직접투자 등 민간자금과 NGOs의 민간 증여 등 기타 자금이 포함된다. 유엔은 1961년 개발도상국이 매년 5%의 경제성장을 달성할 수 있도록 선진국 국민총생산(GNP)의 1%를 원조하도록 촉구하였다. 이에 경제협력개발기구 개발원조위원회(Organization for Economic Cooperation and

Development, Development Assistance Committee: OECD DAC)가 출범되었다. 오늘날 OECD DAC는 개발원조 정책의 이슈를 공론화하고, 회원국을 중심으로 국가별 원조통계를 표준화하여 비교 분석하는 논의기구이다.

인간안보는 공적개발원조와 관련하여 1992년 부트로스-갈리(Boutros-Ghali) 유엔 사무총장에 의해 처음 제안되었다. 1994년 UNDP의 인간개발보고서(HDI, 1994)에 다시 등장한[174] 인간안보의 초점은 '공포로부터의 자유'와 '결핍으로부터의 자유'에 맞추어져 있다. 인간안보를 구성하는 8가지 요소는 경제안전, 식량안전, 건강안전, 환경안전, 개인안전,[175] 공동체 안전, 정치안전, 직업안전 등이다. 인간안보는 안보의 유형이 지나치게 포괄적이고 광범위하여 현장 적용 측면에서 비판을 받아왔다. 그런 이유로 인간안보 관점의 개발협력은 한 지역에 모든 개념을 포괄하기보다는 지역성(Locality)과 수용성(Needs)을 고려하여 요소 간 연계를 모색하여 접근한다.

인도(Humanitarian)-개발(Development)-평화(Peace) 넥서스는 2020년 기후위기와 코로나19 위기를 겪은 한국에서 인간안보 개념과 더불어 가장 유명하게 부상한 개념이다. 2016년 세계 인도주의 정상회의(World Humanitarian Summit: WHS)는 장기적이고 고질적인 문제를 해결하기 위해 인도-개발-평화를 상호 연결하는 개념을 고안하였다. HDP는 즉각적인 인도주의 문제를 충족하면서 개발과정을 통해 각종 취약성과 위험을 감소시켜 궁극적으로 평화를 구축한다는 개념이다.[176]

---

174 UN, *Human Development Report 1994*(New York: Oxford University Press, 1994).
175 고문, 정쟁, 탄압, 범죄, 젠더폭력, 아동학대를 포함한다.

HDP 넥서스를 분석한 보고서는 그러나 인도-개발-평화 넥서스는 현장에 적용하기에 관념적이고 추상적이어서 결과적으로 위기의 차별성과 다양성에 다른 개념들과 비교하여 영향을 미치지 못한다고 평가한다.[177] 인도-개발-평화 넥서스 개념의 발전은 학문 발전 측면에서 긍정적이지만 남북관계를 타개하는 사업전략에 적용하기에는 인간안보 개념을 적용하는 것 이상으로 어렵고 이상적이다.

나. 기후위기와 팬데믹 이후 사회변화

1) 국제사회의 기후위기와 팬데믹 대응

기후위기와 코로나19 팬데믹에 대응하는 국제사회의 경제발전 틀은 '탈 글로벌화'로 대표된다. 영국의 유럽연합 탈퇴(Brexit)와 미국 트럼프 대통령 당선 이후 강화된 보호무역과 경제안보 추세는 바이든 대통령 시대에도 유지·강화되어 군사패권과 기술패권으로 나타난다. 국가가 기업의 글로벌화를 문제 삼거나 글로벌기업이 자국 시장에서 판매만 할 것이 아니라 제조까지 함께 할 것을 강요한다. 전문가들은 이러한 경제냉전을 군사냉전의 대리전으로 이해하고 있으며 문정인 교수는 키신저의 〈월스트리트저널(Wall Street Journal)〉 기고문을 인용하여 "최악의 경우 중세와 유사한 시대착오적 성곽도시(Walled City)"가

---

176 Nguya G and N. Siddiqui, "Triple Nexus Implementation and Implications for Durable Solutions for Internal Displacement: on Paper and in Practice", *Refugee Survey Quarterly*, Vol. 39, No. 4(2020), pp. 466~480.

177 Sebastian Weishaupt, "The Humanitarian-Development-Peace Nexus: Towards Differentiated Configurations," *UNRISD Working Paper*, 2020-8, 2020.

나타날 것을 염려하였다.

환경 분야는 역설적으로 기후위기와 팬데믹에 대응하는 방법으로 소규모, 지역화, 저밀도 현상이 두드러지게 나타났다. 유엔이 주도하는 글로벌 생태계 복원과 사회공동체 회복 기조에 발맞추어 선진국은 물론 개도국에서도 SDGs를 강화하고 정부, 기업, 시민 등 모든 이해당사자가 참여를 강조한다. 기업과 관련된 금융권의 ESG(Environment, Social, Government)와 생산에 필요한 모든 에너지를 청정에너지로 전환하는 RE100, 회색도시의 녹색 회복(Green recovery)을 위한 정책이 확산되고 있다.

시진핑 주석은 2019년 칭화대학이 주도한 '세계대학기후변화연맹 포럼'의 질문에 대한 답신에서 "환경보전이 곧 경제개발(綠水靑山, 金山 銀山)"이라는 의지를 피력하였다. 그는 자연 파괴가 인류 존립에 영향을 미친다는 것을 알고 있으며 기후위기에 국제적 책임을 다할 것이라고 밝혔다. 코로나19 팬데믹으로 연기된 '유엔 생물다양성협약 정상회의(2020. 9. 30.)' 화상연설에서 시진핑 주석은 생태문명 건설, 다자간 글로벌 환경 거버넌스, 코로나19 이후 친환경 발전을 통한 양질의 경제회복, 환경 도전에 대응하는 책임감 있는 행동 등 4가지를 국제사회에 제안하였다.[178]

현재 중국 각 지역에서 경쟁적으로 벌어지는 '생태도시' 건설은 인간과 자연이 조화롭게 공생하는 현대화 건설을 목표로 한다. 현대화 건설의 내용은 ICT 기반 스마트 전환과 자연 기반 생태기술의 조화를 통한 아름다운 사회주의 추구를 의미한다. 중국은 공산당 창립 100주

---

178 https://www.youtube.com/watch?v=J1oBXEd2buI

년이 되는 2021년까지 의식주 문제가 해결된 다소 풍요로운 사회인 샤오캉 사회(小康社會)를, 중화인민공화국 건국 100주년이 되는 2050년에 사회주의 현대화 건설, 종합국력과 국제적 영향력이 커지는 '생태문명건설' 로드맵을 제시하였다.[179]

기후위기와 코로나19 위기를 겪은 후 전 세계는 생태계 파괴에 대한 경각심, 탄소중립2050(Net-zero)을 지향하는 저탄소 친환경 경제와 경제위기를 극복하고 고용 확대를 목표로 하는 그린경제로의 전환을 위해 그린딜(Green Deal)을 도입하였다. 그린딜은 미국의 토머스 프리드먼이 〈코드 그린(Cord Green) : 뜨겁고 평평하고 붐비는 세계〉[180]에서 처음 언급한 것으로 녹색산업을 뜻하는 '그린'과 1930년대 미국의 경기 부양책인 '뉴딜(New Deal)'을 합친 용어이다. 2019년 12월 EU는 2050년까지 넷제로, 경제전환을 목표로 순환경제, 에너지 전환, 농업, 생물다양성 및 생태계, 건축물과 수송, 연구와 혁신, 교육 및 훈련, 국제협력, 거버넌스 등의 실행계획을 통해 유럽 그린딜이 유럽의 새로운 '지속가능한 성장전략'이 되도록 정책 방향을 두고 있다.

4차 산업혁명은 경제 패러다임이 소유(ownership)에서 이용(access)으로, 설비(capital equipment)에서 지능로봇(intelligent robot)으로, 대량생산(customization)에서 초개인화(hyper personalization)로, 그리고 가격·품질 경쟁에서 플랫폼·생태계 간 경쟁으로의 전환을 의미한다.[181] 한

---

179 정재홍, "개혁개방 시대에서 강대국 시대로의 진입 선언", 『나라경제』 2017년 12월호.

180 Thomas Friedman, *Hot, Flat and Crowded : Why We Need a Green Revolution and How It Can Renew America*(New York: Farrar, Straus and Giroux, 2008)

181 염명배, "4차 산업혁명 시대, 경제 패러다임의 전환과 새로운 경제정책 방향", 『경제연구』 36권 4호(2018), pp. 23~61.

국은 패러다임 변화에 맞추어 산업군을 지속성장산업군, 구조개편산업군, 신성장산업군의 3개로 분류하였다.[182] 지속성장산업군은 글로벌 선두를 형성하고 있는 반도체, 디스플레이, 통신기기 등과 지능형 디스플레이 Micro LED, 차세대 2차전지 등이다. 구조개편산업군은 이제는 경쟁력이 하락하여 구조적 대응이 필요한 것으로 알려진 조선업, 자동차, 건설업 등이다. 신성장산업군은 글로벌 시장을 새로이 개척해 갈 바이오 의료, 5G, 2차전지 등이다.

반드시 그러한가? 일본은 건설부문에 4차 산업혁명 기술을 접목하여 생산성 극대화를 도출한 사례가 있다. 한국의 조선산업은 2050전략(Net zero)에 따라 혁신 기술을 장착한 신성장산업군으로 전환하였으며, 자동차산업은 토털 모빌리티(Mobility) 산업군으로 재편되고 있다. 구조개편산업군에 속하는 전통적 건설, 조선, 자동차 등에 혁신적 기술을 장착했을 때 신성장산업군으로의 수정이 가능하였다.[183]

4차 산업혁명은 기후위기와 코로나19 팬데믹 위기에서 ICT 기반 사회로 초고속 변화를 가속시키지만 혁신기술로 무장한 전통적 아날로그 산업이 새로운 경제 전환 구심점에서 밀리지 않는다는 교훈을 얻고 있다.

2) 북한의 기후위기와 팬데믹 대응

김정은 위원장 집권 이후 북한에 관한 가장 큰 이슈는 핵문제 외에

182　한국공학한림원, "한국공학한림원 산업미래전략포럼 발표문", 2019. 6. 13.

183　장석권 등, "제253회 NAEK 포럼 발표: 2020. 한국 산업의 구조 전환 : 한국공학한림원의 전망과 대응전략", 2020. 12. 23.

'시장화'이다. 그러나 최근 '시장화' 못지않게 국제사회가 주목하는 북한의 변화는 기후위기에 대응하는 재난안전과 재난관리시스템 구축이다. 북한은 1994년 12월 유엔 기후변화협약, 2005년 4월 교토의정서, 2016년 8월 파리협정을 차례로 비준하였다. 파리협정에 가입하면서 북한은 유엔기후변화협약사무국(United Nations Framework Convention on Climate Change: UNFCCC)에 자국의 국가온실가스감축목표2030 국가결정기여(Nationally Determined Contributions: NDCs)를 제출하였다.

자발적 국가감축목표(Intended Nationally Determined Contribution: INDC)에서 북한은 2030년까지 배출전망치(Business as usual: BAU) 대비 8%를 감축하겠다고 밝혔다. 북한은 국제사회 등 외부의 협조가 있다면 기여분의 경우 32.25%를 더 감축하여 배출전망치 대비 40.25%, 즉 1억1218만t까지 줄일 수 있다고 제안하였다. 북한이 국제사회에 협조를 요청한 지원품은 2000MW 원전, 1000MW 태양광, 500MW 규모의 해상풍력, 500MW 규모의 해안풍력과 에너지 효율 개선사업 등이다.

유엔 주재 북한 상임대표부는 2019년 9월 19일 UNFCCC와 NDCs를 갱신하였다. 갱신된 NDCs에 따라 북한은 엄청난 물리적 피해를 동반하는 자연재해를 저감하기 위해 「국가재난재해저감전략계획 2019~2030(National Disaster Risk Reduction Strategy 2019~2030)」과 「국가환경보호전략 2019~2030(National Environment Protection Strategy 2019~2030)」을 공식화하였다. 내부적으로는 '국가재난저감전략'과 '국가환경보호전략'을 수행하기 위해 전민을 대상으로 정책 로드맵을 작성하였다.

2020년 초 북한 전원회의 의정보고는 '당대 조성된 대내외 형세 하에서 우리의 당면한 투쟁방향'은 '생태환경 보호, 자연재해 대응을 위한 국가적인 위기관리체계 수립' 등이라고 언급하였다. UNFCC 의 NDCs 후속 조치로 추정되는 「국가재난관리역량계획2019~2030 (Framework of a Government Disaster Management Capability Plan for 2019~ 2030)」의 내용은[184] 유럽의 「국가 재난위험 감소 전략(National Disaster Risk Reduction Framework: NDRR)」 혹은 「유엔 재해위험 감소를 위한 센다이 프레임워크 2015~2030(Sendai Framework for Disaster Risk Reduction 2015~2030)」와 맥락을 같이 한다.[185]

「센다이 프레임워크 2015~2030」은 기존의 재난위험 감소와 신규 재난 예방을 위해 7가지 목표와 4가지 우선순위를 제시하였다. 4가지 우선순위는 재난위험 이해, 재난위험 관리를 위한 거버넌스 강화, 복원력 향상을 위한 재난감소 투자, 재난에 효과적으로 대응할 수 있는 복구·재활 및 재건 등이다. 2030년까지 인명의 손실, 생계와 건강, 개인과 기업과 공동체와 국가의 경제적·물리적·사회적·문화적·환경적 자산의 위험과 손실을 크게 줄이는 것을 목표로 한다.

북한 내부에서 발표한 「국가재난관리역량계획2019~2030」은 재난 대비를 위한 지역사회 대응 및 정보 시스템에 대한 목표를 설정하였다. 공공투자에서 우선순위가 밀렸던 평양에서 멀리 떨어진 지역에 대한 투자를 강조하였다. 또한 장애인을 포함한 취약 계층과 기관과의 협력과 의사소통을 강조하였다. 2030년까지 자연재해로 인한 사망률과 물질적 손실률을 줄여 개선사항을 정량적으로 도출한다는 내

---

184 DPRK, Democratic People's Republic of Korea First NDC, https://www4.unfccc.int/ sites/NDCStaging/Pages/All.aspx (검색일: 2021. 4. 1.).

185 https://www.undrr.org/publication/sendai-framework-disaster-risk- reduction-2015-2030 (검색일: 2021. 4. 1.).

용이다.[186]

북한의 「국가환경보호전략 2019~2030」의 목표는 환경오염을 막고 생태환경을 전반적으로 회복 단계에 올려 녹색경제로 이행할 수 있는 물질적·기술적 토대를 갖추는 것이다. 2019년 2월 14일 조선중앙통신은 국토환경보호성 김광진 처장의 말을 인용하여 "향후 12년간 국가환경보호전략이 발전하는 현실에 맞게 나라의 환경보호사업을 결정적으로 개선하기 위한 방향과 방도를 과학적으로 밝히는데 중심을 두고 작성됐다"고 설명했다. 조선중앙통신은 다양한 자연 에너지에 의한 전력생산량과 산업폐기물의 재자원화, 생활오물의 종합적 이용, 도시녹화 비율을 높이며 각종 자연보호구 면적을 확대하고 2030년까지 자체의 노력으로 온실가스 방출량을 16.4% 감축하며 파리협정에 따라 국제 협조가 있다면 추가로 36%를 더 줄이겠다고 전했다.

북한은 2020년 환경오염의 확대를 방지하기 위해 주요 도시들과 수역들의 대기 및 물환경 감시 체계와 지역별, 부문별, 단위별 오염물질 배출을 장악하기 위한 체계 확립을 추진하였다. 공장과 기업소들은 가스 및 먼지잡이(집진)시설, 폐수정화장을 비롯한 오염물질 정화시설들을 100% 갖추며 개건 및 신설 대상들은 오염물질 발생량을 줄이는 현대화 공정을 추진하고 있다.

2020년 1월 31일 북한은 전 세계 국가 중 최초로 국경을 봉쇄하여 코로나19 위기에 선제적으로 대응하였다. 조선중앙TV는 "최선의 선택은 지상과 해상, 공중을 비롯해 바이러스가 침습할 수 있는 모든 공간을 선제적으로 차단하고, 봉쇄해 감염 통로를 완전히 막는 것입니

---

186 https://www.38north.org/2020/09/bkatzeffsilberstein091420/ (검색일: 2021. 4. 1.).

다"라고 보도했다. 국경 폐쇄 이후 코로나19와 기후위기 대응 정책들은 조선노동당 8차 대회에 상정된 '국가경제발전5개년계획'의 부문별 주요 전략을 참고할 수밖에 없다. 새로운 5개년계획의 중심 과업은 "금속·화학공업을 관건적 고리로 틀어쥐고 투자를 집중해 인민경제 모든 부문에서 생산을 정상화하며 농업 부문의 물질·기술적 토대를 강화하고 경공업 부문에 원료·자재를 원만히 보장해 인민소비품 생산을 늘리는 것이다."

이를 다시 해석하면 북한은 화학공업과 금속공업을 중심삼아 인민경제의 모든 부문에서 '고리순환형체계'를 확립하고자 한다. 외부로부터의 변수를 차단한 채 농업의 1차 생산 증가를 기반으로 지방공업인 경공업의 2차 산업 발달을 꾀하고, 3차 산업인 관광으로 지역경제를 선순환시키는 내적 역량강화 혹은 자립경제 기반을 다지려는 의도로 해석된다. 2015년부터 시행한 「고리순환형생산체계」 정책을 인민경제 전 부문으로 확대·적용하는 것이다.

기후위기와 코로나19 위기에 대응하는 북한의 해법은 외부 세계와 단절한 채 '고리순환형생산체계'를 공고히 하여 '자급자족'과 '자력갱생'하는 내부순환경제체계를 확립하는 새로운 '성벽도시'나 새로운 '생태국가' 건설을 꿈꾸고 있는 듯하다.

다. 한반도 생태계와 북한의 인프라 수요

1) 북한의 생태계와 지역 특성

최근 국제사회는 생태지역 차원에서 경제개발계획, 천연자원의 지속가능한 관리, 생물다양성 등 자연환경 관리정책을 통합하여 지속가능한 발전을 추구하는 경향이 증가하였다.[187] 스위스, 독일, 영국, 네덜란드 등 유럽이 대표적이다. 생태계 맥락에서 공간 계획은 토지이용이 특정 기능에만 최적화되는 것을 방지할 수 있고 잠재적인 또 다른 기능들을 저하시키지 않는 장점이 있다.

생태지역은 환경적으로 기후, 토양, 수문 조건, 자연식생이 유사하고, 인문적으로는 토지이용, 경제활동, 정서와 문화를 서로 유사하게 공유하는 다른 지역과 차별화되는 공간이다.[188] 생태지역을 분류하는 이유는 생태적으로 경험적 변이(역사)를 오랫동안 공유한 지역은 어떤 정책을 시행할 때 정책에 대한 돌발적 조정을 거의 필요로 하지 않을 정도로 지역 기반 시스템의 작동에 유사한 반응을 보이기 때문이다. 이러한 이유로 자연환경 관리는 물론 경제개발 정책 측면에서도 장점이 있다고 알려져 있다.[189]

한반도 생태지역은 몇 가지 환경 요인이 다른 지역과 차별화 되거나 지역 내에서 유사성이 동시에 작용하여 군집을 이룬다. 첫째, 저온의 차이, 위도에 따른 온도차, 강수량의 차이, 일사량 등 물리적 요인이 지역을 구분한다. 둘째, 건기의 강수량과 연중 강수량 변동성이 지

---

187 Marco Assiria, Vincenzo Baroneb, Francesco Silvestric and MattiaTassinarid, "Planning sustainable development of local productive systems: A methodological approach for the analytical identification of Ecoregions", *Journal of Cleaner Production*, Vol. 287(2020),

188 William W Hargrove and Forrest M Hoffman, "Potential of Multivariate Quantitative Methods for Delineation and Visualization of Ecoregions", *Environmental Management*, Vol. 34 No. 5(2004), pp. 1~21.

189 Robert G. Bailey, "Identifying Ecoregion Boundaries", *Environmental Management*, Vol. 34 No. 1(2004), s14-s26.

역을 구분한다. 셋째, 우기의 강수량과 토양수분함유량이 지역 구분에 작용한다. 넷째, 식물의 생산성 최소량과 계절변동성이 지역에 작용하여([그림 2]) 건조함과 습윤함이 차이에 영향을 미친다. 상대적 강수량과 토양수분함유량이 지역 구분에 크게 작용하는 남한과 달리 북한은 낮은 온도의 지형적 극상, 강수량의 차이와 건조한 토양의 정도가 지역을 지배한다.

휴전선을 기준으로 남북을 비교하면 한반도 전체 면적에서 남북이 공유하는 생태계는 북한 국토면적의 약 12%이다. 북한 국토면적의 약 88%는 남한의 생태적 특성과 차이가 난다. 남한과 생태적으로 다른 특성을 보이는 생태계는 북한 면적의 약 88%이다. 북한 국토면적의 약 12%만이 남한의 생태적 특성과 유사하다. 남한은 4개의 생태지역에서 지역적 요인값의 편차가 크지 않다. 북한은 총 8개의 생태지역으로 구분된다. 북한은 남한과 생태적 특성을 공유하는 4개의 생태지역과 남한의 생태적 특성과 이질성을 나타내는 생태지역 4개가 더 생성된다([그림 2]). 북한 내 생태지역 간의 지역 요인값의 차이는 남한보다 더 크다. 남한과 가장 유사한 생태적 특성을 보이는 대표적인 북한 지역은 북강원도 고성군이다. 삼수군은 남한의 생태적 요인값과 가장 편차가 큰 지역이다. 영하 10도 이하가 지속되는 날의 수와 토양수분함유량의 차이 등 극한값을 비교하면 남북이 얼마나 차이가 있는지 추정해 볼 수 있다.

한반도 생태계 특성의 지역 차이는 남북협력 사업 계획에 남한의 경험적 모델을 북한에 적용하는 것에 한계가 있다는 것을 의미한다. 스위스 개발청(SDC)의 북한 진출 과정은 좋은 사례이다. SDC의 아시아 책임자는 1995년 처음 북한을 방문했을 때 아무런 사업을 추진하지 않고 1년 동안 북한 전 지역을 여행하였다. 전국을 여행한 목적은 북한의 생태환경 조건에서 SDC가 어떤 사업을 어디에서 시작해야 성공사례를 만들 수 있을까를 고민했기 때문이다. 북한에서의 첫 사업이 실패한다면 스위스 개발청이 북한에서 지속적으로 사업을 실행하기 어렵다는 판단을 갖고 있었기 때문에 사업 성공을 위한 최적의 조건을 갖춘 지역을 파악하기 위함이었다. SDC는 1년 뒤 황해북도 수안군 일원을 최적의 사업지로 선정하였고, 북한에 꼭 필요하며 오랫동안 현지 적용이 가능한 새로운 사업으로 경사지관리프로그램(Sloping Land Management Program: SLPM)을 도입하였다. 스위스 개발청의 경사지관리프로그램은 10년 후 북한의 「산림복원 10년 전망계획(2015~2024)」으로 발전하였다.

[그림 1] 한반도 각 지역에 발현되는 생태적 특성　　　[그림 2] 한반도 생태지역 구분

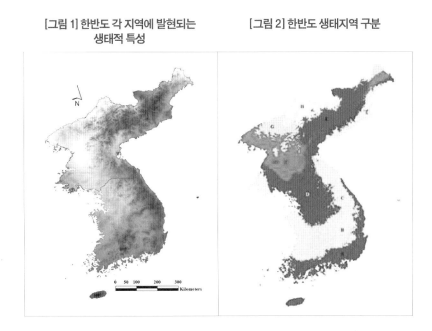

국제개발협력 사업계획은 지역의 생태계 특성을 반영하는 것이 가장 첫 번째로 고려해야 하는 사항이다. 남북협력 사업에 남한의 경험적 모델을 적용하기보다는 북한의 지역 특성과 수요를 반영하는 것이 실패 확률을 줄일 수 있는 방법이다.

2) 생태적 특성을 반영하는 북한의 개발계획

북한의 도시계획 및 관리와 관련된 법제는 중심에 도시계획법과 도시경영법이 있다. 도시계획의 수립과 개발은 도시계획법과 도시경영법을 근간으로 기본법-계획관리-부분법으로 구성되어 한국의 국토계획법체계와 유사하다. 북한의 도시계획법은 하부에 규정과 세칙이 있으나 우리에게 잘 알려진 바가 없어 실질적인 운영이 어떻게 이루어지는지 판단하기는 어렵다.[190] 다만 김정은 위원장 집권 초기인 2012년에서 2015년 사이 국토 및 도시계획의 하부 실행계획과 개발특구 관련 규정과 세칙, 도시 관련 원칙이 새로이 채택·수정·보충된 자료를 통해 추정 가능하다.

북한은 도시계획 의도에 따라 도시 정체성을 유지하는 특징을 보인다. 인구 분산 정책과 밀접한 도시계획은 도시를 확장하지 않고 중소도시의 형태로 전국에 골고루 분포하도록 했다. 도시계획을 작성할 때는 기념비적인 건물과 유적, 자연지리적 조건과 기후풍토, 토양 조건을 고려하는 것을 크게 강조하고, 도시를 너무 크게 하지 않고, 인구밀도와 건축밀도를 줄이며 큰 도시 주변에 위성도시를 합리적으로 배치

---

190 김흥순, "북한 도시계획법에 대한 고찰: 국토의 계획 및 이용에 관한 법률과의 비교를 중심으로", 『국토지리학회지』 52권 1호(2018), pp. 25~37.

할 것 등을 규정하고 있다. 단적으로 평양시는 인구조정에 따라 300만이 넘지 않도록 관리하며 때때로 구획이 조정된다는 것을 알 수 있다. 2020년 현재 경제특구·경제개발구는 자연환경을 포함하는 관광특구를 제외하면 대부분 지역의 기초산업을 기반으로 면적 2km²~4km²의 소규모 개발구를 전국에 골고루 선정하였다.

2020년 말 현재 북한의 환경 인프라 분야 법률체계는 최상위 법률로서 사회주의 헌법, 기본법 성격의 '환경보호법', 그리고 매체 또는 부문별 개별 환경 관련 법률 및 관련 개별법의 환경 관련 조항으로 이루어져 있다〈표 3〉. 집약적 토지이용과 함께 생태적 토지이용이 사회주의 경제건설 전반에 적용된다.

〈표 3〉 2020년까지 북한에서 제정·수정·보충된 환경 인프라 관련 법규

구분	사회주의 헌법			
	도시경영성	국토환경보호성	국가과학기술위원회 (내각)	기타
관련 법규	도시경영법 도시미화법 공원·유원지 관리법	환경보호법 자연보호구법 환경영향평가법 대기오염방지법 산림법 유용동물보호법	재생에네르기법 폐기폐설물취급법 방사능오염방지법	하천법 대동강오염방지법 독성물질취급법 평양시관리법 재자원화법* 임업법*

* 는 2020년 제정

삼지연시 개건(재개발)은 지구단위별로 순차적으로 추진할 때 베개봉을 중심으로 비스타를 설정하고 차광을 위한 향을 안배하여 자연환경의 이점을 최대한 활용하는 기법을 선보였다. 산간문화도시 삼지연시의 공원과 건축물은 김정은 위원장으로부터 "지대적 특성에 어울리고 자기의 얼굴이 살아나게 설계와 시공을 잘했다"는 찬사를 받았

다.[191] 김정은 위원장은 2021년 4월 1일 '강안다락식주택구'를 방문한 자리에서 "주택구 주변 원림 설계(정원계획 및 설계)를 잘하고 보통강반의 공원들을 보다 훌륭히 꾸려 주민들의 생활에 최대의 편의를 보장해주며 자연환경을 개선해나가야 한다"고 말했다.[192]

주택단지 개발지역을 방문한 자리에서 주택건설 목표 수와 건축물의 외양과 관련된 언급보다는 강변의 특징을 살린 단지 설계와 정원설계, 주거지와 수변 공원의 조성과 연결, 보통강 경관 확보 등 주민의 삶의 질 혹은 도시 어메니티와 관련된 도시생태 관리 및 조성 기법을 강조하였다. 집권 초기에 산림의 도벌·남벌 금지, 야생동물 불법포획 금지와 나무심기 등을 강조했다면 2019년 이후에는 도시환경의 개선과 그린인프라 개발에 관심을 보이는 경향이 확연하게 높아졌다.

북한의 헌법(2019. 8. 29. 수정보충) 제57조는 "국가는 생산에 앞서 환경보호대책을 세우며 자연환경을 보존, 조성하고 환경오염을 방지하여 인민들에게 문화위생적인 생활환경과 로동조건을 마련하여 준다"고 규정한다. 북한의 '환경보호법'에는 환경파괴 행위에 대해서는 벌금, 억류, 중지, 철수를 시키고 위법 행위에 대해서는 직접적인 명령 또는 규제수단을 활용한다. 김정은 위원장 집권 이후에는 배출부과금과 같은 경제적 유인 제도가 더 강화되어 환경규정 위반에는 일반 법규 위반보다 2배 이상 더 높은 부과금을 집행하는 등 환경관리 정책이 경제개발구법에 나타나기 시작하였다.

북한 최고인민회의 제14기 제3차 회의는 2020년 4월 '재자원화법'

---

191 조선중앙TV, 2017년 12월 9일.
192 조선중앙TV, 2021년 4월 1일.

을 신설하였다. 재자원화는 생활·일반·건설폐기물을 다양한 방법으로 가공·처리하여 새로운 원료, 연료, 자재, 제품으로 생산하는 것을 주요 내용으로 한다. 북한 당국은 '재자원화법'과 '고리순환형생태체계'를 근간으로 지역 내 환경관리와 생산시스템을 연계하여 실행을 강화하고 있다. 따라서 북한 지역을 여행하다보면 도시든 농촌이든 역내에서 발생하는 폐기물을 거리에서 발견하기 어려울 정도이다. 북한에는 폐비닐(2·8 비날론 등)을 수거하여 해상 부표(buoyancy)를 제작하는 시설이 있고, 플라스틱 용기를 생산하는 공장이 여럿 있다. 2019년 대련 세미나에 참석한 조선과학기술사무국은 폐기물을 에너지로 변환시키는 시설에 큰 관심을 갖고 유치 의사를 끈질기게 타진한 바 있다.

3. 남북협력을 넘어 동북아 네트워크로

가. 지속가능한 한반도 발전 방향

1) 스마트시티와 그린인프라

나무는 스스로 대사 작용을 하여 성장하고 외부 변화에 대응하는 유기체이다. 생태도시는 도시를 하나의 나무와 같은 유기체로 간주하여 '자급자족'하고 '자력자강'하는 지속가능한 시스템을 가진 도시 모델이다. 생태도시는 도시의 메타볼리즘(Metabolism)과 회복탄력성(Resilience)을 중요시한다. '메타볼리즘(Metabolism)'은 사전적으로 "성장을 위해 먹이를 에너지와 재료로 변환시키는 생명체의 화학적인 과정"이지만[193] 도시계획에서는 "도시에 유입되고 방출되는 에너지, 물,

물질 및 폐기물의 끊임없는 변화 전체를 정량화하는 수단"이다.[194]

생태도시는 1970년대 유럽과 미국, 캐나다 등 산업이 발달한 국가에서 대기오염, 토양오염, 생태계 훼손 등 도시가 직면한 환경문제를 해결하기 위해 '인간과 자연의 조화'를 제안하면서 시작되었다. 1980년대에는 뉴어바니즘(New Urbanism), 컴팩트시티(Compact City), 생태도시(Ecological City) 모델들이 혼재하였다. 생태도시는 1992년 브라질 리우회의 이후 산업도시의 압축성장의 폐해에 대응하려는 변화 움직임이 있을 때 도시의 '지속가능한 개발(Sustainable development)' 차원의 대응 방안으로 조명 받았다.

2005년 교토의정서(Kyoto protocol) 이후에는 도시계획의 패러다임이 인간과 자연의 공존을 넘어 온실가스 감축과 에너지 문제 해결에 초점을 맞추어 저탄소도시(Low Carbon city), 탄소중립도시(Carbon neutral city), 무탄소도시(Zero Carbon city) 등과 마을공동체의 소규모 도시모델인 트랜지션타운(Transition Town)과 파머컬처(Parmaculture) 등이 제안되었다.

현대 도시모델 중 산업시대 압축도시 모델에 대응하는 개념으로 등장한 생태도시는 비교적 역사가 축적되어 '생태도시정상회의(Ecocity World Summit: EWS)'를 결성하고 정기적으로 생태도시 이니셔티브를 공유하는 컨퍼런스를 진행한다. 1990년 미국 버클리에서 처음 개최된 생태도시 정상회의는 가장 오래된 생태도시 국제 컨퍼런스로 의제는

193 https://www.britannica.com/science/metabolism (검색일: 2021. 4. 1.).

194 Sahely, Halla R., Shauna Dudding, and Christopher Ewan John Kennedy, "Estimating the urban of Canadian cities: Greater Toronto area case study", *Canadian Journal of Civil Engineering*, Vol. 30 No. 2(2003), pp. 468~483.

번호	연도	도시	주요 의제
14	2021	Rotterdam, Netherlands	자연 기반 솔루션을 위한 도시전환
13	2019	Vancouver, Canada	사회적으로 정의롭고 생태적으로 지속가능한 도시
12	2017	Melbourne, Australia	수직 스프롤과 에코시티: 정치, 문화, 사회, 정치
11	2015	Abu Dhabi, UAE	아랍 지역에 필수적인 생태도시 요소
10	2013	Nantes, France	생태발자국, 도시에너지, 연대와 조직, 전환 요인
9	2011	Montreal, Canada	기후변화, 에코모빌리티, 공공 공간, 민주주의와 생태도시 거버넌스, 생태경제학, 건강과 건축, 생물다양성과 농업도시
8	2009	Istanbul, Turkey	저탄소경제로의 전환, 지속가능한 도시와 산림
7	2008	San Francisco, USA	사람, 자연복원, 지속가능한 개발과 토지이용, 경제와 기술, 지원과 인센티브의 구조(정부 사이드)
6	2006	Bangalore, India	정원도시와 생태도시
5	2002	Shenzhen, China	가든시티, 심천 ; 스카이 코트
4	2000	Curitiba, Brazil	사회를 바꾸는 세상에서 가장 친환경적인 도시
3	1996	Yoff, Sengal	토지이용과 건강, 생산을 위한 정원'칸품', 전통마을과 원주민의 삶, 글로벌 에코빌리지 네트워크
2	1992	Adelaide, Australia	사회 정치적 운동으로서의 생태도시, 도시 프렉탈
1	1990	Berkeley, USA	혁신적인 도시계획 솔루션

도시마다 시대에 맞게 다양하게 선정한다. 2021년 네덜란드 로테르담 생태도시정상회의 주제는 '자연 기반 솔루션을 위한 도시전환(Urban Transformations for Nature based Solutions)'이다. EWS14는 자연 기반 도

시전환에 관해 최신 연구개발과 도시 생태학적 측면의 생물다양성 도시(Biodiversity-city), 회복 탄력적 경관계획과 접근, 교통물류 인프라의 순환도시(Circular city), 시민의 건강권 증진을 위한 시스템과 혁신 솔루션을 기반으로 하는 건강도시(Healthy city), 유기체처럼 완전하게 대사 순환하는 탄력도시(Resilient city) 등을 다룬다.[195] 역대 개최지에 따른 주요 의제는 〈표 4〉와 같다.

스마트시티는 다양한 유형의 전자 데이터 수집 센서를 사용하여 자산과 자원을 효율적으로 관리하는 데 필요한 정보를 제공하는 도시이다.[196] 시민·장치·자산으로부터 다양한 데이터를 수집·처리·분석하여 교통 및 운송시스템, 발전소, 급수, 폐기물, 법 집행, 정보시스템, 학교·도서관·병원 및 기타 커뮤니티 서비스를 모니터링하거나 관리한다. 한국이 추진하는 스마트시티의 구성요소는 하드웨어 인프라, 센서, 네트워크, 데이터 및 지원, 애플리케이션 관점의 5개 세부 요소로 구분된다.[197] 통신, 하드웨어, IoT디바이스, 센서 등이 포함된 건설 및 인프라 시설, 축적·분석·예측이 가능한 데이터(빅데이터, 데이터 분석, 인공지능 등), 데이터 활용 서비스(지능형 스마트, CCTV, 스마트 파킹 등) 등이 주된 요소이다. 지금까지 IoT는 사물과 IT 연결이 중심이었으나 향후에는 인간과의 인프라 연결과 사용이 중요한 과제로 대두된다.

기후위기와 코로나19 팬데믹을 겪은 이후 다시 주목받는 생태도시

---

195 https://ecocity-summit.com (검색일: 2021. 4. 30.).

196 Matt Hamblen, 2015, Just what IS a smart city?, https://www.computerworld.com/article/2986403/just-what-is-a-smart-city.html (검색일: 2021. 4. 1.), 2015. 10. 1.

197 https://smartcity.go.kr/wp-content/uploads/2019/08/Smart-city-broschure KOREAN.pdf (검색일: 2021. 4. 1.).

는 이제 스마트시티의 혁신생태계[198]를 보완한 스마트 생태도시를 지향한다.[199] 생태도시가 도시의 자립자족과 자립자강을 강조하여 중세의 '성벽도시'를 연상시키는 단점이 있다면 '스마트 생태도시' 개념으로 또다른 생태도시와의 네트워크로 폐쇄 이미지를 보완할 수 있다. 기후위기와 코로나19 팬데믹으로 변화된 라이프스타일은 도시 내 순환과 더불어 외부와의 소통과 연대 수요를 더욱 증가시키고 있기 때문이다.

2) '스마트(Smart)'와 그린(Green)의 회복

우리 사회의 '스마트'는 사물과 사물의 연결, 사물과 인간의 연결, 빅데이터 처리 등 'Smart'의 미국식 개념인 'Clever' 관점에서만 고려되어 왔다. 영어 어원사전[200]에 'Smart'를 입력하면 "Old English smeortan 'be painful', from Proto-Germanic smarta"라고 설명한다. 게르만의 smarta를 어원으로 고대 영어 smeortan-smeart(고통스러운)로 변형돼 현재의 smart가 되었다. 영리하지만 잘못 활용하면 '고통스러운' 스마트의 속성을 내포한다.

스마트가 지속가능하고 시민의 정서와 삶의 질 향상을 도모하려면 스마트의 다른 면 'having a clean, tidy, and stylish appearance'를

---

198 김익희 외, "스마트도시 혁신생태계 활성화 전략과 과제", 『국토정책 Brief』, No. 755 (2020).

199 Adam Grydehøj and Ilan Kelman, "Island smart eco-cities: Innovation, secessionary enclaves, and the selling of sustainability", *Urban Island Studies*, Vol. 2 (2016), pp. 1~24.

200 https://www.etymonline.com/ (검색일: 2021. 4. 1.).

조화시킬 필요가 있다. '그린(Green)'의 사전적 의미는 초록의, 친환경의, 풋풋한 등이다. 고대 노섬브리아의 groene을 어원으로, 고대영어 grene가 현재 green이 되었다. 그린은 과거에도 현재에도 '살아있고, 생생하고, 풋풋한 식물의 색'이다.

국제사회는 기후위기와 코로나19 이후 생태계 파괴에 대한 경각심, 탄소중립(Net-zero)을 지향하는 저탄소·친환경 경제 표방, 경제위기를 극복하기 위해 그린경제로의 전환과 실행을 촉진하는 새로운 그린딜(Green Deal)을 도입하고 있다. 그린뉴딜은 정부 주도로 청정에너지 신산업을 육성하여 친환경 신재생에너지 산업 인프라를 구축하고 연관된 산업을 육성함으로써 에너지 구조를 전면적으로 전환하고 일자리 증대와 노동의 질 문제를 해결하는 혁신을 추구한다.[201]

유럽 그린딜의 목표는 '2050년 탄소중립' 달성이다. 2019년 12월 11일 유럽 집행위원회는 사회 전 분야의 전환을 모색하여 관련된 고용을 증대하고 경제를 활성화시키기 위해 기존에 추진하던 기후변화 정책과 환경정책을 보완·확대하였다. 아날로그에서 디지털로 급속히 전환되는 산업발전 과정에서 소외되는 지역이나 사회구성원에 대한 지원 강화 방안이 포함되었다. 동시에 국제사회 차원에서 기후위기에 대응하기 위해 EU가 수행해야 할 외교, 무역, 개발협력 분야의 역할을 명확히 설정하였다. 2020년 1월에는 그린딜 추진을 위한 자금지원 방안인 '유럽 그린딜 투자계획(European Green Deal Investment Plan)'을, 3월에는 그린딜의 법적 기반인 '기후법(European Climate Law)'을 마련하

---

201 Chelsea Whyte, "Paradox-free time travel", *New Scientist*, Vol. 244 Issue 3261 (2019).

여 정책 실행을 뒷받침하였다.[202]

코로나19 팬데믹으로 인한 고용위기와 경기침체에 대응하기 위해 마련된 한국판 뉴딜은 일자리 창출과 친환경 경제로의 전환을 목표로 한다. 인프라의 녹색 전환, 친환경 에너지의 확산, 녹색산업 육성 등의 산업정책을 제시하였다.[203] 한국의 그린뉴딜은 유럽의 그린딜과 비교하면 녹색성장을 통해 일자리를 창출하는 데 더 큰 정책적 역량을 쏟아 붓는데 역점을 두었다. 유럽의 그린딜이 기후변화 정책이나 친환경 경제정책 표방을 뛰어넘어 이미 패러다임 전환이 끝난 '신성장 정책'에서 소외되는 지역과 사회구성원에 대한 지원을 강조하는 점은 사업의 목표와 구성면에서 참고할 요인이 많다.

북한의 「건설법」 제8조는 '건설의 과학화' 원칙을 강조하며 녹색건축, 지능건축, 령에네르기건물 등 패시브 건축물이나 스마트 건물과 유사한 글로벌 기술을 지향한다. 북한 「건설법」 제9조는 '건설 분야의 교류와 협조'를 강조하며 국제기구 및 글로벌 국가들과 교류와 협력을 발전시켜야 한다고 명기하였다. 북한 「건설법」 제48조와 제49조는 각각 '건설과학연구사업에서 나온 성과의 확산 및 건설기준의 중요성'을 강조한다. 중국의 '생태문명건설'이 현대적이고 아름다운 생태도시 인프라를 강조하고, 북한의 '지속가능한 발전 이행에 관한 2030 어젠다 자발적 국가 검토'에 나타난 국가 경제발전 정책 목표가 '과학기술교육 기반의 인민생활 현대화 및 사회 기반 현대화' 라는 측면에서 동북

---

202 김수현 외, 『유럽 그린딜의 동향과 시사점-에너지경제연구원 수시연구보고서 20-1』 (세종: 에너지경제연구원, 2020).

203 장영욱 외, "유럽 그린딜이 한국 그린뉴딜에 주는 정책 시사점", 『오늘의 세계경제』 20-24, 2020.

아에 널리 퍼져 있는 도시 인프라 수요와 북한의 수용성을 가늠해 볼수 있다. 코로나19 팬데믹 이후 재개될 새로운 남북 평화·번영을 위한 개발협력은 기후위기와 코로나19 팬데믹 이후 사회변화 추세를 반영하고 그린뉴딜이 간과한 혁신적 아날로그와 아날로그의 효과성을 배가시키는 스마트 연결과 그린인프라 확충 그리고 북한의 관심과 수용성을 포용하는 더 큰 우산정책이 되어야 한다.

나. 인간안보와 자연 기반 통합 솔루션

1) 인간안보와 생태지역

기후위기와 코로나19에 가장 영향력 있게 부상한 개념은 인간안보이다. 기후위기와 코로나19로 사람들의 생존, 생계 및 존엄성에 대한 위협이 배가되었고 실업률의 증가와 글로벌 경제위기는 사회 서비스의 제공과 보호가 필요한 건강 약자들에게 취약성을 증가시켰기 때문이다.

미하일 고르바초프(Mikhail Gorbachev)는 〈타임〉과의 전화 인터뷰에서 "최우선 목표는 전쟁이 아니라 인간의 안전에 세상이 함께해야 한다. 식량, 물, 깨끗한 환경과 건강을 함께 지켜야 한다"고 말했다. 그는 러시아 〈타스통신〉과의 인터뷰에서도 "팬데믹이 미중 간 갈등 고조로 양극성 갈등을 악화시킨다"면서 1980년대에 그랬던 것처럼 "새로운 사고로 냉전을 종식시킬 수 있다"고 말했다.

과학자들은 코로나19 팬데믹과 자연의 파괴 사이의 직접적인 관계를 지적하고 자연보호와 복원이 미래 전염병 예방의 핵심이라고 말한다.[204] 파리협정은 지속가능발전을 위해 모든 국가 및 이해당사자들의 참여를 통한 사회공동체 회복 및 글로벌 생태복원을 강조한다. 환경 NGO는 자연보호, 토지이용을 위한 산림벌채 금지, 불법 야생동물 거래 중단을 호소하고 정책 입안자들에게 기후위기 대응과 녹색경제로의 전환 정책 추진을 강력하게 촉구하고, 기업에게 자연 기반 솔루션에 대한 투자와 생태계 복원 일자리를 늘리라고 요구한다.

실제로 지난 10여년 동안 글로벌 금융투자는 기후 리스크를 인지하고 기업의 자산가치 보호와 투자가치 증진을 위해 ESG와 RE100의 실천을 주목한다. 이에 더 적극적인 금융계는 생태계 서비스와 연계한 자연자본 개념을 글로벌 기업투자에 적용하기 시작하였다. 기후위기와 코로나19 이후 사회변동 추세와 시민사회가 강조하는 새로운 변화를 세 가지로 요약하면 지역 기반, 자연 기반, 인간안보 기반 통합 솔루션이다. 이는 생태지역 기반 솔루션과 상통한다.

IPCC(2012)는 기후변화로 인해 앞으로 재난재해의 발생 빈도와 강도가 증가할 것을 경고하였다. 20년 빈도의 폭염은 2년 빈도로, 20년 빈도의 폭우는 5년 빈도로 증가할 것으로 전망하였다. 10년이 채 지나지 않은 최근 서유럽과 북미에서 벌어지고 있는 유례없는 폭우와 홍수 그리고 폭염과 산불이 강타하여 기후재앙을 경고하고 있다. 코로나19 바이러스는 세계 무역의 13~32%와 외국인 직접 투자의 최대 40%, 저소득 및 중소득 국가로의 송금 20%를 감소시키고 국제협약의 인도개발협력도 멈추거나 감소시켰다. 이와 관련하여 유엔 사무총장 안토니우 구테흐스(António GUTERRES)는 〈지속가능발전목표 2020〉 보고서

---

204 Nature+Coronavirus Brief in https://www.conservation.org/stories/impact-of-covid-19-on-nature (검색일: 2021. 4. 1.).

에서 "당면한 가장 취약점은 기후위기와 코로나 팬데믹"이라면서 향후 탄력적이고 포용적인 경제·사회 구축을 강조하여 개발협력에 인간안보 개념의 반영을 함축하였다.[205]

문재인 대통령은 취임 3주년을 맞아 특별연설을 통해 인간안보 관점의 연대와 협력을 강조하였다.[206] "사람의 생명과 안전을 우선하는 연대와 협력의 국제질서를 선도해 나가겠습니다. 우리나라가 국제협력의 중심에 서게 되었고, G20, 아세안+3 등 다자무대에서도 대한민국의 위상이 몰라보게 높아졌습니다. '인간안보(Human Security)'를 중심에 놓고 포스트코로나 시대의 국제협력을 선도해 나가겠습니다. 동북아와 아세안, 전 세계가 연대와 협력으로 인간안보라는 공동의 목표를 향해 나가도록 주도적 역할을 하겠습니다. 남과 북도 인간안보에 협력하여 하나의 생명공동체가 되고 평화공동체로 나아가길 희망합니다"라고 하였다. 북반구 중위도 지역에 자리잡은 한반도는 홍수, 가뭄, 태풍, 열파, 한파 등 기후재앙을 비켜갈 수 없을 것으로 전망되었다. 실제 기후위기와 관련된 재난재해는 점점 한반도의 고질적 문제가 되어 인간안보를 해치는 주요 요소로 작용하고 있다.

북한의 〈국가재난관리계획 2019~2030〉은 재난 대응을 위해 지역사회 및 정보시스템에 대한 목표를 설정하고 있다. 공공투자는 그동안 우선순위에서 밀렸던 평양 외의 멀리 떨어진 지역에 집중시키도록 하며 기관은 장애인을 포함한 취약 계층과 의사소통할 것을 강조하였다. 〈국가재난관리계획 2019~2030〉 목표는 2030년까지 자연재해로 인

---

205 UN, *Sustainable Development Goals Report 2020*.

206 대한민국 정책브리핑(www.korea.kr)

한 사망률과 물질적 손실을 줄여 개선 요소를 구체적 양적 지표로 나타내는 것이다.[207]

지속가능한 한반도 평화·번영은 인간안보 관점의 개발협력 전략과 사업을 매개로 한 연대와 협력을 통해 달성될 수 있다. 남북 양측은 인간안보 개념의 협력과 연대의 개념을 공유하고 있다고 판단된다. 인간안보를 가능하게 하는 8가지 요소는 경제안전, 식량안전, 질병으로부터 최소한의 보호를 받는 보건안전, 자연의 파괴와 훼손에서 인간을 보호하는 환경안전, 국가나 범죄의 폭력에서 개인을 보호하는 개인안전, 공동체 안전, 기본권을 존중받을 정치적 안전, 개인의 정보보호를 위한 사이버 안전 등이다. 인간안보는 지역 기반의 자연 기반 요소를 사람이 살아가는 공간의 유기적 연계를 통해 달성되며 통합적 전략사업 계획을 통한 솔루션이 요구된다.

2) 그린인프라 통합 솔루션

기후변화 적응 대책은 대체로 기후회복탄력(Resilience), 자연 기반해법(Nature-based Solutions: NBSs) 및 그린인프라(Green Infrastructure: GI) 확충 등이 있다. 그린인프라는 보호지역, 산림, 야생 서식처, 자연지역으로 제한되는 것은 아니다. 도시의 공원, 습지, 하천 및 물길, 투수시설, 옥상정원, 도시농업 공간, 녹지 축과 녹도(greenway), 가로수 등 도시 공간의 자연, 반자연 및 인공적 시설녹지와 공간의 통합성과 다기능성을 추구한다.[208] 한국에서는 서울시가 조례로 제정하여 개발사업

---

207 https://www.38north.org/2020/09/bkatzeffsilberstein091420/

208 관계부처 합동, 『제5차 국가환경종합계획(2020~2040)』, 2019.

에 반영하는 생태면적률이 대표적 사례이다.

미국 환경보호청(EPA)의 그린인프라 개념은 "개발지역에 식생과 토양 등에 의한 자연 프로세스를 녹아 들어가게 하여 홍수 저감, 공기질 향상 등에 기여하는 다기능 다목적의 빗물관리 기법"이라고 정의하였다. 도시화된 남부 캘리포니아와 샌프란시스코만 지역에 흘러내리는 빗물을 모아 LA시가 사용하는 연간 2,000억 갤런 정도의 물 공급을 끌어 올리고, 미네소타 번스빌에는 레인가든을 설치하여 유출량을 93%까지 줄였다는 연구결과를 발표하였다. 이러한 연구결과를 도시경영에 반영하도록 제도화하고 개발사업에 관련 인프라를 확충하고 있다.

유엔은 2020년 「생태계복원10년계획 2021~2030(Decade on Ecosystem Restoration 2021~2030)」을 채택하였다. 유엔의 생태계 복원은 단편적 사업의 생태복원 적용을 넘어 지역 기반 통합 솔루션을 추구한다.[209] 자연을 포함하는 지역사회 복원을 통해 가난, 영양실조, 성불평등, 생태계 악화를 종식시키는 것을 목표로 한다. 토지와 숲, 농업생태계, 도시 인프라, 물 관련 산업, 기후행동(에너지전환), 안전한 먹거리, 해양수산의 건전한 생태계를 지향한다. 필요하면 시민사회는 물론 관련 전문 기업 등 모든 이해당사자들이 위 8가지 자연과 밀접한 부문 계획에 참여하여 지속가능한 생태계 전환을 유도해야 한다고 그린인프라 전환을 촉구하였다([그림 3]).

연안 생태계와 해안습지는 열대 및 온대 해안선의 특징이고 각종 해초, 갑각류, 조류, 맹그로브 등의 서식지와 담수습지를 포함하고 많은 해양동물군에게 은신처와 먹이를 제공한다. 그러나 오늘날 농업 및

---

209 https://www.decadeonrestoration.org/ (검색일: 2021. 4. 1.).

[그림 3] 8개 분야 전환을 목표로 한 지역기반 생태계 복원 통합 솔루션

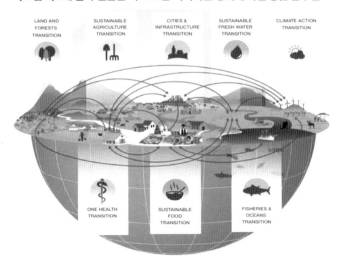

[그림 4] 통합 솔루션 개념의 해안연안지역 생태계 복원 전후 비교

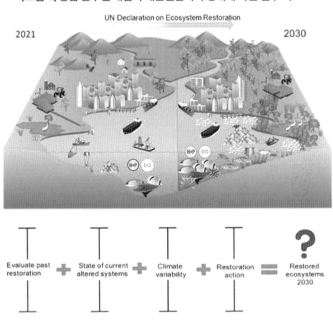

양식업, 산업화 및 도시의 확장으로 위험에 노출되고 해안 생태계는 산업화 및 도시의 증가, 생물학적 물리적 자원의 손실 증가, 복원탄력성 감소의 '세 가지 늪'에 빠져있다. 국제사회는 '생태계복원 10년' 동안 해안 생태계 복원에 중점을 두고 과거의 복원이 성공했는지, 현재 변화된 시스템의 상태는 어떠한지, 지역의 미기후 변동성 등을 통합적으로 고려하여 연안생태계 복원을 의도하기로 하였다([그림 4]).

세계경제포럼(다보스포럼)은 20억 인구의 생계, 야생동물 보호, 탄소중립, 생물다양성 증진을 연계하여 기업들이 지구촌 지역사회 곳곳에서 산림복원을 지원하도록 플랫폼을 조직하였다.[210] 2020년 다보스포럼은 「유엔생태계복원 10년(Decade on Ecosystem Restoration 2021~2030)」에 호응하여 향후 10년 동안 지구촌에 1조 그루의 나무심기를 결의하였다. "재난재해가 발생할 경우 환경이 훼손되어 사람들이 식량을 안정적으로 공급받지 못하며 이로 인해 건강을 해치고 심한 경우 공동체가 해체될 수도 있으며 재난재해의 심화는 인간안보를 해치는 주요 원인이기 때문에 재난재해 저감을 위해 나무심기에 동참해야 한다"는 기업의 생존을 위한 행동에 동참할 것을 촉구하였다.

지속가능한 한반도 평화·번영 실현을 위한 남북협력 사업은 북한의 국토환경보호성과 도시경영성의 역할 변화를 주시할 필요가 있다. 김정은 위원장 집권 이후 국가계획의 실행 사업은 주로 기초 단위를 중심으로 이루어진다. 2019년 4월 개정헌법에 '사회주의기업책임관리제'가 명시되고, 지역사업은 기초 단위 실행예산 책임제를 시행하기

---

210 https://www.weforum.org/agenda/2021/03/10-golden-rules-for-planting-trees-could-help-save-the-planet/ (검색일: 2021. 4. 1.).

때문에 도시 인프라 건설에 소요되는 예산의 대부분은 기초 단위에서 해결해야 한다. 2021년 「국가경제개발 5개년계획」에서 살펴볼 수 있듯이 북한은 기초 단위의 사업 추진 역량이 중요하게 부각되고 있는 상황이다. 남북협력 사업을 기초 단위 지역 기반,·인간안보 및 자연 기반 통합 솔루션으로 접근하는 것은 중요하다.

이와 더불어 한국판 스마트시티가 로보캅이 활동하는 공간, 로보캅이 일하는 건물과 로보캅이 살아가는 도시공간을 상상할 수밖에 없는 한계를 뛰어넘는 일도 중요하다. 지속가능한 한반도 평화·번영 실현을 위한 협력사업은 지역 기반, 인간안보 기반 및 자연 기반의 그린인프라를 스마트로 연결하는 통합 솔루션이 필요하다.

다. 스마트 생태도시 네트워크

1) 스마트 생태도시(smart eco-city) 전략

생태도시는 물리적·지역적 범위를 설정한다는 측면에서 공간 개념은 성벽도시에 가깝지만 "포용적이고 안전하며 탄력성 있고 지속가능한 도시와 인간의 정주지"를 목표로 한다는 점에서 SDGs 11과 부합한다. UNSDGs 11의 시행 측면에서 생태도시는 안전하고 저렴한 주택, 저렴하고 지속가능한 운송시스템, 포용적이고 지속가능한 도시화, 문화 및 자연유산 보호, 자연재해 저감, 도시환경영향 감소, 안전하고 포용적인 녹색 공공장소 접근, 국가 및 지역개발 계획, 자원효율성과 재난위험 감소, 저개발국에 대한 지속가능하고 탄력적인 개발지원을 목표로 한다.

생태도시와 관련된 UNSDGs11은 2030년까지 기후재난 완화 및 적응, 재난에 대한 복원력, 재해 위험을 저감시키기 위한 센다이 프레임 워크에 맞춰 개발 및 실행을 위한 통합 계획을 의무화하였다.

비교적 역사가 쌓인 생태도시가 '생태도시정상회의'라는 네트워크를 가지고 있는 것과 달리 역사가 아직 짧은 스마트시티는 국제 네크워크 움직임에서도 초기 단계이다. 유엔 SDGs 파트너십 플랫폼에서 2018년부터 운영하는 스마트시티연합(United Smart City: USC) 이니셔티브는 도시의 이동성, 지속가능한 주택, 청정에너지, 폐기물 관리 및 ICT를 다룬다.[211] USC는 국제관계기구(Organization for International Relations: OiER)와 유엔유럽경제위원회(United Nations Economic Commission for Europe: UNECE)에서 조정·관리 및 실행하는 다중 이해관계자 프로젝트이다. 프로젝트의 관리는 제네바에 있는 UNECE 사무국과 오스트리아 빈에 있는 OiER 사무국이 공동으로 운영한다. USC가 추구하는 스마트시티의 목표는 도시의 이주, 인구 통계학적 변화, 환경파괴 및 기후변화에 대응한 도시의 취약성 감소, 도시의 탄소 발자국 감소, 주민의 삶의 질 향상, 도시환경의 질 향상, 공공-민간의 파트너십(PPP) 구축 등이다.[212]

USC는 스마트시티를 구현하는 방법으로 지역적 맥락에서 각기 다른 스마트시티의 개념과 스마트시티의 지표를 개발하고 스마트시티 실행을 위한 파트너십과 협력관계를 구축한다. 파트너십은 스마트시티의 규모, 지속가능한 도시개발, 스마트시티에 관한 지식교류 역할을

---

211 USC는 한국의 스마트시티 목표와 다르고, 지속가능한 교통 솔루션 플랫폼인 유엔유럽경제위원회(UNECE, United Nations Economic Commission for Europe)를 주축으로 운영된다.

212 https://sustainabledevelopment.un.org/partnership/?p=10009 (검색일: 2021. 4. 1.).

한다. USC는 12개 도시를 대상으로 스마트시티를 평가하기 위한 평가도구와 프로그램 개발, 스마트시티의 평가 등급화를 시도하였고, 스마트시티의 특성과 특징을 분석하여 또 다른 지역 스마트시티 개발에 제공한다.

USC의 스마트시티 역량과 기술 이전 분야는 에너지 및 자원절약, 물과 위생 시스템 등 기본 인프라 서비스에 대한 접근성, 폐기물 관리 및 재활용, 교통 운송, 지속가능하고 저렴한 주택 건설, 정보 및 기술의 활용, 스마트 비즈니스 기회를 통한 지속가능한 경제발전, 건강 및 사회 서비스, 글로벌 선도기술 기업과의 파트너십이다. 위 요소에는 개발도상국, 중위 소득국가 등 경제적 범위와 지역적 특성도 고려된다.

USC 플랫폼은 SDGs 6, 7, 8, 9, 11, 13, 17에 집중하여 사람 중심의 지속가능한 스마트시티를 통합 목표로 한다.[213] 깨끗한 식수와 위생(SDGs 6), 효율적이고 청정한 에너지(SDGs 7), 양질의 일자리와 경제성장(SDGs 8), 복원 탄력성이 높은 사회인프라와 포용적이고 지속가능한 혁신적 산업(SDGs 9), 포용적이고 안전하며, 회복력과 지속가능성이 있는 도시와 거주환경(SDGs 11), 기후위험과 자연재해 적응과 대응 통합 능력(SDGs 13), 그리고 성공적이고 지속가능한 발전을 위한 정부·민간·시민사회 간의 협력체(SDGs 17)를 통합하는 도시가 스마트시티이다. 도시가 모든 사람에게 공평하게 위 서비스를 지속적으로 제공할 수 있으면 포용성, 탄력성 및 지속가능성이 유지될 것이기 때문이다. 이러한 지표들은 마치 유엔의 스마트시티는 한국형 스마트시티와 통상적 생태도시 개념의 중간 위치에 안착한 듯하다.

---

213 https://sustainabledevelopment.un.org/partnership (검색일: 2021. 4. 1.).

한국은 세종시와 부산시의 '에코델타 스마트시티' 시범도시 건설을 계기로 4차 산업혁명 관련 기술인 디지털, 증강, 로봇도시 플랫폼을 계획에 실증 접목하여 스마트시티 사업모델 개발을 추진하고 있다. 한국의 스마트시티 시범사업은 USC와 달리 국제개발협력 참여나 인프라 개발시장 진출 모델개발에 역점을 두는 듯하다.[214]

세계적으로 스마트시티 개념이 아직 확고하게 정착된 것은 아니지만 스마트시티의 시대적 요구를 거스를 수는 없다. 그러나 미래에도 사람이 여전히 살아가고 있을 스마트시티가 사람의 정서와 도시의 어메니티를 도외시한 채 관련 산업 발전과 관련 기업의 생태계에만 역점을 두고 기계 편향적으로 개발된다면 도시공간의 미래에 대해 고민하지 않을 수 없게 만든다.

2) 남북협력사업의 고도화

지속가능한 한반도 평화·번영 실현을 위한 협력 사업으로 우선, 스마트 생태도시 네트워크 전략을 제안해 볼 수 있다. 스마트 생태도시는 기후위기와 코로나19 팬데믹에 회복 탄력성을 제공하는 생태도시와 ICT 기반 스마트기술로 아날로그와 아날로그의 효과성과 효율성을 증대시키는 스마트시티를 결합한 도시 개념이다. 스마트 생태도시는 인간안보 기반과 자연 기반 해법을 ITC 기반 해법과 통합하는 새로운 도시 개념이다. 스마트 생태도시는, 내적으로는 아날로그와 아날로그의 선순환을 효과적으로 연결하고, 도시 외적으로는 도시와 도시를 혹은 국가와 국가의 연대와 협력 네트워크를 지향하는 플랫폼적 개념

---

214 https://smartcity.go.kr/ (검색일: 2021. 4. 1.).

이다.

기후위기와 코로나19 팬데믹을 겪은 이후 다시 주목받는 생태도시와 생태도시 네트워크는 이제 스마트시티의 혁신생태계[215]를 보완하여 새로운 도시 모델인 '스마트 생태도시'를 지향하는 모델 개발로 이행되어야 한다.[216] '생태도시'가 도시의 '자립자족'을 강조하여 마치 중세의 '성벽도시화' 되는 단점을 ITC 기반의 스마트 네트워크 기술로 보완하면 USC가 추구하는 '스마트 생태도시'로 연착륙될 수 있다. 스마트 생태도시는 ITC 기반과 사물인터넷(Internet of things: IoT)을 활용하여 물리적으로 공간적으로 내·외부 사회와 끊임없이 소통 가능하다. 그러므로 남북이 양자든 다자든 관계없이 참여할 수 있는 "스마트 생태도시 네트워크"는 '생태도시정상회의(Ecocity World Summit)'와 유사한 플랫폼을 제공한다. 가령 '동북아 스마트 생태도시 네트워크' 플랫폼 구축은 기후위기와 코로나19 팬데믹을 겪고 있는 남·북·중·러 혹은 남·북·중·러의 도시가 참여하여 현재 이후의 정보와 적응을 매개로 연대와 협력이 가능하다.

둘째, 스마트 생태도시 네트워크 전략 하에서 기존 남북협력 사업들은 부문별로 현실에 맞게 업그레이드시킬 필요가 있다. 남북이 합의한 기존 협력 사업들도 남북의 현안 변화와 북한의 수요를 고려하여 분야별로 고도화시키는 작업이 필요하다. 2018년 남북 정상회담 후속 실무협의에서 합의한 철도, 도로, 산림 협력은 여전히 유효하다. 그러

---

215 국토연구원, "스마트도시 혁신생태계 활성화 전략과 과제".

216 Adam Grydehøj and Ilan. Kelman, "Island smart eco-cities: Innovation, secessionary enclaves, and the selling of sustainability".

나 협력의 내용은 스마트 생태도시 전략과 부합하도록 수정 및 고도화시킬 필요가 있다.

북한 전원회의, 당대회의 결정문 혹은 2021년 6월 발생된 북한의 VNR을 토대로 해석하면 북한은 도시경영 측면에서 재자원화법을 기반으로 기후위기 대응 온실가스 감축을 위한 리사이클링과 업사이클링 등에 관한 도시 환경 인프라와 고리형순환생산체계 강화를 정비하고 있다. 도시 미화 측면에서는 도시오픈스페이스 확충, 도시와 자연의 수생태계 복원, 재난대응시스템 구축 등 혁신적 아날로그 기술과 적정기술로 정비가 가능한 그린인프라 정비에 박차를 가하고 있다. 글로벌 그린인프라 확충 추세와 북한 내부의 이러한 변화를 수용하여 남북협력 사업도 새로이 고도화시킬 필요가 있다. 산림 분야를 예로 설명 가능하다.

북한은 「산림복원10년전망계획(2015~2024)」을 도입한 2015년부터 2017년까지 60만 헥타르의 산림을 복원했으며, 2024년까지 100만 헥타르의 산림을 녹화할 예정이지만 2019년 현재 70% 이상의 공정률을 달성한 것으로 인정된다. 이에 따라 '스마트 생태도시 네트워크' 전략 하에서 남북 산림협력을 고도화 한다면, 단기적으로는 중앙양묘장 개건(모델링) 계획을 활용한 정원협력과 북한의 고려의학을 활용한 '요양 헬스케어' 사업, 산림레저단지 조성 등을 제안할 수 있다. 그러한 사업들은 계획과 설계를 기반으로 하는 적정 기술이 적용되어 제재와 거의 무관하고 친환경적이고 지식 공유만으로도 효과를 낼 수 있으며 북한 내부의 인프라를 활용할 수 있기 때문이다.

중기적으로는 남북이 합의한 철도협력업이 재개되면, 동해선 및 서해선 철도 역사를 활용한 평화정원 협력이 유망하다. 남측 제진역과 북측 감호역에 각각 동일 가치 규모의 평화정원을 조성하면 평화의 상징성과 더불어 관광 요소로 활용할 수 있다. 또한 철도 노선이 TSR과 TCR과 연계되는 단계에 따라 자연스럽게 동북아 평화정원 네트워크를 형성할 수 있다.[217]

장기적으로는 '스마트 산림도시(Smart Forest City)' 조성과 협력을 검토할 수 있다. 기후위기 대응 산림 기반 솔루션과 스마트 솔루션이 결합된 스마트 산림도시는 2019년 멕시코 칸쿤(Cancún)에 처음 제안되었다. 칸쿤의 스마트 산림도시는 태양광 패널과 산림으로 도시의 그린 링을 조성하고, 지하 시스템을 통해 바다로부터 물을 담수화시켜 관개망을 구축하고 에너지를 자급자족하는 순환경제를 추구한다. '생태도시정상회의'에서 다루어진 생태도시 요소들과 4Rs(감소, 재생, 재활용, 순환, Reduction, Repair, Reuse, Recycling) 컨셉으로 설계하여 자연과 도시가 하나의 유기체 역할을 한다. 한반도 북측은 물론 남측에서도 유용한 도시개발 모델이다. 남북 스마트 산림도시로 최적화된 도시는 각각 강원도 춘천시와 양강도 삼지연시를 꼽아볼 수 있다.

스마트 생태도시 네트워크 전략 하에서 산림협력 고도화의 장기적이고 잠재력이 큰 협력은 생명산업이다. 생명산업은 유전자 기술을 활용하는 바이오산업으로 당장의 협력에는 어려움이 크다. 그러나 '산림추출물' 협력은 남한에 존재하지 않거나 멸종위기에 가까운 식물인 장

---

217 산림청은 「수목원·정원의 조성 및 진흥에 관한 법률」에 의해 수목원 및 정원사업 제도를 운용한다. 평화공원이 아니고 평화정원인 이유는 한국의 공원은 자연공원과 도시공원으로 이원화되어 있고, 자연공원은 환경부, 도시공원은 국토교통부의 사업을 의제한다. 반면 산림청은 남북 산림협력의 한 축이면서 수목원정원법은 도시정원과 산림정원 등 모든 공간에 정원을 조성하는 것이 가능하다.

군풀, 종비나무와 분비나무 등은 추출물이 신약개발에 사용되므로 경제협력으로 이행될 수 있는 마중물 사업의 관점에서 검토가 필요하다.

4. 요약 및 결론

지속가능한 한반도 평화·번영을 위한 협력사업의 개발 및 제안은 현재 전 세계가 공동으로 대응하고 있는 기후위기 및 코로나19 팬데믹 상황을 고려하였다. 코로나19 팬데믹은 기후위기로 악화된 삶의 위기, 도시의 취약성, 경제위기를 동반하여 ITC 기반 스마트 트랜스포메이션 사회를 가속화시켰다. 그러나 경제발전계획이나 도시개발계획에 지역 기반 해법, 그린인프라 기반 해법과 인간안보 기반 해법, 스마트 기반 해법을 통합하는 촉진제 역할도 하고 있다. 그러므로 기후위기 및 코로나19 팬데믹 이후 한반도 평화·발전 계획이나 개발협력 전략사업은 인간안보 기반, 그린인프라 기반, 지역 기반 통합 솔루션의 글로벌 변화 추세, 남북의 수용성을 고려하였다.

유엔은 기후위기와 코로나19에 대응하여 향후 10년간 「생태계복원 10년계획(2021~2030)」으로 대응하고 있다. 기존에는 지속가능발전목표를 개별적으로 적용하여 생물다양성이나 사막화 방지사업을 하던 것과 달리 지역적·생태적·경제적 측면에서 지역개발과 유사한 형태로 통합적 접근으로 전환하고 있다. 유엔 생태계 복원은 자연과 지역사회 복원을 통해 가난, 영양실조, 성불평등, 생태계 악화를 종식시키고 토지와 숲, 농업생태계, 지역과 도시의 그린인프라, 물산업, 에너지 전환, 안전한 먹거리, 건전한 해양수산 생태계를 통합하는 개발협력 사업이다.

유럽은 기후위기와 코로나19를 극복하고 그린경제로 전환하기 위해 강력한 그린딜을 추진하고 있다. 유럽 그린뉴딜은 2030년까지 온실가스 감축을 목표로 실행이 미진한 국가에 탄소관세를 부과하고, 철강, 시멘트, IT, 섬유, 화학 등 광범위한 산업군에 친환경 자재 사용, 에너지효율을 극대화한 인프라와 건축물, 농수산물 유통과정의 탄소저감, 대기오염 저감, 지속가능한 교통물류 수단, 생물다양성 증진, 태양광과 풍력을 활용한 발전, 친환경 철도 및 전력망 구축 등 신성장 산업의 적용이 핵심이다.

한국의 그린뉴딜은 에너지 전환과 ICT 기반의 고용 확충을 목표로 한다. 디지털 뉴딜과 그린뉴딜로 이원화하여 디지털 뉴딜은 데이터, 네트워크, AI 기반의 DMA 생태계 강화, 교육인프라의 디지털 전환, 비대면 산업 육성, 사회간접자본의 디지털화를 내용으로 한다. 그린뉴딜은 도시공간 생활인프라의 녹색 전환, 저탄소 분산형 에너지 전환, 녹색산업 혁신 생태계 구축을 내용으로 한다. 그러나 도시에 작은 미세먼지 숲 조성 사업을 포함한 것 외에 한국의 그린뉴딜은 그린인프라 확충이라기보다는 녹색산업 성장에 더 가까운 아쉬움이 크다.

김정은 위원장 집권 이후 북한과 관련된 이슈 중 가장 놀라운 변화는 기후위기에 대응하는 재난안전과 재난관리 시스템 구축 그리고 도시 그린인프라 구축 노력이다. 기후변화협약의 파리협정 당사국인 북한은 2019년 국가감축기여를 제출하고 "기후변화는 인류 생존을 위협하기 때문에 어느 한 나라에 국한된 문제가 아니라 지구적인 문제"라는 인식을 공유하고 있었다. 이것은 2020년 북한 전원회의 의정보고에 '생태환경 보호, 자연재해 대응, 국가 위기관리체계 수립' 등으로 나타났고「국가재난관리계획 2019~2030」은 그동안 공공투자에서 우선순위가 밀렸던 평양 외의 지역에 인프라 투자를 강조하고 장애인 등 취약계층과 기관의 의사소통과 협력을 강조하였다.

2021년 조선노동당 8차 대회에서 채택된「국가경제발전5개년계획」의 산업별 목표와 실현 방향은 법적·제도적으로 정착되고 있다. 공업생산은 금속공업과 화학공업을 관건적 고리로 틀어쥐고 투자를 집중하여 인민경제 모든 부문에서 생산을 정상화하는 것이다. 인민생활은 "농업부문의 물질기술적 토대를 강화하고 경공업부문에 원료, 자재를 원만히 보장하여 인민소비품 생산을 늘이는 것"으로 설정되었다. 북한의 정책으로 안착된 '고리순환형생산체계'를 확대·적용하는 것으로 해석된다.

국경봉쇄를 언제 해제할지 모르는 상황에서 북한은 '자력갱생'과 '자급자족'을 외치며 국가경제와 지역경제 선순환구조를 확립시키려 하고 있다. 북한이 새로운 '성벽도시' 국가가 될 것을 염려하는 의견도 크지만 내부 경제는 지역의 '고리순환형생산체계' 기반의 1차 농업-2차 지방공업-3차 관광을 연계한 '순환경제 활성화'를 꾀하는 것으로 판단된다.

기후위기와 코로나19 팬데믹에 대응하는 유엔의 개발협력 방향은 지역 기반, 생태계 기반, 인간안보 기반의 통합 솔루션을 강조하였다. 유럽은 인간안보 기반, 스마트 기반, 그린인프라 기반의 통합 솔루션을 실행하고 있다. 한국은 스마트 기반, 인간안보 기반의 솔루션을 강조한다. 북한 경제개발계획은 지역 기반, 생태계 기반, 경제시스템 기반의 통합 솔루션 적용에 가깝다.

이에 남북 및 국제사회의 변화와 미래 전환사회를 고려하여 새로운 개발협력 전략은 '지속가능한 한반도 평화·번영'을 비전으로 새로운 개발협력 목표는 '스마트 생태도시 네트워크 2050'로 제안하였다. 「동북아 스마트 생태도시 2050」은 생태도시의 지역 기반과 인간안보 기반의 그린인프라 통합 솔루션과 스마트시티의 그린뉴딜과 ITC 기반 통합 솔루션을 더 크게 통합하여 더 큰 우산과 같은 역할을 제공한다.

　스마트 생태도시 전략에 녹아들어가 있는 인간안보, 생태환경보호, 기후위기 대응, 도시 어메니티와 삶의 질, 스마트 개발과 생태도시 요소들은 각 분야 산업군을 대표하는 기술을 동반한다. 기술 교류와 도시 연대를 통해 남북을 포함하는 동북아 역내 경제의 균형발전을 도모할 수 있다. 2030년까지 '생태도시 정상회의'와 유사한 형태의 스마트 생태도시 네트워크를 적용하여 동북아 기반의 스마트 생태도시 모델 개발과 산업발전을 꾀할 수 있다. 도시 네트워크의 형태는 다양하지만 '생태도시정상회의'를 참고하여 플랫폼이 수많은 전략사업을 개발하여 협력한다면 동북아 역내 경제발전에 기여할 수 있을 것으로 판단된다.

남북연합론의
심화와 확장

제5장 남북연합과
동아시아 협력

1. 왜 지금 다시 복합국가인가?

분단문제의 해결과 남북의 정치적 통합(또는 통일)의 관계를 어떻게 설정할 것인가는 지금 시급한 문제이다. 그 시급함을 느끼게 하는 두 가지 현상을 들어보겠다.

하나는 통일의 의미와 과정을 검토하는 과정에서 불거진 양국체제론과 남북연합론 간의 논쟁이다. 분단 해소의 가능성이 실감으로 다가오던 2018년 정부 당국의 위로부터의 추진의 주도성을 인정하면서도 그 과정에 참여하려는 시민사회의 욕구가 통일이란 무엇이고 어떤 과정을 거쳐야 하는가에 대한 활발한 토론을 야기했다. 그중 앞으로의 남북관계의 제도적 틀이 어떤 모습일까라는 문제를 둘러싸고 논쟁이 있었다. 논쟁의 한 축이 '양국체제론'이라면 다른 한 축은 '남북(국가)연합론'이라 부를 수 있다.[218] 이 논쟁은 한반도의 현 상황이 평화와

---

[218] 이 논쟁에 대해 논평한 글에서 천정환은 '평화와 통일의 논쟁'으로 규정한다(천정환, "다시, 우리의 소원은 통일?: 4·27 판문점 선언과 북미회담 전후 통일·평화 담론의 전변", 『역사비평』 124호(2018)). 그러나 이러한 이름 붙이기는 적절치 않다. 분단체제론에 기반한 남북연합론이 단순한 (단일형 국가로의) 통일환원론이 아님

통일 및 국가 형태에 대한 기존 개념의 창의적인 재규정을 요구하고 허용한다는 점을 깨닫게 한다.

다른 하나는 통일을 꺼리고 두 개 국가를 따로 생각하는 한국 대중의 여론이 우세하고, 그 이면에는 상호 체제를 인정하기는커녕 "북한 체제에 대한 혐오와 거부 또는 통일에 대한 공포심" 같은 게 있다는 것이다.[219] 북한을 대하는 이러한 대중심리를 고려하면, 분단문제의 해결과 남북의 정치적 통합(또는 통일)의 관계를 새롭게 보는 사유의 틀 없이 사회적 합의를 얻기란 쉽지 않아 보인다.

이 글에서는 그간의 통일 논의 과정에서 진즉 제기된 '복합국가' 구상을 새로운 사유의 틀로 이끄는 유용한 자원이라고 판단해 그에 대해 좀 더 폭 넓고 깊이있는 논의를 시도하려 한다.

복합국가(compound state)란 우리가 아는 일반적 의미의 국가, 곧 단일(형)국가(unitary state)에 대응하는 어휘로서 그 사전적 의미는 두 개 이상의 국가의 결합체로 간주되는 국가 형태이다. 세계사에서 이미 출현한 사례로는 대등한 결합관계를 갖는 연방(federation)과 국가연합(confederation과 union), 그리고 지배종속적 결합관계인 종주국/보호국 등이 있다. 각각은 결합의 수준과 방식에 따른 차이를 보인다.

이러한 (단일국가가 아닌) 여러 종류의 국가 형태는 물론이고 현재 한반도에서 새롭게 실험되고 있는 결합 양상도 포괄하는 커다란 우산 같은 개념이 복합국가이다. 이렇게 가장 외연이 넓은 개념으로 잡을

은 물론이고 평화체제에 대한 구상도 담고 있기 때문이다. 쟁점을 양국체제와 남북연합으로 구분할 때 양측 논의의 핵심이 한층 더 명료하게 대비된다.

219   위의 글, p. 374.

때 결합하는 국가들이 그 과정에서 여러 형태 간에 전환하는 역동성을 파악할 수 있을 뿐 아니라, 미해결 상태의 주권문제를 단일 국민국가의 모델에 집착함이 없이 창의적으로 해결하는 시야를 확보할 수 있을 것으로 기대한다.[220]

그런데 이같은 사전적 뜻풀이보다는 그것이 (다음 절에서 보게 되듯이) 한국사회의 통일·민주화운동 과정에서 창안된 실천적이고 실험적인 의제라는 사실이 한층 더 중요하다. 그렇다 보니 한국 문맥에서 제기된 실용성이 강한 동시에 의도적 애매성도 묻어 있다. 그 하부 개념인 국가연합의 한 형태인 남북연합[221]의 거버넌스의 운영은 밀고당기기의 장기화 위험마저 안고 있어 국가연합이 "모든 갈등을 해소하는

---

220 국가간 결합체인 복합국가에 대한 국내 논의로는 하영선의 (탈근대적) '지식 기반 복합국가'라든가, 박명규의 '연성복합통일론'에 기반한 '복합적 정치공동체' 등이 있다. 전자는 전지구적 자본주의의 현단계의 단기적 적용에 치중한 나머지 중·장기적 근대 극복의 지향이 약하고, 후자는 분단체제론의 보완적 성격이 짙어 필자의 구상과 겹치기도 하나 원론적 논의에 그친 감이 든다. 이에 대한 좀 더 상세한 비평은 백영서, 『핵심 현장에서 동아시아를 다시 묻다: 공생사회를 위한 실천과제』 (파주: 창비, 2013), pp. 75~76.

221 남북연합은 기본적으로 국가연합적 속성과 더불어 특수관계의 성격을 갖는 한반도식 복합국가의 독특한 사례로서 그 안에 이미 여러 단계나 과정을 품을 수 있다. 남북한 정부는 대내적으로는 「남북기본합의서」에 규정된 '통일 지향의 잠정적 특수관계'라는 입장을 유지한 결과, 한국정부도 남북연합을 '국가연합'으로 명시하지 못하고 있다. 이남주는 이 점이 남북연합의 의미와 역할에 대한 구체적인 논의를 적극적으로 전개하지 못하게 만든 원인의 하나라고 본다. 이무철 외, 『남북연합 연구: 이론적 논의와 해외사례를 중심으로』, p. 209. 그런데 백낙청은 「남북기본합의서」에 이렇게 규정함으로써 "이미 국가연합 형태의 단초를 열어놓은 형국"이라고 적극 평가한다. 백낙청, 『흔들리는 분단체제』(파주: 창비, 1998), p. 28. 그렇다면 국가연합이 한반도에서의 통합의 최종 단계인가. 그보다는 점진적이고 단계적인 과정에서 민중의 참여를 최대한 넓히는 창의적 정치적 공동체가 건설될 것으로 열어두자는 것이 필자 등 남북연합론자의 입장이다.

마스터키"가 아니라는 지적도 있듯이,[222] 복합국가라 해서 어느 사회에서나 다 좋은 것은 아니다. 단일국가에 비해 불안정성을 초래할 수도 있는 만큼 그것이 제기되고 실천되는 역사적 맥락과 장소적 감각이 우선적으로 고려되어야 한다.

이러한 한계를 감안하더라도 분단된 한반도에서 "이미 그 건설작업이 진행 중"인 복합국가는 복수의 정치공동체가 결합하는 제도 형식이면서 동시에 평화적 공생과 다원적 자율성 및 탈집중화의 가치(곧 연합주의)를 구현하는 길이다.[223] 이 길을 갈 때, 남한의 연합제와 북한의 (낮은 단계) 연방제를 하나의 연속적 과정의 일부로 이해하는 사유방식을 촉진하는 등[224] 구체적인 이점이 있다는 것을 필자는 부각하고 싶다(그 구체적 세목은 다음 절 말미에 정리될 것이다).

위에서 지적한 복합국가 구상의 한계를 염두에 두면서도 그 이점을 적극 활용하기 위한 방편으로 필자는 이 글에서 복합국가의 유형화 ―한반도의 남북연합형 복합국가, 중국의 제국형 복합국가, 대만과 오키나와의 내파형 복합국가― 를 시도할 터이다.[225] 이를 통해 한반도

---

222 이무철 외, 『남북연합 연구: 이론적 논의와 해외사례를 중심으로』, p. 171, p. 173.

223 남북연합이 '진행 중'이라는 주장은 백낙청, "어떤 남북연합을 만들 것인가", 『창작과비평』 2018년 가을호, p. 17. 그리고 연합주의(confederalism)에 대한 깊은 논의는 이 책에 수록된 이동기, "남북연합론" 참조.

224 일반적으로 국가연합은 연합체가 주권을 갖지 않고 그것을 구성하는 각 국가가 가지며 결합방식은 조약에 의한 것인데 비해, 연방은 연방정부가 주권을 가지며 결합방식은 헌법에 의한 것이다. 이처럼 결합의 수준이 국가연합보다 연방이 더 높고, 연방보다 더 결합의 수준이 높아지면 단일국가로 전환한다. 단일국가 이전의 국가 결합의 모든 것을 아우르는 것이 과정이자 운동인 복합국가이다. 북한의 연방제 안은 변화를 겪어 왔는데 현재 채택하고 있는 것은 '낮은 단계의 연방제'안이다.

225 필자가 본문에서 제시한 세 유형의 용어가 다소간 낯설다면, 한국의 경우 남북한의

의 남북연합과 동아시아 지역의 (세 유형이 국민국가의 형성 과정의 경로에 따라 다른 양상을 보이는) 경험 간에 상호 학습하는 담론적 효과를 중점적으로 분석한다.

남북연합형 복합국가를 축으로 복합국가론을 다른 국가/사회의 지식인들과 소통하여 담론적 의제를 적극 주도한다면, 동아시아 지역협력체 형성의 문화적 차원인 지(知)의 공동체(또는 인식공동체) 형성이 촉진될 터이다. 한반도 평화프로세스의 우여곡절에도 아니 오히려 그렇기 때문에 이 과제를 제대로 수행하는 작업이 일상에 뿌리내려 지속된다면 바로 미래지향적 가치를 창출하는 길로 들어서는 셈이다. 이는 국가 제도 차원의 정책 함의와 달리 규범과 가치 차원에서의 실천적 함의를 의미한다.

2. 남북연합형 복합국가, 한반도

가. 복합국가의 제기: 통일과 민주의 결합

'복합국가'라는 용어는 1972년 「7·4 공동성명」 직후 천관우(千寬宇)에 의해 제기되었다.[226] 그 뜻은 "두 개의 정부가 하나로 되어 경우에

'정치연합형' 복합국가, 중국의 경우 중화문화에 기반한 '문화연합형' 복합국가, 대만과 오키나와의 경우 시민공동체의 횡적 연대를 기반으로 하는 '사회연합형' 복합국가로 규정할 수도 있겠다. 이는 이 글의 초고에 대한 논평을 해준 김동노의 지적을 수용한 것이다. 앞으로 좀 더 검토해볼 만하다.

226 천관우, "민족통일을 위한 나의 제언", 『창조』 1972년 9월호; 천관우, "민족통일의식

따라서는 통일정부로서의 역할을 하고 또 어떤 경우에는 각개의 독립된 정부 역할을 하는 국가"를 의미한다."[227]

이 발상은 당시의 상황과 긴밀히 관련되어 있다. 북한과의 통합 논의가 엄격히 금지된 냉전 상황이지만 남북 정부 사이에 분단 이후 최초로 통일과 관련해 합의된 역사적인 「7·4 공동성명」에 고무된 그가 남한 내부에서 통일을 강조하는 노선과 자유민주주의 노선의 분열, 곧 자유냐 통일이냐의 딜레마를 극복하고, 올바른 통일의 방향을 모색하기 위한 '처방'으로 제안한 것이다. 남북한이 각 체제를 유지하되 "뭔가 하나의 국가로서의 덩어리를 형성"하고 점차 대화와 교류를 거쳐 "단일국가"로 나가자고 과감하게 주장하면서 제출한 것이 이 복합국가론이다.

세계사에 이미 존재한 복합국가의 여러 형태 —예컨대 미국 초기의 13개 주연합이나 19세기 독일연방과 같은 이른바 국가연합(confederation), 미국과 (당시)소련의 연방제(federation), 북한이 그 무렵 내세운 통일 방안인 연방제 등— 는 한반도에 적용되기 어려운 상황이므로 한민족에게는 과감한 발상이 필요하다고 보았다. "우리가 앞으로 구상하는 복합국가는 그야말로 한민족의 어떤 적극적인 역량에 의해서, 창조적인 역량에 의해서 새로이 정말 역사상 처음 나타나는 그러한 의견의 복합국가여야 할 것"이라고 전망했다.[228] 소극적으로 북

의 구조", 『다리』 1972년 9월호; 좌담 "민족통일의 구상(1)", 『씨알의 소리』 1972년 8월호의 천관우 발언 등이 비슷한 내용이나 약간씩 변주를 보이고 있다.

227 천관우, "민족통일의식의 구조", p. 116.

228 좌담 "민족통일의 구상(1)", 『씨알의 소리』 1972년 8월호, p. 44의 천관우 발언.

한의 통일 방안을 피하기 위해 애매한 용어를 활용했다기보다, 민주와 자유의 가치를 지키고 민족민주 세력을 규합하여 통일에 기여한다는 적극적 의미에서 제안된 것이다. 이는 이념과 체제를 달리하는 남북한이 복합적 과정을 거쳐 "차츰차츰 단계를 밟아 단일국가"로 통합될 수 있다는 상상력을 발휘한 것이었다.[229] 이렇듯 복합국가론은 처음부터 시민사회의 절실한 실천 의지에서 나온 창의적인 구상이다.

그의 구상에 담긴 네 가지 특징이 주목된다. 당시 재야 진영에서 민주와 통일 노선이 분리된 형편이었는데, 첫째 통일의 필요성을 강조하면서, 둘째 통일을 민주주의(곧 내부 개혁과 연계)와 결합하고, 셋째 그 동태적이고 단계적인 과정에 참여하는 시민의 능동적 역할을 강조한 점이 돋보인다. 특히 시민의 참여는, 남쪽 정부가 남북문제 논의를 통치권 차원에서 제한하는 바람에 묶여 있었는데, 이에 반발하면서 "평소에 국민들로 하여금 본심에서 통일문제를 걱정하고 토론할 수 있는 그러한 자세가 기본 문제"라고 역설하였다. 끝으로 복합국가는 세계사상 전례 없는 창의적 과제일 터임을 전망했다.[230]

그러나 당시 한국사회에서 이 논의가 제대로 확산되지 못했다. 북한이 1973년부터 과도적 고려연방제를 주장하였기 때문에 국가연합, 연방제에 대한 논의를 계속 이어간다는 것은 특히 1972년 10월 선포된 유신체제의 경직된 분위기 속에서 결코 녹록한 일이 아니었다.[231]

---

229 천관우, "민족통일의식의 구조", p. 116.

230 천관우, "민족통일의식의 구조", p. 118.

231 홍석률, "학계의 통일담론 : 분단문제 해결, 통일, 평화의 관계설정을 중심으로", 강원택 외, 『분단 이후 제기된 통일담론에 대한 정리와 성찰』(서울: 통일부 통일교육원, 2021), p. 221.

그런데 여기서 복합국가의 제안에 대해 천관우 자신도 "누구나 얼른 착안할 수 있었던 대안"인데, "공개해서 거론을 하지 않았을 뿐인 방안"이라고 밝혔듯이,[232] 일정하게 공감된 분위기가 있었다는 사실을 주목할 필요가 있다. 예컨대 장준하의 구상도 주목에 값한다. 그는 '양분체제' '분단체제' '복합국가', 또는 체제적 의미의 '복합사회' 등 복합국가와 관련된 다양한 어휘를 구사하였다.[233] 정치가로서 비록 명료한 개념 규정 없이 사용하였지만 문제의식의 지향은 짙게 느낄 수 있다.

이 구상이 근 20년이 지나 백낙청(白樂晴)의 분단체제론의 구성요소로서 자리잡게 되면서 시민사회 차원에서의 한층 더 실천적인 성격이 강화되고 정교해졌다.

나. 분단체제와 복합국가

백낙청은 87년체제가 출범한 민주화 시기에 대응해 새로운 정세의 분석에 기반한 변혁론으로서 분단체제론을 1990년대 초부터 줄곧 주창해왔다. 그 일환으로 되살아난 것이 복합국가 구상이다. 그는 "분단체제 극복의 방편으로 채택되는 연방 또는 연합체제가 '국가' 개념 자체의 상당한 수정을 동반하는 새로운 복합국가 형태의 창출"이

---

232 천관우, "민족통일을 위한 나의 제언", p. 30.

233 장준하, "민족주의자의 길", 『씨알의 소리』 1972년 9월호, p. 57, p. 63. 그런데 (장준하나) 천관우의 복합국가 구상은 무시되고 그후 강만길이 제기한 '분단시대'라는 문제의식이 우리 사회에서 더 폭넓게 공유되었다. 이는 분단시대론이 분단 상황을 사는 일반인에게 현실 적합성이 더 큰 것으로 보여서였다고 홍석률은 설명한다 (2021년 4월 3일 본 공동연구 중간발표에서의 논평).

아니고는 곤란하다고 지적했다.[234] 이 복합국가 구상은 이어지는 여러 논자들과의 논쟁을 거치면서 점점 더 명료해진다. 그것은 "단일국가(unitary state)가 아니라 온갖 종류의 국가 형태, 즉 각종 국가연합(confederation)과 연방국가(federation)를 포용하는 가장 외연이 넓은 개념"으로서 "주권문제를 단일 국민국가 모델에 집착함이 없이 창의적으로 해결하자는 극히 포괄적이고 원론적인 제안"[235]이다. "남북 주민의 서로 다른 역사적 경험과 현실을 포용하면서 시민들에 대한 국가의 강제력을 획기적으로 제약하는 새로운 형태의 복합국가 건설"[236]이 요청되었다.

이러한 그의 논의에는 천관우의 구상에 담긴 네 가지 특징이 (아래에서 좀 더 상세하게 드러나듯이) 그대로 나타난다. 물론 시대 변화에 대응한 새로운 특징도 덧붙여진다.

그 하나가 '민주적이고 자주적인 다민족(multi-ethnic) 복합국가'에 대한 구상이다. 즉 "통일 한반도의 새로운 복합국가는 동시에 다민족국가로서의 기틀을 잡아야"[237] 하고, "다민족사회를 향해 개방된 복합국가가 민중의 이익에 더욱 충실한 국가 형태"[238]가 될 것으로 기대한다.

---

234 백낙청, "분단체제의 인식을 위하여"(1992), 『분단체제 변혁의 공부길』(파주: 창작과비평사, 1994), p. 35.

235 백낙청, "김영호씨의 분단체제론 비판에 관하여"(1996), 『흔들리는 분단체제』(서울: 창작과비평사, 1998), p. 204.

236 백낙청, 『흔들리는 분단체제』, p. 193.

237 위의 책, pp. 194~195.

238 백낙청, 『한반도식 통일, 현재진행형』(파주: 창비, 2006), p. 83,

이와 더불어 복합국가의 하부 형태로서 제도적 성격이 비교적 또렷한 국가연합이나 연방제에 대해 좀 더 비중을 두기 시작한다. 복합국가보다 남북연합 개념에 치중하게 된 계기는 2000년 남북정상의 합의로 공포된 「6·15 공동선언」의 발표를 비롯한 남북 화해의 진전으로 보인다.

그의 남북(국가)연합론[239]은 「6·15 선언」(제2항)에서 두 정상이 통일을 하기는 하나 서둘러 하지 않는다는 원칙적으로 합의한 내용 —국가연합 또는 낮은 단계의 연방제 합의— 에 근거하되 그뒤 정세 변화에 대응하면서 심화 확대된 것이다. 그 골자는 통일 개념에 대한 새로운 해석에 있다. 즉 1945년에 건설되었어야 할 '하나의 민족, 하나의 국가'라는 차원의 단일한 통일국가를 만들자는 것이 아니라 점진적이고 단계적으로 평화통일을 이룩하는 것이다. 이것이 바로 2000년 6·15 선언의 정신에 부합하는 것임은 물론이다.

그의 통일론은 점진적 통일 작업과 남북 각각의 개혁 작업이 동시에 이뤄지는 '과정으로서의 통일'이라고도 바꿔 말할 수 있다. 그 과정에 시민들도 적극 참여해 분단체제가 조성한 온갖 적폐를 청산하는 개혁을 수행하면서, 한반도 주민의 삶의 질을 개선하는 좀 더 평화롭고 인간다운 체제를 한반도에서 수립하려는 실천적 자세가 요구된다. 한마디로 점진적·단계적·평화적 통일과정과 시민참여의 중요성을 강조한다. 국가연합의 틀을 준수하면서 남북이 서로의 체제를 존중하고 독자적으로 자신의 단점을 줄이고 장점을 키워나가는 세계사에서 유례

---

239 백낙청은 국가연합을 "비교적 느슨한 형태의 복합국가"라고 말한다. 『흔들리는 분단체제』, p. 27.

없는 새로운 개혁 실험이 전망된다.

그가 염두에 둔 과정으로서의 통일의 1단계 목표가 바로 남북연합이다. '낮은 단계의 국가연합'을 만들어가는 단계가 1단계라 한다면, 이 단계가 완성되는 기준은 우선 북한에 대한 경제제재가 해제되어야 하고, 북미 화해와 종전선언 정도까지는 나아가야 할 것이다.[240] 물론 남북 교류 및 협력 축적이 어느 정도 이뤄졌을 때 남북연합을 선포할 것인가에 대한 정부 차원의 판단도 뒤따라야 한다. 그는 2018년 시점에서 지금 이미 남북연합의 "건설작업이 진행중"이라고 주장했다. 즉 2007년 10·4 남북정상회담으로 시작되었고, 이명박·박근혜 정부의 10년간 중단 역행 끝에 2018년 판문점선언으로 재개되어 이제 '불가역적인 단계'로 들어섰다는 것이다.[241]

그런데 지금도 진화 중인 분단체제론의 주요 구성요소인 남북연합에 중점을 둔 그의 복합국가 구상에서 음미할 대목은 이 통치기구가 한반도에 세워지더라도 "현실적으로 국민국가의 틀을 아주 벗어날 가능성은 적다"는 점이다. "'미래의 복합적 정치공동체'가 한반도에 ― 적어도 한반도를 일차적 관할구역으로 삼고― 세워지는 것일 때, 그것이 국가연합이든 연방국가이든, 또 동아시아 지역연합의 일원이든 아니든, 국민국가와 전혀 별개의 성격을 지닌 어떤 형태가 가능하단 말

---

240 백낙청이 설정한 '낮은 단계의 국가연합'은 영어로 표기하면 "an Association of Korean States" 또는 "a low-stage commonwealth"이다. 그는 전자를 더 선호하는데 그 이유는 유럽공동체보다도 낮은 국가결합체인 아세안을 염두에 두고 있기 때문이라고 한다. Nak-chung Paik, "South Korea's Candlelight Revolution and the Future of the Korean Peninsula", *The Asia-Pacific Journal: Japan Focus*, Volume 16, Issue 23, Number 3, (Dec. 01, 2018), p. 9.

241 백낙청, "어떤 남북연합을 만들 것인가", pp. 18~20.

인가"[242]라고 반문할 정도로 강조되고 있다.

이 점은 그가 한반도 문제를 그 자체로 고립시켜 보는 것이 아니라 지구적으로 작동하는 세계체제와 연결시켜 보는 사유에서 연유한다.[243] 세계 자본주의 체제의 하부 단위로서 분단체제와 그 하부의 남북한 각각의 체제라는 세 차원의 상호연관을 중시하고, 자본주의 세계경제의 정치적 구성물에 해당하는 국가간체제(inter-state system)가 미치는 규정성을 간과하지 않는다.

그러니 통일의 결과로 한반도에서 만들어지는 국가가 현실적으로 근대 국민국가의 틀을 아주 벗어날 가능성은 없어 보인다. 그러나 홍석률이 적절히 논평하듯이, 통일된 국가는 단일한 국민국가라기보다는 훨씬 복합적인 요소를 내포하고 있는 복합국가가 될 것이며, "여기서 '복합'이라는 측면은 단지 이질적인 체제를 그 안에 내포하고 있다는 의미뿐만이 아니라 과정상의 복합성을 또한 의미하기도 한다."[244] 필자식으로 말하면 국민국가의 적응과 극복의 과정이 전개될 것인 바, 이는 그 자체로 자본주의 세계체제로부터 이탈할 수는 없지만 그것을 장기적으로 변혁하는 촉매가 될 터이다.

---

242 백낙청, 『한반도식 통일, 현재진행형』(파주: 창비, 2006), p. 178, p. 179.

243 홍석률은 "학계의 통일담론 : 분단문제 해결, 통일, 평화의 관계 설정을 중심으로", p. 231에서 이 특징을 많은 논자들이 간과한다고 지적한다.

244 위의 글, p. 234.

다. 복합국가와 동아시아론

필자는 1990년대 말부터 백낙청의 구상을 원용하면서 동아시아에 확대 적용을 시도한 이래 복합국가 구상을 자신의 동아시아론의 주요 구성요소로, 또한 동아시아 담론을 한반도의 분단 현실에 밀착시키는 핵심어로 삼아왔다.[245]

필자는 민간에서 제기된 복합국가가 온갖 종류의 국가 형태를 포용하는 포괄적 구상인 동시에 국가간의 결합 양상이자 국민국가의 자기 전환의 양상을 겸한 새로운 국가기구 창안 작업임을 강조하는 편이다. 이는 국민국가의 강제성을 획기적으로 제약하면서 해방적 기능을 활성화하는 새로운 국가의 구상과 실천, 곧 국민국가의 적응과 극복의 이중 과제의 동시 수행을 말한다. 이로써 국가주의 프레임을 넘어설 가능성이 열린다. 이 점을 주권 문제를 중심으로 잠시 점검해보겠다.

중화세계의 외부 경계 바깥에 존재한 한국은 19세기 후반 청의 조공체제에 묶여 있는 동시에 다른 국가들과는 근대적 조약관계를 맺는 이중적 국제질서(兩截體制) 속에서 주권의 복잡성을 일찍이 경험했다. 식민지 시기에는 주권의 상실을 체험하면서 그 회복의 중요성을 깨달았다. 냉전기에는 한반도가 분단체제에 놓이게 된 탓으로 주권의 결손이 역력했고, 남쪽만 놓고 보면 대한민국은 미국 중심의 비공식적 제국 속에서 (군사주권도 없이) '구멍난 주권'을 경험하였다. 그러다가 남

---

245 복합국가에 대한 본격적인 논의는 백영서, 『핵심 현장에서 동아시아를 다시 묻다: 공생사회를 위한 실천과제』 참조. 이 용어를 동아시아에 적용한 첫 시도는 백영서, "중국에 '아시아'가 있는가?: 한국인의 시각", 『동아시아의 귀환』(파주: 창비, 2000) 이다.

북한이 상호교류와 협력을 강화하는 과정에서 주권에 대한 유연한 사고의 일례인 '복합국가'론이 제기되었다. 한반도 통일에 대한 좀 더 창의적인 사고와 실천이 요구되는 시대정신에 부응한 것이라 하겠다.

남북연합의 단계에서 나타나는 주권의 재구성은 이미 '공동시민권' 개념의 형태로 시도된 바 있다. 즉 양국의 국민이면서 동시에 남북연합의 구성원이라는 이중적 정체성의 법적 표현인 공동시민권은 각각의 국가적 시민권보다는 낮지만 외국인의 법적 지위와 권리보다는 높은 것인데 이를 어떻게 보장할 것인가가 문제시된다.[246] 필자는 데리다의 '주권의 partage'(分有이자 共有: 이 둘을 아우르는 한국어 어휘는 '나눔')에 기대 주권의 지고성 내지 분할 불가능성에 도전하면서, 동일한 영역에서 복수의 주권이 겹치는 체제를 인민주권 개념을 도입해 '다가올 민주주의'의 가능성으로서 기대하고, 동아시아에서의 공생사회를 구상해본 바 있다.[247]

이러한 입장이 한편으로는 국민국가에 '포섭'될지도 모른다는 우려를 낳고,[248] 다른 한편으로는 여전히 이 지역에서 중요한 '국민국가의

---

246 이는 남북의 헌법과 관련된 법률 규정들을 시민사회적 논의 수준과 결합시켜가면서 그 내용을 구성할 수 있다는 견해가 있다. 이무철 외, 『남북연합 연구: 이론적 논의와 해외사례를 중심으로』, pp. 220~222.

247 좀더 설명하면, 인민이 "인민주권에 기초하는 한 통치 주체가 여럿이 될 수 있으니 주와 연방처럼 국가주권을 분할하거나 한층 더 작은 규모의 지역주권을 구상할 수도 있으며, 국가를 넘어선 연대까지도 가능하다." 백영서, 『핵심 현장에서 동아시아를 다시 묻다: 공생사회를 위한 실천과제』 프롤로그, pp. 22~23. 여기서 인민주권의 가능성과 불가능성은 늘 염두에 둬야 한다. 그러나 주권을 인민주권으로 생각한다는 것은 국가주권을 비판하면서 본질적으로 주권 개념을 논쟁적인 것으로서 파악하는 태도를 의미한다. 鵜飼健史, 『人民主權について』(東京: 法政大學出版局, 2013).

248 정선태, 「동아시아 담론, 배반과 상처의 기억을 넘어서」, 『문학동네』 2004년 여름

존재를 간과한' 것으로 비판받을 수 있다.[249] 그러나 필자가 말하는 복합국가는 국민국가에의 적응과 극복의 이중 과제를 동시에 수행하는 과정이자 운동을 뜻한다. 탈국가화가 아니라 '국가주의를 극복하는 단기적 국가개혁'[250] 작업을 통해 복합국가에 도달하는 것이니 그만큼 현실적인 방안이다. 시민사회 내 통일 논의가 주류와 비주류, 국가중심성과 반국가 지향 등의 구분이 작동하면서 충분한 소통이 이뤄지지 않은 현상을 극복할 수 있는 하나의 계기가 될 수 있다.[251]

또한 복합국가는 분단통일 문제와 개개인의 일상이나 삶의 질의 연관 문제에 현실적으로 밀착해 접근할 수 있게 하는 주제이기도 하다. 우리가 현재 직면한 남한사회의 극심한 경쟁과 갈등 같은 사회문제가 분단체제를 매개로 자본주의 일반의 현상이 더욱 저열한 형태로 나타나는 구조적 문제이기 때문이다. 그런데 이 구상이 우리의 일상생활에 깊숙이 스며들기 위해서는 일상적 삶의 방식을 틀 짓는 문명론적 차원의 비전을 품어야 한다는 점을 강조하고 싶다.

그 비전이 없으면 분단체제에 길들여진 일상성을 극복하고 복합국가를 향한 과정과 운동에 지속성과 추진력을 담보하기 어렵다. 그러므로 그것을 구체화하는 과정에서 우리에게 주어진 어떤 자원이든 마다

호, p. 415.

249 장인성 "한국의 동아시아론과 동아시아 정체성", 『세계정치』 26집 2호(2005), p. 17. 그리고 최장집 역시 국민국가의 역할이 여전히 중요한 현실을 과소평가한 탈민족주의라고 비판한다. "동아시아 공동체의 이념적 기초", 『아세아연구』 118호(2004), pp. 106~107.

250 이에 대한 좀 더 상세한 논의는 백낙청, "국가주의 극복과 한반도에서의 국가개조 작업", 『창작과비평』 2011년 봄호를 참조.

251 이무철 외, 『남북연합 연구: 이론적 논의와 해외사례를 중심으로』, p. 233.

할 리 없지만 특히 (우리 삶 속에 아직 녹아 있는) 동아시아의 문명적 자산은 당연히 활용되어야 한다.

그런데 이제까지 발굴된 것은 소국주의(小國主義) 정도이지 싶다. 필자는 복합국가론이 '소국주의와 친화적인' 것임을 지적하고 소국주의 유산이 한국은 물론 일본과 중국에서도 출현했다가 굴절되고 만 역사적 경과를 분석한 바 있다.[252] 소국주의를 한국에서 처음 환기시킨 최원식은 이 구상을 "소국주의의 고갱이를 중형국가론에 접목하는 작업"으로 연결시키면서, 소국주의를 통해 "우리 안의 대국주의를 냉철히 의식하면서 그를 제어할 실천적 사유의 틀들을 점검"하자고 제안했다.[253] 이는 복합국가가 국가간체계 속에서 부국강병 위주의 발전주의에 휘둘리지 않게 하는 해독제로서 중견 국가 한국으로 하여금 대안적 발전모델을 제시하는 식으로 가치 생산의 역량을 촉진할 것으로 기대된다.

이에 덧붙여 소국사상과 친화적인 동학사상, 특히 개벽사상이라는 자원에 관심 가져보자고 제안하고 싶다. 이나미가 환기시키듯이 "생태 한반도를 구현할 우리의 철학"인 동학사상은 남북이 공유할 수 있는 드문 사상 자원으로서 "남북 간의 여성 및 생태론자들의 연대를 이끌어낼 수 있"을 것으로 기대해봄직하다.[254] 더 나아가 개인들의 마음공부를 내포한 문명의 대전환을 이뤄낼 자원(후천개벽)이 거기에 담겨 있

252   백영서, 『동아시아의 귀환』, pp. 24~31.

253   최원식, "대국과 소국의 상호진화", 『제국 이후의 동아시아』(파주: 창비, 2009), p. 29, p. 54.

254   이나미, "여성 및 생태 분야의 통일담론 회고와 성찰", 『분단 이후 제기된 통일담론에 대한 정리와 성찰』, pp. 370~371.

음도 주목할 만하다.[255] 이와 더불어 유불선의 통합을 시도한 동학의 개벽사상을 계승하면서도 기독교와 현대과학까지 포괄하고자 한 원불교에서 해방 직후 민주주의의 사상적 기반으로 민의 참된 자각과 훈련의 바른 길을 강조하고 좌우합작을 통한 통일국가의 건설을 추구한 '중도'의 건국론을 제기한 것은 남북형 복합국가의 문명론적 비전을 발효시키는 자원임이 분명하다.[256]

이밖에도 더 있을 수 있겠지만, 다양한 가용 자원을 활용해 삶의 방식을 혁신하게 돕는 대안적 문명론 차원의 비전까지 겸비한 복합국가 구상과 실천이 일상화되기 위해서는 일상생활의 이해관계가 걸린 쟁점을 감당할 수 있어야 한다. 우리 사회의 뜨거운 쟁점으로 차별(과 혐오) 문제를 꼽을 수 있지 싶다. 차별이 구조적 문제인 이상 다양한 차별이 서로 연관될 것은 두말할 필요도 없다. 그 상호작용이 사실은 분단이라는 규범 아래 수행되고 있는 실천이라는 점을 간파할 수 있어야 한다. 분단이라는 비정상적 사회구조를 정상적인 것으로 인지하게 조장하는 분단 효과가 우리 인식체계를 심하게 왜곡해왔기에 한국인들이 분단에 상대적으로 무관심해지는 추세이다. 그런데 우리가 현재 직면한 남한사회의 극심한 경쟁과 갈등 같은 사회문제가 결국 분단을 배태한 세계 자본주의 착취구조가 작동함으로써 가능해진 것이기에 남한사회의 사회문제는 여느 국가의 것과는 다른 양상으로 전개된다.[257]

---

255 백낙청, "기후위기와 이중 과제", 『창작과비평』 2021년 봄호. 특히 pp. 297~299를 참조.

256 백낙청, "기후위기와 이중과제", 『창작과비평』 2021년 봄호. 특히 pp. 297~299; 백낙청, "통일사상으로서의 송정산의 건국론"; 백낙청, 『문명의 대전환과 후천개벽: 백낙청의 원불교 공부』(서울: 모시는 사람들, 2016).

257 김성경, 『갈라진 마음들: 분단의 사회심리학』(서울: 창비, 2019), p. 18과 p. 21.

매사를 신자유주의 탓으로 다 돌릴 수 없고 분단체제를 매개로 자본주의 일반의 현상이 더욱 저열한 형태로 나타난다는 점을 간파해야 한다. 혐오와 차별은 그 대표적 현상이다. 달리 말하면 "연대 없는 평등주의"를 조장하는 '분단체제의 에토스'에 우리가 들려 있기 때문에 그러한 폐해의 상당 부분을 겪고 있는 것이다.[258]

이러한 맥락에서 보면, 우리 사회에 만연한 사회적 약자인 소수자에 대한 혐오 현상은 북한 혐오와 밀접한 관련이 있음이 밝히 드러난다. 북한에 대한 혐오 역시 한국인들이 과거보다 더 심각한 "생존 위협(정확히 말하면 사회적 생명에 대한 위협)에 시달리고 있기 때문"이다. 북한에 대한 공포 및 불안감과 신자유주의적 경제주의가 결합하면서 북한(사람)에 대한 혐오 감정은 점점 확산된다. 한국사회의 혐오 현상과 북한에 대한 혐오라는 "이 두 가지는 똑같이 심해지거나 똑같이 약해지는 비례관계"를 갖고 있다는 발언은 이 점을 짚은 것이다.[259] 게다가 최근에는 한반도 평화프로세스의 진행으로 분단체제가 동요하는 한편 미중간 패권경쟁이 격화되면서 변형된 색깔론 ―빨갱이라는 프레임을 덮어씌워 상대방을 공격하는 이분법적 사고방식이나 흑백논리― 으로서 반중 정서가 확산되고 있다.[260]

---

258 분단체제의 제약이 인지적 수준뿐 아니라 심미적 수준이나 가치 같은 규범적 수준에도 관철될 수 있다고 판단하고, "사회적 연대의 해체와 파괴적 평준화의 결과로 주어진" '연대 없는 평등주의'를 분석한 김종엽, "'사회를 말하는 사회'와 분단체제론", 『창작과비평』 2014년 가을호를 참조.

259 김태형, 『혐오주의』(파주: 열린책들, 2019), pp. 179~180.

260 사스, 메르스 등 이전의 감염병 사례와 달리 코로나19가 유독 반중 정서를 불러일으킨 것은 보수와 진보 간의 이념적 갈등이 맞물려 있기 때문인 것이란 분석이 참고된다. 김수경, "감염병, 이념, 제노포비아 '코로나19'의 정치화와 반중(反中) 현

한국전쟁이나 분단 상황을 경험하지 못한 청년세대조차 '분단적 마음'에 사로잡혀 집단 간의 갈등이나 혐오에 쉽게 휘말려들고, 사회 내 다양성에 대한 소극적 태도를 견지하기도 한다. 이렇듯 "마음에 깊게 배태된 분단은 쉽사리 사라지지 않고, 때로는 가시적인 영역에서 혹은 사회 깊숙한 속에서 비가시적인 힘으로 작동하고 있다."[261] 그러니 통일에 대해서도 부정적 인식을 갖게 된다. 그 근원은 우리 사회가 이미 안고 있는 병폐들이고 이것이 통일에 대한 우리의 부정적 인식을 야기하는 것이다.[262] 그런데 이를 치유하고 연대의 마음을 갖는 일은 자신의 그 같은 결핍을 직시하는 데서 출발해야 마땅하나, 일상생활에서 개개인의 작은 실천만으로는 어렵다.

일상적 실천이면서 전지구적 보편성을 아울러 지닌 일상생활의 개혁이 공공의 쟁점과 결합함으로써 국가 개혁으로 이어져 분단된 한반도에서의 복합국가 형성에 기여하는 일이 중요하다. 여기서 장기적인 문명 전환의 목표를 현실 속에서 추구해갈 중·단기 전략을 갖춰야 한다는 점을 강조하고 싶다. 특히 장기와 단기 과제를 연결시키는 중기 과제로서의 복합국가라는 매개항을 누락시킬 때 불가피하게 관념화하는 오류에 빠지기 쉽고 추동력이 약해짐을 간과해서는 안 된다.[263]

이제까지의 논의를 정리하면, 한반도에서 발신하는 복합국가론은 우리의 시야를 열어주는 다음과 같은 이점이 있다.

상", 『다문화와 평화』 14권 1호(2020).

261 김성경, 『갈라진 마음들: 분단의 사회심리학』, p. 34.
262 이 책에 실린 백지운, "열열린 한반도 공동체: 삶-정치 그리고 환대의 공동체" 참조.
263 백영서, 『핵심 현장에서 동아시아를 다시 묻다: 공생사회를 위한 실천과제』, p. 55.

첫째, 한반도적 시각을 가질 수 있다. 특히 남한의 연합제와 북한의 (낮은 단계) 연방제를 하나의 연속적 과정의 일부로 이해하는 사유방식을 촉진한다.

둘째, (남북연합형) 복합국가에 대해 실용적 접근이 가능해진다. 민족동질성과 문화 공통성 아니면 민족주의에 호소하는 통일국가 건설이나 한반도 양국 체제론에 얽매여 남북 간 협력관계 발전의 역동성을 놓치는 오류를 동시에 극복하고, 남북 간 협력관계 발전의 과제와 전망을 아우르는 인식틀을 공유할 수 있다. 남북연합이 남과 북의 평화공존과 화해 협력의 안정적 제도장치이기 때문이다.[264]

셋째, 국가주의 프레임을 넘어설 가능성이 열린다. 시민사회 안의 통일 논의에 국가중심성과 반국가 지향 등의 이분법이 작동하면서 충분한 소통이 이뤄지지 않은 경향을 극복할 길이 엿보인다. 예컨대 갈등 해결을 위해 복수의 주권(또는 공동시민권)처럼 주권 논의의 창의적 활성화가 허용된다. 말하자면 국민국가에 적응하면서 그것을 극복하는 이중 과제가 동시에 수행될 가능성을 기대할 수 있다.

넷째, 한반도에서 구상되고 실천되는 남북연합의 개별성과 보편성이 시야에 들어온다. 동아시아 근현대사의 모순이 집약된 '핵심 현장'[265]의 하나인 분단된 한반도에서의 평화프로세스는 '세계체제의 약

---

264 이동기, "남북연합론" 참조.

265 핵심 현장은 식민과 냉전의 중첩된 영향 아래 공간적으로 크게 분열되어 갈등이 응축된 장소이다. 시공간의 모순과 갈등이 서로 연동되어 악순환하고 있으므로 그것을 해결해갈수록 평화의 동아시아를 위한 선순환의 촉매로서의 파급력은 그만큼 더 커질 것이다. 백영서, 『핵심 현장에서 동아시아를 다시 묻다: 공생사회를 위한 실천과제』. 이 글에서는 분단된 한반도를 중국의 양안관계 및 오키나와 문제와 더불어 핵심 현장의 사례로 분석한다.

한 고리'를 깨는 작업이다. 한반도 주민의 이러한 노력과 경험이 동아시아, 더 나아가 세계에 공유 자산이 되기 족하다. 그러기 위해서는 한반도의 국가연합이 갖는 개별성과 동시에 그 안에 있는 보편성을 읽어내는 일이 중요하다고 본다.

한반도에서는 분단체제 극복운동을 통해 남북이 재통합하는 과정에서 '남북연합형 복합국가'가 가시화되나, 동아시아의 다른 곳에서는 제각기 국민국가의 형성 경로에 대응해 '이중 과제'를 수행하는 과정에서 다른 유형의 복합국가가 그 모습을 드러내고 있다. 그런데 동아시아는 구조적으로 연관되어 행위 주체간 운동뿐 아니라 사상과 제도 영역에서 상호참조하는 '연동하는 동아시아'이다.[266] 서로 유형은 달리 하면서도 복합국가의 양상이 겹치는 까닭이다. 복합국가는 한반도만이 아닌, 이미 동아시아적 차원의 의제라 하겠다.

복합국가가 과연 동아시아적 차원의 의제인지를 확인하기 위해 먼저 남북연합형 복합국가와 비대칭적 관계를 갖는 중국의 '제국형 복합국가', 이어 대만과 오키나와의 '내파형 복합국가'에 대해 살펴보자. 이것이 유형별 나열에 그치지 않고, 한반도의 국가연합이 갖는 개별성과 동시에 그 안에 있는 보편성을 읽어내는 작업이기도 함은 두말할 필요도 없다.

---

[266] 위의 책, p. 318.

3. 제국형 복합국가, 중국

중국어권에서 '복합국가'란 용어가 잘 쓰이지는 않는다. 기껏해야 전통시대에 '농목복합국가'가 있다는 용례가 있을 따름이다.[267] 수·당 왕조, 또는 요왕조가 유목민국가와 농민국가를 통합하는 복합국가를 형성하려고 했다는 식이다.[268] '일종의 종합사회'라고도 불릴 정도로 다양성을 가진 방대한 규모의 중국 전통 왕조의 통합을 복합국가로 부를 여지는 있겠지만,[269] 필자가 주목하는 국가간체계(inter-state system) 안에서의 국가간 결합을 의미하는 복합국가와는 다른 차원이다. 필자가 의미하는 복합국가에 상응하는 현상은 청말민초의 연방제에 대한 관심으로 거슬러 올라간다.

가. 연방주의 사조와 복합국가

전통적인 분권주의적 지향 —집권론인 군현제와 경쟁한 봉건론— 이 청말민국 초에 구미의 연방론에 비춰 재해석된 중국적 연방론의 한 특수 형태인 연성자치(聯省自治), 곧 여러 성의 연합 구상이 있다. 중앙 집권적 체제에 대한 비판의 자원으로 활용되어온 이 구상은 1920년경

---

267 陳珏主編, 『唐代文史的新視野』(臺北: 聯經出版社, 2015), p. 51. 중국의 百度百科를 검색하면 '복합국'(複合國)이 나온다. 그 뜻은 단일국의 대칭으로 연방제와 국가연합의 두 형식이 있다고 풀이된다.

268 가라타니 고진, 조영일 옮김, 『제국의 구조: 중심 주변 아주변』(서울: 도서출판b, 2016), pp. 161~162.

269 쑨꺼, 『사상이 살아가는 법』(파주: 돌베개, 2013), p. 103.

에는 '연성자치'라는 명칭을 갖게 되었고, 군벌들이 통일을 명분으로 혼전하는 현실(이른바 군벌시대)에 절망한 지식인들에게 폭넓은 공감을 불러일으켜 연성자치운동의 동력이 되었다. 그러나 1923년 이후 쇠퇴했다. 국민당과 공산당이 연합해 추진한 국민혁명의 전개, 특히 그 수단으로서 국민혁명군에 의한 무력통일을 추구하는 북벌에 압도당한 때문이다.

그러나 중앙집권적 국민국가에 대한 대안적 정치체제를 추구하는 사람들이 상기할 기억으로서 잠재해 있다. 그중 1920년대에 초기 공산당 지도자 리다자오(李大釗)가 제시한 대아시아주의와 연방론은 흥미로운 사상자원이다. '연치/연방'에 대한 그의 구상에는 '연치주의'와 '민주주의'가 상호 의존적 관계에 있고, 이에 힘입어 개별 국가들의 자기 개조(곧 민주)와 지역 구상으로서의 연방이 결합된다. 여기서 연방은 "'신중국'이라는 민족국가적 단일 정체성의 내파(內破)를 시도하는 것"이다.[270]

중국공산당은 결성 당초에 민족자결권과 연방제를 주장했을 뿐 아니라 1933년에 공포한 「중화소비에트공화국 10대 정강」에서 각 민족의 완전자결권을 승인하는 '중화소비에트연방공화국'을 수립하겠다는 뜻을 밝혔고, 1945년에 마오쩌둥이 발표한 「연합정부론」의 구체강령에서 소수민족이 민족자결권을 갖고 한족과 더불어 연방국가를 수립할 권리가 있음을 분명히 한 바 있다. 건국 무렵 국호에 '연방'을 넣는 안도 나왔지만, 1949년 이후 연방제로부터 후퇴하여 민족자치권을 보

---

[270] 백지운, "민족국가의 개조와 아시아", 『亞細亞硏究』 56권 4호(2013), p. 64. 리다자오의 연방론은 연방주의 본래의 정신에 부합한다.

장하는 선에 머물렀다.

그러나 1989년 천안문사건 이후 해외로 망명한 인사들 ―천이즈(陳一諮), 옌자치(嚴家其) 등― 사이에서 베이징 중심의 집권적 국민국가에 대한 대안적 정치체제로 연방제의 기억을 불러내 중화권의 통합과 민주주의를 달성할 수 있는 실현가능한 선택으로 주창되었다. 대만에서도 양안관계를 묶는 유연한 제도로 국협제(國協制, commonwealth) 등이 거론되었다. 이처럼 복합적 국가에 대한 다기로운 논의가 중국 대륙 밖에서 이뤄지고 있는 것이다.[271]

나. 제국담론을 넘어

중국 대륙 안에서도 티베트 등 이질적 요소나 도농간의 이원구조를 염두에 두고 복합국가적 사고가 없지는 않았지만, 제법 복합국가에 해당하는 논의로서 최근 체계를 갖춘 형태로 대두된 것은 제국담론이라 하겠다.

세계적으로 위상이 높아진 거대 중국에 직면해 그 역사적 독자성(내지 연속성)에 대한 세계의 관심이 그 어느 때보다 높아졌고, 그 과정에서 '제국' 개념이 주요한 설명 도구로 크게 부상되었다.

제국이란 개념이 직접 사용되든 않든, 또 제국이 긍정되든 부정되든 관계없이 그간 근대성 지표의 하나로 중시되어온 '국민국가'가 아니라 (탈근대적 성격마저 띤) 제국의 시각에서 중국의 역사뿐 아니라 현실과 미래를 논의하는 사조를 필자는 통틀어 제국담론이라 지칭한

---

271 백영서, 『동아시아의 귀환: 중국의 근대성을 묻는다』(파주: 창비, 2000), pp. 26~28.

다. 제국담론은 좁은 의미에서는 (제국주의가 아니라) 관용과 팽창이라는 광역 국가 제국의 특징을 전형적으로 보여주는 청조를 새롭게 보는 '신청사'(New Qing Histoy) 연구를 가리킨다. 그런데 그것을 확장시켜 전통문화, 관행 및 제도를 오늘과 미래의 중국 프로젝트에 활용하려는 노력까지 포괄하는 의미로도 쓸 수 있다. 최근 중국 안팎에서 주목 받는 조공제도론·천하체계론·문명국가론 등이 바로 그 대표적인 사례가 된다.

이에 대해 필자가 이미 따로 글을 발표한 바 있으므로[272] 여기에서는 그 논의의 대표적 논객의 하나로서 해외에 잘 알려진 왕후이의 제국담론에 초점을 맞춰 검토한다.

그는 '트랜스시스템사회'라는 개념으로 중국의 어제와 오늘을 설명한다.[273] 이는 "서로 다른 문명·종교·종족집단 및 기타 시스템을 포함하는 인간공동체이거나 사회연결망"이다(p. 409). 다양한 민족들로 구성된 중국을 설명하는 틀로 널리 통용되는 '다원일체(多元一體)의 중화민족' 개념에 비하면, 시스템은 다원일체를 구성하는 '원(元)'의 성격을 약화시키고 시스템 사이에 일어나는 운동의 동태성을 부각시키겠다는 의도가 깔려 있다(p. 14). 이 복합적 성격은 보통 유교이념이 통합한 결과로 설명되나, 그는 유교사상보다는 유교 전통과 티베트불교 그리고 이슬람 문화 등 '시스템'을 하나로 종합할 수 있는 정치문화가 중국의 문화적 경계와 정치적 경계의 통일성을 구축했다고 본다. 요컨대

---

272 백영서, 『핵심 현장에서 동아시아를 다시 묻다: 공생사회를 위한 실천과제』의 에필로그.
273 왕후이, 송인재 옮김, 『아시아는 세계다』(파주: 글항아리, 2011). 이하 쪽수는 본문에 표시함.

트랜스시스템이 문화와 정치의 경계를 통일시킨 것이다(p. 13).

이 관점은 중국과 이웃 국가들에게도 적용된다. 일본·한반도·류큐·베트남 등은 이른바 유교문화권과 한자문화권에 속하지만 그렇다고 '하나의 단일한 (그것이 복잡할지라도) 종합체'를 형성하지는 않았다고 본다. 유교문명권에서는 어떤 통일화 경향이 있다 해도 결코 정치적 경계와 문화적 경계 사이의 정치적 통일을 강렬하게 추구하지는 않았다는 뜻이다(이 점이 기독교문명과의 차이라고 주장된다). 그렇다면 정치와 문화의 경계는 어떻게 연결된 것인가. 여기서 유교문화를 대신해 조공네트워크가 소환된다. 즉 서로 다른 왕조를 하나의 '트랜스시스템'으로 연결한 것이 바로 조공네트워크이다(pp. 16~17, 411).

이처럼 중국 사회 내부에 작동한 '트랜스시스템적 속성'은 기나긴 혁명과 개혁을 거친 오늘의 중국에서도 여전히 중요한 특성이라는 것이 그의 주장에 담긴 현재적 의미이다(p. 18).

이러한 인식틀 덕에 민족주의적 인식틀을 넘어 청대의 통치시스템 속에 다양한 종족·문화·종교가 교류·병존했음을 해석해낼 수 있고, 제국/국가 이원론에서 벗어나 중국을 좀 더 정확하게 해석할 수 있다고 강조된다. 이는 "초국적 자본주의가 지배하는 현 체제에 대한 대안을 모색하려는 의도에서 제시"된 것이라고까지 해석된다.[274]

가라타니 고진(柄谷行人)은 왕후이의 제국론을 수용하면서 더 적극적으로 해석한다. 제국이란 다수의 공동체=국가로 이루어짐과 동시에 그것들을 넘어서는 원리, 달리 말하면 폭력적 강제와 복종할 요소 (곧 원리로서 법·세계종교·세계언어)를 갖고 있는데, 중국이 바로 그러한 요

---

274 위의 책, "옮긴이 해제", p. 465.

소 ―유교·한자 등― 를 갖춘 제국이라는 것이다. 이러한 시각에서 볼 때, 중국공산당이 장악한 과거의 중화제국 영토가 탈냉전기 소련처럼 분해하지 않은 것은 공산당의 지배가 강해서가 아니라 러시아나 유고와 달리 제국적 전통이 강해서이다. 그리고 그 제국을 유지할 수 있는 비결은 단순히 판도나 다민족·경제력의 크기가 아니라 유교적으로 말하면 '덕'을 갖는가 여부이다. 그는 "중국에는 앞으로 커다란 변화가 있을 것으로 생각하나 그것이 현재의 다민족 국가가 분해되는 것은 결코 아닐 것이다"[275]라고 전망한다.

왕후이의 제국담론을 적극적으로 평가한 견해는 더 찾아볼 수 있다. 마루카와 데쓰시(丸川哲史)는 그의 논의를 긍정적으로 수용해 정치적·사회적 체제 그리고 문화와 습속이 서로 다른 주변 여러 영역이나 정치체를 중국과 일체적 통합을 갖게 하는 탄력성 있는 관계의 모델로 제국 경험을 해석한다. 그리고 그 제국성이 1990년대 후반부터 대륙에서 서서히 드러났고, 대만과 홍콩 통합에 적용될 수 있다고 본다. 한마디로 중국혁명은 제국적 기반에서 출발한 것이고 혁명이란 수단에 의해 '제국의 재편'을 꾀한 운동인 것이다.[276]

물론 이에 대한 비판도 만만치 않다. 코야스 노부나가(子安宣邦)는 "왕후이가 말하는 '조공관계'적 모델에 의한 '중화제국'적 통합이란 중국공산당의 일원적 지배에 의한 전체주의적 정치사회 체제를 갖는 경제대국 중국에의 통합"이고, "명청대 중국의 '제국'적 영역의 정통성

---

275 柄谷行人, "世界史の構造のなかの中國: 帝國主義と帝國", 『atプラス』第11號(2012), p. 46.

276 丸川哲史, 『思想課題としての現代中國:革命·帝國·黨』(東京: 平凡社, 2013), p. 47, pp. 70~71, p. 75.

을 계승한다고 말하면서 중화민족의 부흥과 한층 더 강대한 발전을 앞세우는 현대중국은 이미 제국임을 자인"한 것이라고 해석한다.[277]

이와 같이 중국의 부상을 어떻게 볼 것인가는 비판적 지식인들에게 논란의 쟁점이다.[278] 그 논란의 한복판에 있는 것이 제국담론이다. 필자는 한반도적 경험에 기반해 그에 비판적으로 개입하는 입장을 취해 왔으므로 이 주제를 다룰 때 '제국형 복합국가'로 중국을 보자는 문제의식을 갖는 것은 자연스럽다. 그렇다면 이것은 어떤 효과가 있을까. 진즉 중국 안팎에서 '국민국가의 옷을 입은 제국'이니 '제국형 국민국가' 아니면 '제국과 국민국가를 겸한' 것이라는 발상이 제기된 바 있다. 이는 모두 '제국'과 '국민국가'의 중첩 또는 양자 사이의 장력(張力)을 직시하려는 시도라 할 수 있다. 제국형 복합국가는 이로부터 한 걸음 더 나아가 중국이란 국민국가가 지닌 복합성을 좀 더 적극 인정하는 동시에 복합국가성과 제국성 사이에 존재하는 긴장을 단단히 중시하면서 양자간의 전환 가능성을 역동적으로 파악하는 데 민감하다. 이를 세목화해서 정리해보자.

먼저 중국이란 중심과 그 주변 이웃 사회 또는 국가들과의 비대칭적 균형 관계에서 더 나아가 주변의 주체성을 고려하는 역동적 균형 관계를 적극적으로 사고할 수 있다. 예를 들면 홍콩에서 시행되고 있는 '일국양제'에서 지금 '양제'는 약화되고 '일국'이 강화되는 추세로

---

277 子安宣邦, 『帝國か民主か:中國と東アジア問題』(東京: 社會評論社, 2015), p. 58, p. 82.

278 이와 관련해 미국 좌파 중국 연구자들의 곤경에 대한 솔직한 논의가 참조할 만하다. Critical China Scholars, "China and the U.S. Left: A Dialogue Between Critical China Scholars and Spectre", Spectre, July 17, 2021 (https://spectrejournal.com/china-and-the-u-s-left/ [2021년 7월 23일 검색]

보이나, 그를 둘러싼 갈등 자체가 중국의 내부 경계(內境)이자 '구멍난 주권'으로서 중국의 단일형 국가로서의 성격을 흔들고 있으니 복합국가의 성격을 오히려 반증해주는 셈이다. 또한 대만도 (적어도 중·단기적으로는) 홍콩 이상의 독자성을 확보할 수 있는지 여부는 ─공식적인 국가의 틀이야 여하튼─ 중국이 (단일형 국가성이 두드러지는) 제국으로 치달을지 아니면 실질적인 복합국가로 나아갈지 시험하는 역할을 할 공산이 크다.

그 다음으로 제국담론이 국가를 위주로 한다면 제국형 복합국가 구상은 민간사회의 역할을 중시하면서 국가와 사회의 관계, 달리 말하면 중국이란 국가의 내부 운영원리에 비판적으로 접근할 수 있다는 이점이 있다. 이 지점에서 한반도의 복합국가론이 본래 시민참여형 통일론이고 그 과정에 대응해 남북한 각각의 국가 내부의 개혁을 중시하는 발상임을 상기해보자. 이 시각에서 다시 볼 때, 중국사회의 통합 방안으로 19세기 말과 20세기 초 제기된 바 있는 연방주의에 해당하는 구상과 직능대표제에 기반한 민주주의 이념과 실천 경험의 가치가 되살아난다.[279]

그뿐 아니라 오늘의 중국에서도 '반(半)연방주의' 내지 '신복합제국가'가 사실상 시행되고 있어 단일형 국가를 표방하는 헌법 이념과 괴리가 있다는 지적도 있다.[280] 비록 이러한 흐름이 국가의 단일성(또는

---

279 백영서, 『동아시아의 귀환: 중국의 근대성을 묻는다』, pp. 80~83; 유용태, 『직업대표제: 근대중국의 민주유산』(서울: 서울대출판부, 2011). 그밖에 宗族·촌락·길드 등 중간단체의 역할에 대해서는 岸本美緖, "中國中間團體論の系譜", 岸本美緖 責任編輯, 『'帝國'日本の學知』第3卷: 東洋學の磁場』(東京:岩波書店, 2006) 참조.

280 劉迪, 『近代中國における連邦主義思想』(東京: 成文堂, 2009), p. 152, 154, 162.

중앙집중성)을 완화 내지 견제하는 데 중점이 있다 보니[281] 중국의 단일 국가성을 결과적으로 오히려 강화하거나 정당화하는 제국론[282]이 아닌가 하는 의문이 들 수 있다. 바꿔 말해 '제국형 복합국가' 내부의 제국성과 복합국가성 간의 첨예한 긴장을 찾아보기 어렵고 오히려 제국적 성격이 강화되기 십상이지 않는가라는 뜻이다. 여기서 리다자오가 제기한 문제의식, 곧 국가의 자기개조(곧 자치와 민주)와 연방을 결합한 구상을 비판의 준거로 삼아 그것을 재검토할 필요가 있다.

한반도의 남북연합형 복합국가(가 기반한 원리인 연방주의)는 단순히 통치 거버넌스 차원의 중앙정부 구성 문제에 한정되지 않고, 국가간의 결합 양상이자 국민국가의 자기 전환의 양상을 겸한 새로운 국가기구 창안 작업이라는 발상은, 바로 리다자오의 문제의식과 통한다는 것은 새삼 지적할 필요도 없을 터이다. 이를 중국이 수용해 제국성보다 복합국가의 측면을 강화할 때 다양한 주체의 참여와 자치를 보장하는 유연한 거버넌스가 자리잡을 것은 분명하다. 그 관건은, 천하나 왕도처럼 관용에 호소하다보니 정치공동체의 응집에 별로 도움이 안 되는 유

---

281 鄭永年은 단일형 국민국가 안의 중앙과 지방의 관계 문제를 연방제의 방법으로 해결이 가능한데, 실제상 중국은 장기간 '행위(行爲)연방제'의 방법을 실시해왔다고 본다. '행위연방제'는 서방에서와 같은 헌법이나 법리상의 연방이 아니라, 구체적인 조작 혹은 정책설계와 집행행위 상의 연방을 뜻한다. 鄭永年, "疫情與中國治理制度",『聯合早報』, 2020. 7. 28.

282 공산당이 정치개혁의 목표로 내건 이른바 '治理의 현대화'가 그 증거이다. 이때 제국의 치리 원리가 활용된다. 즉 전제권력이 강력한 중앙집권적인 동원력을 장악하여 안정을 유지하면서, 동시에 지방/행정에 자율적인 권한을 부여하여 효율적 통치 효과를 거두기 위해 절묘한 균형점을 찾는 각종 통치제도를 조직화해온 역사 경험이 되살아난다. 장윤미, "신시대 중국정치의 전변(轉變): 연속과 단절",『철학과 현실』125호(2020).

교 관념에 기대는 것[283]이 아니라, (인민)주권의 재구성 —공동주권 또는 복수의 주권 같은 주권의 '나눔'을 제도화하는 과제— 을 기반으로 국민국가의 자기 전환을 이룰 수 있느냐이다.[284] 그 목표가 중화민족의 단일형 국민국가가 아닌 복합국가로서의 유연성을 좀 더 강화·확장하는 데 맞춰져야 그 전환의 추동력이 가속될 것이다.

또한 제국형 복합국가는 문명론 차원에서도 새로운 시각을 촉진한다. 목하 중국에서 활발한 문명담론은 서구문명과 중화문명이라는 우월의식 강한 문명의 이분법적 대립구도에 휘둘려 있을 뿐 아니라 현실 국가권력의 정당화 도구로 —중국혁명에 문명적 설명을 덧붙이는 '신혁명사' 또는 (국민국가가 아닌) 문명국가론이라는 학술 차원이나, 중국 어디서나 눈에 띄는 표어인 '사회주의 핵심 가치' 같은 통속 차원 등 다양한 영역에 걸쳐— 이용되거나, 아니면 사회관리 비용을 낮추는 높은 수준의 정책으로 주목되는 경향이 있다.[285] 그러나 본래 문명은 세상을 인간다운 삶으로 가꾸는 것(곧 인문화)을 의미한다. 그렇다면 성장 제일주의와 이를 추동하는 (자본주의 세계경제의 정치적 구성물에 해당하는) 국가간체제의 일원인 중국이라는 국가의 역할에 대한 비판적

---

283 崇明, "民族國家, 天下與普遍主義", 『知識分子論叢』(上海: 上海人民出版社, 2015).

284 중국의 지식인들은 이념적 차이에도 불구하고 주권 문제에 소홀하다. 신좌파인 왕후이가 인민주권에 대한 분석이 소략하다는 비판은 이종민, 『중국 사상과 대안 근대성』(서울: 현암사, 2017), p. 188. 자유주의파인 쉬지린(許紀霖)도 주권에 대한 관심이 결여되어 있다는 비판은 졸고, "핵심 현장에서 다시 보는 '새로운 보편'", 백영서·김명인 엮음, 『민족문학론에서 동아시아론까지』(파주: 창비, 2015), pp. 376~377.

285 장웨이웨이, 성균중국연구소 옮김, 『중국은 문명형 국가다』(서울: 지식공작소, 2018), p. 236.

안목은 필요요건이 아닐 수 없다. 그리고 이는 '민간 중국'이라는 밑으로부터의 시각과[286] 결합될 때만 피부감각으로 일상생활에서 공감되어 현실 변혁의 요구를 일깨울 수 있다.

　방금 언급한 일상생활에서의 개개인의 공감과 각성은 공공의 쟁점과 결합함으로써 중국인의 분노·수치심·자부심이 뒤얽혀 일상화된 애국주의가 종종 외국인 ─때로는 자치를 요구하는 홍콩인까지─ 혐오로 표출되는 조류를 완화하고, 나아가 국가개혁으로까지 이어져야 지속적으로 추동력을 얻을 수 있다. 한반도의 남북연합형 복합국가론이 보여주듯 단기적 국가개혁 과제를 주권의 재구성이라는 중·장기적인 국민국가 극복의 과제와 하나로 결합시키려는 문제의식과 일관된 실천 자세는 제국형 복합국가에도 요구된다. 이 방향으로 나아가느냐 그렇지 않느냐의 선택은 물론 중국인의 몫이다. 그렇지만 국가간체제의 일원인 중국의 부상으로 재편되는 자본주의 질서의 변화가 어떤 것이고, 이에 어떻게 대응할 것인가를 우리가 판단하는 데 끽긴한 쟁점이 아닐 수 없다.

　이처럼 오늘의 중국이 중화제국의 역사적 경로 위에 서면서도 그와 동시에 '포스트근대적 제국'[287]으로 나아가는지 여부를 따져보는 것에 제국형 복합국가 개념은 유용하다. 제국론처럼 중국을 그 자체의 장기 시간대에서 예외주의로 파악하지 않고 적어도 동아시아 차원으로 공

286　당과 국가의 힘이 워낙 강하다 보니 '중국'을 '중국 국가'와 등치시키는 습관이 평범한 중국인은 물론이고 중국 밖에서도 익숙하다. 그런 익숙함을 깨기 위해, 민이 일상생활에서 어떤 국가를 만나고 어떻게 만나는가를 묻는 작업의 성과로 조문영 엮음, 『민간중국: 21세기 중국인의 조각보』(서울: 책과함께, 2020), 특히 p. 11.

287　白井聰, "「陸の帝國」の新時代は近代を超えうるか", 『atプラス』 第12號(2012), p. 138.

간 영역을 넓혀 다른 유형의 복합국가와 비교해 볼 수 있는 강점이 있기에 그만큼 폭넓은 호소력을 갖게 될 것이다.

4. 내파형 복합국가, 오키나와와 대만

가. 대만의 소국몽과 복합사회

(양국관계가 아닌) '양안관계'라는 중립적 (또는 애매한) 용어로 표현되는 대만과 중국의 분단구조를 둘러싸고 대만 내부에서 치열하게 통일/독립논쟁(統獨論爭)이 전개된 바 있다. 이 과정은 중국의 '제국형 복합국가'적 성격을 좀 더 깊이 읽게 해준다. 나아가 '국가와 비국가의 사이'에 위치한 대만의 독자적 아이덴티티는 국가 자체에 대한 새로운 이해의 가능성을 열어준다.

중국대륙에서의 제국담론의 대두에 대해 대만에서 반발하는 것은 자연스러울지도 모른다. 그 증거로 먼저 눈에 띄는 것은, 대륙에서 발신하는 중국몽을 거부하면서 대만의 '소확행(小確幸)', 즉 일상의 '작지만 확실한 행복'에 대한 충일감을 부각하는 새로운 사조의 대두이다.[288] (이와 더불어 어릴 때부터 대만이 독립된 국가 주권을 가졌다고 여기

---

[288] 小確幸은 村上春樹의 隨筆集 『ランゲルハンス島の吾后』(東京: 新潮文庫, 1990)에서 유래했다고 한다. 한국에서도 소확행이란 단어가 한자어로 된 낯선 어휘임에도 그대로 유행되고 있다. 이 풍조가 대만 본토의식과 상호작용하고 양안 특권층의 수혜에 반대하는 정서와 결합하여 사회운동으로 발전함으로써 '반중' 담론의 동력이 된다. 그런데 이 담론이 중국과의 경제교류가 긴밀한 현실 그리고 중국 거부가 곧 미국 의존으로 이어지는 현실을 간과한다고 쉬진위는 비판한다. 쉬진위, "'중국몽'

며 자랐다는 뜻인 '天然獨' 사조도 최근 대만 청년세대의 정서를 잘 대변하는 말로 주목된다.)

대만인의 자신의 독자적 역사 경험에 대한 자부심은 대만인의 공통 인식으로서 그들의 아이덴티티를 구성하는 주요 요소로 작동한다. 그러나 그것이 소확행 사조로만 표출되는 것은 아니다. 대륙의 중국몽 담론을 전유하여 대만이야말로 그것을 실현할 수 있는 자격을 갖췄다는 새로운 형태의 담론도 대두하고 있다. 말하자면 제국담론을 거부하기는커녕 오히려 (전과 달리) 중화문화를 대만에서 적극적으로 논의하고 재구성하려 시도한다. 그 일단을 '1949년 예찬론'을 둘러싼 논의에서 찾아볼 수 있다.

양루빈(楊儒賓)은 2015년에 간행한 저서[289]에서 1949년에 중화민국이 대만으로 패퇴한 것을 실패나 치욕으로 해석하지 않고, 대중화(大中華) 역사의 맥락에서 창의적으로 재해석한다. 1949년은 중화문화를 대만에 가져와 주체적 문화를 건설하는 풍부한 내용과 안정된 장소를 제공했고, 중화문화(특히 유가전통)가 (민주를 포함한) 현대적 가치를 발전시킬 잠재력을 증명했으며, 대륙에 피드백하여 대만이 '중국몽'을 전승하는 동시에 개창(開創)할 수 있는 희망을 갖게 했다고 예찬했다.

그의 논의의 근간인 대중화 역사의 맥락이라는 것이 현존하는 정치 실체로서의 중화인민공화국이나 중화민국, 곧 두 개 국민국가의 틀을 넘어선 확장된 유동체인 '중화'인 것을 짐작하기 어렵지 않다. 그럼에

과 '소확행(小確幸)', 두 발전 상상의 갈등과 대화", 박명규·백지운 편, 『양안에서 통일과 평화를 생각하다』(과천: 진인진, 2016) pp. 95~102.

289　楊儒賓, 『1949禮讚』(臺北: 聯經出版, 2015).

도 (정치중국과 분리된) 문화중국 또는 (국가민족과 구별되는) 문화민족에 치중한 그의 주장은 대만독립파, 자유파, 국민당, 공산당 등으로 스펙트럼을 보이는 각종 문화정치적 입장과 충돌할 수밖에 없다는 점에서 논쟁적이다.

이처럼 중화제국 담론을 창의적으로 전유하려 하는 1949년 예찬론이든, 중화제국 담론에 반발하는 소확행 담론이든, 그 속에 양안의 분단구조라는 요인이 강력하게 작동하고 있음은 분명하다. 그런데 이들과 달리 대만의 독자적 아이덴티티를 복합국가가 아닌 복합사회로 설명해보려는 시도도 있다.

닝잉삔(甯應斌)이 필자의 '복합국가' 개념에 촉발되어 그 변용으로 내놓은 '복합사회' 개념은 복합국가를 대만 차원의 의제로 재구성하는 과정을 잘 보여준다. 한 사회 내부에 존재하는 각종 '분단 현실'을 극복하는 것을 뜻하는 복합사회는 동시에 국가횡단적(trans-national)이기도 한데, 이를 통해 복합국가를 재구성하겠다는 것이 그의 논지다. 특히 주변적 소수자들 —그는 동성애자의 입장을 중시한다— 을 통한 국민국가의 해체를 추구하는 경향이 강하다. 국가 단위의 해결을 불신하는 색채가 짙은 그의 주장은 필자가 말한 '이중적 주변의 시각'을 수정해 '3중 주변의 시각'을 제출한다. 즉 '인민 내부의 주변', 예컨대 남성에 대한 주변인 여성, 이성애자에 대한 주변인 동성애자를 추가적으로 부각한다.

그리고 일국양제를 활용하여 소수자들의 자치권도 허용하는 공간인 특별구(專區 special zone) —마치 일국 내에 다국적 주민들이 공존하는 조계지 같은 곳— 를 설치하는 전면적 다원주의를 시행하여 국민국가의 틈새를 확대함으로써 그 틀을 넘어서려 한다. 흡사 전통시대

내부 경계(內境)의 확산을 연상시키는 방식을 통해 주권 분할을 확대하려는 그의 '복합사회적 복합국가' 발상은 사실상 연방이나 국가연합의 상상력을 뛰어넘는 것으로 문명·문화 충돌을 해결하는 새로운 거버넌스로 자부된다.[290]

그렇다면 '복합사회적 복합국가'와 중국은 어떤 관계에 놓이는가. 그는 중국을 하나의 '이론'으로 삼아 중국을 새롭게 재구성하자고 제안한다. 즉 사회계약론에 기반한 '공민'이자 중국역사계보(歷史家譜)에 기초한 '중국인', 곧 '중국인공민'이 구성하는 현대중국 국가건설 프로젝트를 구상한다.[291] 이 지점에서 '중국'을 중화인민공화국과 등치하는 관점에 동조하지 않지만, 그렇다고 문화중국과 정치중국을 분리하고 반중 정서가 강한 대만의 사조를 전적으로 수용하지도 않으면서, 다원주의를 관철하려는 그의 입장이 지닌 난관이 느껴진다. 그가 내세운 '이론'으로서의 중국이란 발상과 공명하듯이 '이념으로서의 중국'(中國作爲一個理念)이란 논의도 제기된 바 있지만, 곧바로 중국이란 '이름'(名)이 하나의 '이념'이란 실체로 일원화될 수 없다고 논박되면서 논쟁거리로 비화한 사실은 그 어려움을 웅변한다.[292]

---

290 審應斌, "複合社會", 『臺灣社會研究季刊』, 第71期(2008), pp. 276~279.

291 審應斌, "中國作爲理論", 審應斌編, 『重新認識中國』(臺北: 臺灣社會研究雜誌社, 2015).

292 백지운, "양안 패러다임의 전화는 가능한가", 박명규 백지운 편, 『양안에서 통일과 평화를 생각하다』, pp. 66~69. 왕후이가 말한 '이념으로서의 중국' 담론을 공격한 류지후이(劉紀蕙)는 '복수의 중국' '이동하는 중국'을 강조하고 그것이 담지할 이념은 '자유인연맹' 혹은 '소사회연방'이어야 한다고 주장한다. 劉紀蕙, "與趙剛再商榷：仍舊是關於「中國作爲一個理念」以及「社會 - 運動」的問題", http://www.srcs.nctu.edu.tw/joyceliu/mworks/mw-litcomment/ChinaasIdea2/Index.htm (검색일: 2021. 4. 30.).

이는 제국형 복합국가로서의 중국의 탄력성을 시험하는 리트머스 시험지로서 중국을 비판적으로 보는 시야를 제공하는 동시에, 국가간 체계에 속한 국민국가의 틀 안에서 동시에 그것을 극복하려는 역할을 감당하기 위해 반국가적 지향을 취하는 아포리아를 잘 보여준다. 필자는 이 아포리아에 공감하면서 '내파형 복합국가'라는 형용모순적인 용어로서 의미를 부여하는 것이다.

나. 오키나와의 '공화사회'론

독립왕조인 류큐왕국이 1879년 병합당한 이후 오키나와는 일본제국 치하에서 '내부 식민지'로, 전후 미군 점령 하에서는 '잠재주권'의 적용 대상이었다. 1972년 일본으로 '복귀'한 이후에도 주권의 중층성은 계속 문제가 되고, 미군기지가 여전히 존재하는 가운데 '구조적 차별'에 시달렸다. 이러한 오키나와 주민의 경험 차원에서 일본 본토와 오키나와의 '분단'을 창의적으로 자신의 의제로 삼는 사례로 가와미츠 신이치(川滿信一)의 「오키나와 공화사회헌법사안(私案)」(前文과 총56개조)을 들 수 있다.

일본 국가체제를 내부에서 '분해'하여 '재편'하되, 위로부터의 제도 개혁이 아니라 사회의 자결권을 중심으로 한 법제도 구상, 곧 "국가 없는 사회적 코뮨" 건설을 추구하는 노선이다. 그렇다고 '류큐민족독립국' 수립을 목적으로 삼지는 않는다. 그것이 류큐민족을 기본으로 한 낡은 '근대 국민국가'라는 사상의 틀(곧 민족주의)에서 벗어날 수 없기 때문이다.[293] 이러한 점에서 그의 새로운 정치공동체 구상 역시 '내파형 복합국가' 유형에 속한다 하겠다.

먼저, 그 안에 담긴 '반국가적 성격과 철저한 반폭력의 특징'은 근대 국민국가의 주권과 독립에 얽매인 우리의 상상력을 자유롭게 한다. 그 책을 번역 소개한 한국의 역자가 내셔널리즘과 국가주의의 영향이 강한 한국의 독자에게 그 문제의식이 '자극적'이고 "한국과 무관한 것이 아니기에 스스로를 되돌아보는 계기가 된다"고 말한 것은 적절한 증거라 하겠다.[294] 가와미츠를 비롯한 오키나와의 비판적 지식인들이 말하는 '자립·독립'은 "제3세계가 식민지로부터 독립하는 구래의 '주권'획득에 귀착하는 것이 아니라 주권과 영토, 국민의 삼위일체적으로 구속되지 않는 정치적 공동성"을 창출하는 것이다. 그 핵심은 민의 자기결정권인데, 나카자토 이사오(仲里效)가 적절히 설명해주듯이, 그것은 '다가와야 할' 무엇이다. 기성의 개념이 아니라 자기결정권을 발명하는 실천과정에서 새롭게 재창조하는 이념을 가리킨다.[295]

그런데 그것이 단순히 이상론에 그치지 않는 것은 그 탄생이 "1980년대 초 오키나와 특유의 시대적 분위기, 즉 자치의 길에 대한 모색이 최고조에 달했던" 경험을 반영했을 뿐 아니라[296] "미국의 거대한 범죄와 일본국가의 배반"이라는 현실적 토대를 갖고 있기 때문이다.[297] 미국 패권의 묵인 위에 세운 국가주권(즉 오키나와 민족독립론)으로는 미국

293　川滿信一·仲里效編, 「琉球共和社會憲法潛在力』(東京: 未來社, 2014), pp. 31~32, p. 50.

294　『沖縄タイムス』, 2014. 11. 17.

295　"敗戰70年の日本と沖縄/アジア, 四二八シンポジウム記録"에서의 仲里效의 발언, 『情況』 2015年 7月號, p. 62와 p. 84.

296　孫歌, "리얼리즘의 유토피아: 川滿信一가와미츠 신이치의 「류큐공화사회 헌법C사(시)안」읽기", 『통일과 평화』 6집 2호(2014), p. 114.

297　孫歌, "琉球共和社會の住民として", 『越境廣場』 創刊0號(2015), p. 25.

의 패권 또는 기지문제를 해결할 수 없다는 냉철한 현실인식이 「공화사회헌법」을 중시하는 논의의 바탕에 깔려 있는 것이다.[298]

한국에서 제기된 복합국가 개념에 입각하면, '다가와야 할' 그 무엇인 오키나와의 자기결정권 또는 '자립·독립' 지향을 좀 더 실감나게 이해할 수 있다. 한반도 남북 주민들이 서로의 국가주권을 인정하면서도 점진적으로 평화롭게 재통합하여 단일형 국가가 아니라 한층 더 인간다운 삶을 구현할 새로운 정치공동체를 건설하려는 의지의 표현인 복합국가는 「공화사회헌법」에 담긴 '철저한 반폭력의 특징'을 공유한다. 단지 '반국가적 성격', 달리 말해 국가의 역할에 대해서는 다소간의 어긋남이 있지 싶다. 그러나 '남북연합형 복합국가'와(바로 위에서 언급한 대만의 '복합사회') '공화사회'는 바로 이러한 '어긋남' 때문에 오히려 서로 참조할 가치를 느끼게 된다.

그 다음으로 주목되는 특징은, 오키나와라는 특정한 장소(topos)에 뿌리내린, 토지의 기억과 결합된 사상자원이되 그 장소를 훌쩍 벗어나 비장소(atopos)를 함축하고 있다는 것이다. 그것은 「오키나와 공화사회헌법」 제8조에 나오는 '상징적인 센터 영역', 즉 국가라면 영토겠지만 공화사회이기에 대략적인 공간 범위를 가리키기 위한 기표로 사용된 그 어휘에 잘 드러나 있다. 또한 공화사회의 인민이 될 자격이 그 센터 영역 내의 거주자에 한하지 않고, "이 헌법의 기본 이념에 찬동하고 이를 준수할 의지가 있는 자" 누구에게나 열려 있다는 조문(제11조)에도 분명히 드러난다.[299] '다가와야 할' 공화사회는 국민국가화하는 것이

---

298 新城旭夫/丸川哲史 對談, "世界史沖繩", 『圖書新聞』, 2014. 11. 1.
299 오키나와 공화사회헌법은 川滿信一·李志遠 譯, 『오끼나와에서 말한다』(서울: 이담,

아니라 국가횡단적 인인민의 네트워크에 대한 상상력이다.[300] 바로 그렇기 때문에 오키나와가 단순히 '새로운 장소 내지 변화된 장소'가 아니라 우리가 장소와 주체 사이의 관계를 새롭게 사유할 수 있게 하는 '비장소'인 것이다.

이 특징은 필자가 발신한 핵심 현장의 취지와 통한다. 그것은 동아시아에서 제국, 식민과 냉전의 중첩된 영향 아래 공간적으로 크게 분열되어 갈등이 응축된 장소, '역사의 교차점'[301]을 가리킨다. 그런데 그것은 지리적 범위이되 그 범위를 넘어 "자기가 발 딛고 사는 땅에 새겨진 상처와 기억을 타인과 더불어 공감/공고(共感/共苦)할 수 있는 장"을 열고자 하는 것이다. 달리 말해 "장을 점거하는 입장의 패러다임이 아니라, 장(場)을 열어 드러내는(現) '현장(現場)'의 패러다임"을 요청하는 것이다.[302] 이와 같이 비장소를 함축한 장소인 오키나와를 비롯한 핵심 현장의 성격은 '어긋나며 결합하는' 연대운동, "표면상의 '어긋남'을 차이로 인정하면서도 깊은 곳에서 연결하는 작업"에 눈을 뜨게 한다.[303]

그밖에 「오키나와 공화사회헌법」 제1장 제1조에서 공화사회의 개방적 구성원에게 요구하는 조건이 '자비의 원리'이듯이, 그는 불교와 같은 동아시아의 사상자원을 보편적 이념으로 끌어올리는 작업 ─ 어

2014)에 수록된 것을 참조.

300　新城旭夫/丸川哲史 對談.

301　新城旭夫/丸川哲史 對談.

302　金杭, "입장에서 현장으로: 2015 동아시아 비판적 잡지회의 참관기", 『창작과비평』 2015년 가을호, p. 552.

303　孫歌, "琉球共和社會の住民として", p. 21.

떤 곳에서는 '종교적 원리화'로 말할 때도 있다— 이 오키나와에서 수행되기를 기대한다.[304] 이처럼 문명론 차원의 지향을 내장하고 있다. 여기에 섬 공동체로서 오랜 기간 지켜온 오키나와 특유의 공동체 의식과 감정 —'수평축의 발상' 곧 '동심원'처럼 수평으로 퍼져나가는 '타자의 확장'으로서 인간관계를 파악하는 힘—[305] 이라든가 소국주의[306] 가 결합되어 작동할 수 있을 터이다.

이러한 특징들을 지닌 '공화사회'론은 가와미츠가 말한 바 "옆으로 넘나든다"는 식의 사상적 전환, 즉 '횡월(橫越)'적 사고방식으로 도약하게 만드는 힘을 갖는다.[307] 그 덕에 일본이란 국민국가 그리고 일본과의 분단관계 —구조적 차별로 표현되기도 한다— 를 내파하면서 주권과 민주주의의 존재방식에 대한 근원적 질문을 던지고, 국가 개념 및 국가간체제의 수정을 요구하는 작업이 한층 더 매력을 갖는다.

이러한 구상이 추상적 이념처럼 들릴 수도 있겠지만 동아시아 차원의 전략과 연관된 것이라고 그는 역설한다. 즉 일본국 헌법 제9조를

---

304 川滿信一・仲里效編,『琉球共和社會憲法潛在力』, p. 66.

305 岡本惠德, "水平軸の發想: 沖繩の共同體意識", 谷川健一編,『叢書 わが沖繩第六卷 沖繩の思想』(東京: 木耳社, 1970). 이런 공동체 의식이 코로나19 팬데믹 상황에 대처하는 과정에서 작동하고 있음을 증언하며, 이것을 사상과제로 삼고자 하는 노력은 와카바야시 치요, "포스트 냉전과 팬데믹: 오키나와의 코로나 경험과 정동", 성공회대학교 동아시아연구소 HK+ 주최, 2021 해외석학 초청 웨비나 시리즈 I (2021. 2. 9.) 발표문.

306 아라사끼 모리떼루 지음, 백영서・이한결 옮김,『오끼나와, 구조적 차별과 저항의 현장』(파주: 창비, 2013), pp. 265~269. 그는 소국주의를 '부드러운 국가'로 설명한다. 그의 저서에『小國主義の立場で 1983-1987』(東京: 凱風社, 1992)이 있다.

307 川滿信一・李志遠 譯,『오끼나와에서 말한다』, p. 166. 특히 각주 65의 원저자 추가 설명 참조.

실현할 무력완충지대로서 제주도-오키나와-대만-(중국의) 하이난(海南)을 포괄하는 '쿠로시오(黑潮)로드 비무장지대' 창설, 그 기본정신을 구현할 '동아시아 초국경 헌법안' 작성, 나아가 동아시아공동체 구상을 제안한다.[308] 이에 호응하는 대만 지식인의 소리도 들린다. 미중 패권으로부터의 중립과 평화와 민주라는 가치로 결속한 약자인 대만과 오키나와의 '가치동맹'이 제창되는 것이다.[309]

이와 같이 '내파형 복합국가'가 보여주는 근원적 문제 제기를 깊이 새기면서도, 한국의 남북연합형 복합국가의 경험에 비춰볼 때 그것이 단기적 과제를 중·장기적 과제와 연결시켜 하나로 파악하고 그것을 일관되게 실천하는 일을 수행하는 데 한층 더 힘써야 함을 지적하지 않을 수 없다. 이는 미군기지 반대운동 같은 단기적 당면 과제를 동력 삼아 어떻게 중·장기적으로 평화라는 문제를 경제적·정치적 차원에서 결합시켜 (독립문제 논의도 시야에 넣고) 전체 사회의 구상으로 만들 것인가의 문제이다. 물론 그 길은 오키나와 사회가 처한 역사적 맥락과 장소적 감각에 따라 결정될 것이기에 단·중·장기 과제를 적절히 분별하는 일에서 다른 사회와의 차이가 있게 마련이다.[310] 그러나 여기서 장기와 단기 과제를 연결시키는 매개항인 중기 과제, 곧 일본국가의 변혁에 대한 논의를 소홀히 할 때 변화의 추동력을 잃게 될 위험이 있음을 간과해서는 안 된다는 점을 특히 강조해두고 싶다(그렇지 못

---

308 川滿信一·李志遠 역, 『오끼나와에서 말한다』, p. 321.

309 鳴叡人, 『受困的思想: 臺灣重返世界』(新北: 衛城出版, 2016), pp. 226~229.

310 아라사끼 모리떼루 지음, 백영서·이한결 옮김, 『오끼나와, 구조적 차별과 저항의 현장』, pp. 270~272에 나오는 아라사끼 발언 참조.

할 때 신냉전체제를 미국에 앞서 적극 추동함으로써 '보통 대국'으로 나아가려는 일본정부의 시도를 제어하기 어려울 것이다[311].

(반국가적 지향이 강한) '공화사회' 구상이라 할지라도 일본과 오키나와의 분단구조가 국가간체제에 규정되기에 복합국가로 규정하면서도 그것의 속성을 '내파형'으로 구별짓게 된다. 오키나와인들은 자신에게 가해지는 '구조적 차별'을 폭로함으로써 일본이란 국민국가를 내파하는 동시에 그 구조적 차별이 오키나와를 발판으로 한 미국의 패권질서와 직결된 것임을 지적하고 그를 극복하려 함으로써 국가간체제 (및 세계체제)를 내파할 계기도 안고 있는 것이다.

5. 맺음말

한반도에서 진행되는 남북연합의 과정이 이 지역의 정치안보, 경제, 문화 공동체에 점차 기능적으로 영향을 미칠 것으로 전망할 수 있다.[312] 좀 더 적극적으로 말해 남북연합 자체가 (협력과 통합 수준을 평화적이고 점진적으로 높여가는) 과정이므로 이 과정이 북의 변화를 촉진하고 더 나아가 동아시아 여러 사회에서 국민국가의 중심성을 (많든 적든) 완화하고 재편하거나 다양한 자치권운동의 진화를 촉진하는 효

---

311 신냉전체제 구축을 통해 '보통 대국화'하려는 '중견 국가' 일본에 대한 설명은 이종원, "탈냉전의 한국, 신냉전의 일본"(세교연구소 주최, 162차 세교포럼, 2021년 4월 16일).

312 예컨대 동아시아 철도공동체, 동북아 에너지, 경제공동체, 다자안보공동체 식으로 확산될 것이란 전망이 있다. 문재인 대통령 "오슬로포럼 기조연설"(2019).

과를 가져올 것으로 예상할 수 있다.[313] 그런데 이는 한반도에서 동아시아 이웃 사회로 파급되는 영향으로 보이지만, 좀 더 깊이 들어가면 그들의 변화로부터도 영향 받는 쌍방향의 연동 작용임을 알아차릴 수 있다.

대만과 오키나와의 자치운동은 복합국가의 형성을 촉진하면서 '동아시아 분단구조'의 틈새를 확장하는 작용을 할 수 있다.[314] 예를 들어, 오키나와의 미군기지 현외 이전 방침을 2010년에 일본정부가 뒤집은 명분이 한반도의 위기 상황(천안함 사건)이었듯이, 한반도 평화프로세스의 진전은 오키나와인의 미군기지 반대운동에 유리한 조건을 제공할 수 있을 것이 분명하다. 그리고 이를 동력으로 한 오키니와 주민의 자치운동이 일본(과의 분단)에 영향을 미치는 동시에 (미중관계의 변화를 매개로) 한반도를 포함한 동아시아 질서 전체에 영향을 미치게 될 것은 그 단적인 증거일 것이다.

---

313 복합국가가 동아시아 평화에 선순환적 파급을 가져올 것임을 간명하게 지적한 백낙청의 문장을 인용해보자. "남북한이 느슨하고 개방적인 복합국가 형태를 선택하는 것이 곧 '동아시아연합'으로 이어지거나 중국 또는 일본의 연방국가화를 유도할 공산은 작더라도, 예컨대 티베트나 신장 또는 오키나와가 훨씬 충실한 자치권을 갖는 지역으로 진화하는 해법을 촉발할 수 있다. 또한 중국 본토와 대만도 명목상 홍콩식 '1국2제'를 채택하면서 내용은 남북연합에 근접한 타결책을 찾아내는 데 일조할지도 모른다." 백낙청, "'동아시아공동체' 구상과 한반도", 『역사비평』 92호 (2010), p. 242.

314 중국이 '100년 굴욕'의 역사(또는 '悲情의 역사')가 시작된 사건으로 간주하는 (그리고 동아시아에서 문명관의 전환을 초래한) 청일전쟁 이래 잇따른 열전 그리고 냉전 —그 이름을 무색케 하는 중국 내전(1946~1949), 한국전쟁(1950~1953), 베트남전쟁(1955~1975) 등 열전을 포함— 을 겪으면서 중국과 일본 사이에 분단이 재생산되어 오늘에까지 영향을 미치는 것을 저자는 '분단구조'라고 부른다. 이삼성 등이 논의한 '동아시아 대분단체제' 개념을 재구성한 필자의 '동아시아 분단구조'에 대해서는 백영서, 『핵심 현장에서 동아시아를 다시 묻다』, pp. 382~386 참조.

여기서 필자는 중견 국가로서의 한국의 역할에 초점을 두고 남북형 복합국가의 효과를 점검해봄으로써 이러한 동아시아 차원의 연동성 문제를 함께 사고해 보고자 한다. 세계질서가 양극체제로 구조화하는 방향보다 유동성과 불확실성이 높아질 것으로 예상되는, 이른바 G0질서가 조성하는 지역적·지구적 질서/무질서를 뛰어넘는 데 중견국인 한국이 수행할 일정한 역할은 심대하다. 그 역할을 제대로 감당하기 위해서는 물질적 역량과 소프트파워라는 조건을 갖춰야 한다.[315] 여기서 소프트파워는 단순한 문화역량에 그치지 않고 '생산적 힘(productive power)', 즉 국제기구에서의 (전통적 권력–정치적 기준이 아니라) 롤모델의 기능과 자본주의의 대안 모델 제시 능력 등을 아우른다.[316] 필자는 남북연합형 복합국가라는 구상의 발신과 그 구현 과정이 담론적 효과를 통한 '생산적 힘'을 키워준다고 여긴다. 제국형 복합국가의 국가중심적 경향과 내파형 복합국가의 반국가 지향을 넘어서는 가능성을 제시할 수 있기 때문이다.

그런데 복합국가(의 세 유형)에 대한 논의는 가치에 치중한 것일 뿐인가. 이 가치는 일상적인 것, 곧 일반 시민의 삶의 질과 어떻게 연관되는가. 본문에서 중시했던 이 물음에 대해 다시 간단히 정리하겠다.

---

315 이남주, "미중 전략경쟁, 어디로 가는가", 『창작과비평』 2021년 봄호, pp. 50~51.

316 Michael Zurn, "Fall of the Berlin Wall: Globalisation and the Future of Europe," *New Zealand International Review*, Vol. 35, No. 3(2010), p. 7. 이 글에서 중견 국가는 주로 유럽 국가들을 가리키듯이, 영어권에서 중견 국가에 주목하는 논의는 주로 유럽 아니면 캐나다와 일본까지를 염두에 둔다. 예를 들면, Bruce Jones, "Can Middle Powers Lead the World Out of the Pandemic: Because United States and China Have Show They Can't", *Foreign Affairs*, 2020. 6. 18.에서도 한국 사례는 지나가면서 언급될 뿐이다.

276 한반도 평화번영론의 새구상

복합국가가 원활하게 작동되지 않는 한반도의 현존하는 분단상태 (또는 결손국가) 하에서 일상생활에 만연한 사회적 약자인 소수자에 대한 차별과 혐오 현상이 북한 혐오와 밀접한 관련이 있음을 본문에서 확인했다. 전쟁이나 분단 상황을 경험하지 못한 청년세대조차 분단체제가 조성한 '연대 없는 평등주의'에 사로잡혀 사회 내 다양성에 대해 소극적 태도를 견지하기도 한다. 최근 남북 화해가 진전되면서 분단체제가 흔들리고 미중간 패권경쟁이 거세지자 북한에 대한 색깔론이 약화되는 대신 그 대체물로 반중 정서(때로는 더욱 심해진 혐중 정서)까지 특히 청년층 사이에 번지고 있는 형국이다.

이러한 현상은 동아시아의 구조적 조건 —흔히 신냉전이라 불리는— 이 '내부화'한 결과이다. 한반도에서의 평화프로세스의 진전이 가져오는 동아시아 차원의 긴장 완화의 반작용으로 보수세력의 위기감이 커지고 그에 따라 반북(조선) 정서와 그 대체물로서의 반중 정서 같은 혐오 정서가 국경을 넘어 강화되는 추세 —그 증거의 하나가 한일간 시민차원의 우익연대— 도 드세다. 동아시아 분단구조 양측의 경제 의존이 심화되면서도 지정학적 갈등은 여전하고 이념도 (냉전이념이 아닌) 민주주의와 권위주의의 대립이라는 (문명 차원의) 가치관 대립으로 전화되고 있다.

그 진원지는 또다시 한반도(의 흔들리는 분단체제)이다. 따라서 한반도의 남북연합형 복합국가의 형성을 다시 활성화함으로써 동아시아 평화의 선순환을 더욱 가속하는 것이 해소책이다. 이 과정에서 그 효과가 각 사회에 '내부화'하여 국가개혁을 촉진함으로써 (개별 사회 안팎의 대상에 대한) 혐오 정서를 완화해 안전과 평화의 길로 가는 동력이 될 것이다.

남북연합형 복합국가라는 운동이자 프로젝트 수행의 주체는 그저 남북 주민의 중첩 혹은 총합일 수는 없고, 새로운 정치적 주체의 형성을 요구한다. 평화적이고 점진적이고 단계적인 통합의 길에 합의하고 이 합의를 실천하는 양 극단이 배제된 광범위한 세력 연대가 실체화할 때 점진적 개혁의 누적이 참된 변혁으로 이어진다.[317] 이 과정을 탐색하는 것은 곧 민족통합의 길을 모색하는 일이자 지구적·지역적 연대를 요청하는 과제이다. 이는 필연적으로 전 지구적·지역적 관계의 재구성 그리고 그 주체 형성과 관련된다.

이에 우리는 한국의 역사적 경험과 현재적 실천의 조건에서 숙성된 남북연합형 복합국가를 사상자원이자 전략으로 접근하고 실천하는 동시에, 다른 사회의 지식인들과 소통하여 한반도 안팎을 가로질러 담론적 의제를 적극 추진할 필요가 있다. 다양한 복합국가 유형들의 개별성과 보편성을 지구지역적(glocal) 관점에서 비교해 상호 내재적 연관성을 규명할 수 있는 인식틀이 좀 더 구체화되어 설득력을 높여간다면, 동아시아 지역협력체 형성의 문화적 차원인 지(知)의 공동체(또는 인식공동체) 형성이 촉진될 것이다. 이처럼 한반도의 복합국가 구상을 동아시아적 시각에서 재인식하는 것은 현존하는 위계적 동아시아질서를 인정하면서도 재구성하는 변혁의 계기가 된다.[318] 이것이 바로 미래지향적 가치를 창출하는 길이 아닌가.

---

317 이 과정이 분단체제론에서 말하는 '변혁적 중도주의'의 길이다. 정현곤 엮음, 『변혁적 중도론』(파주: 창비, 2016) 참조.

318 류준필, "분단체제론과 동아시아론", 백영서·김명인 엮음, 『민족문학론에서 동아시아론까지』(파주: 창비, 2015), p. 287에서 제기한 동아시아론의 과제를 필자 나름으로 응답해보았다.

이로써 한국 내부에서는 분단문제 해결과 남북의 정치적 통합의 관계에 대한 무관심 또는 관심의 분단을 극복하고, 동아시아 이웃 나라의 한반도 통일에 대한 불안을 완화하는 데도 기여할 수 있을 것이다. 이는 국가적 제도 차원의 정책 함의와 달리 가치 차원에서의 실천적 함의를 뜻한다. 이제 '진행 중'인 남북연합형 복합국가라는 자산을 좀 더 정교하게 다듬어 창발적으로 한국과 동아시아의 미래를 기획하고 실천할 때다.

제6장 신통일론의 의의와 과제

이 책의 주요 내용을 요약하면 다음과 같다.

제1부는 남북관계 발전모델, 혹은 통일론을 구축하는 데 핵심적 개념인 남북연합과 공동체를 새로운 상황에 맞추어 재구성하는 시도를 했다.

제1장에서는 한반도 통일 논의의 기본 배경과 정치 맥락의 변화를 고려해 남북연합 개념을 재정의하고 남북연합 추진전략과 주요 과제를 제시했다.

남북연합은 단순히 통합적 국가로 발전하기 위한 통일 과정의 중간 단계로서만이 아니라 고유한 성격의 평화적 협력체제를 발전시키는 기구이자 계기로 이해될 필요가 있다. 이러한 의미에서의 남북연합은 인습적인 민족동질론에 의거할 수도 없지만 성급히 양국체제론에 의거할 이유가 없으며, 연방주의의 철학적 원리에 기초해 접근하면 더 현실적 대안이 될 수 있다.

연방주의 사상의 출발은 작은 단위 정치체의 자치와 자기결정권을 존중하는 것이고 연방주의의 관건은 다원적 삶의 존중과 이질성의 포용에 있다. 획일화로서의 통합이 아니라 차이의 공존과 화합(accommodation)이 연방주의의 핵심 이념이다. 이러한 원리는 국가연합과도 결합될 수 있으며, 남북연합도 그와 같은 관점에서 개별 단위 국가들이 남과 북의 고유한 주권과 자기결정을 존중하면서 상생과 협력관계의 장기적 틀을 찾고 발전시키는 것으로 규정할 수 있다.

남북연합을 그렇게 이해하면 남과 북은 적어도 이론상으로는 각기 통일의 장기 전망과 단계적 발전 구상을 어떻게 갖든지 그것을 평화공존과 상생 협력의 안정적 틀로 일단은 수용하고 환영할 수 있다. 남북연합은 남과 북의 정치공동체의 평화공존뿐 아니라 이익 구현과 권리 발전을 보장하는 틀이 되기 때문이다. 이는 국가연합이나 연합주의를 포괄할 수 있는 원리이다. 그리고 기존 남북연합 연구에서 강조된 바 있는 협의주의는 협상을 위한 의지와 갈등 조정의 합의문화 경험과 문화가 존재하지 않는 곳에서는 성과를 내기가 쉽지 않다. 남북연합 건설을 위해서는 협의주의에 대한 성급한 기대보다는 이견과 갈등을 감당하고 비적대적 조정과 공존 방식에 주목한 '경합적 평화'(agonistic peace)의 관점을 받아들이는 것이 더 적절하다.

그리고 남북연합 구상의 현실성은 독일 국가연합과 독일-프랑스 협력 사례를 통해 더 잘 이해될 수 있다. 이러한 경험을 통해서 볼 때 한반도에서 국가연합 논의는 우선, 분단의 불균형을 숙고하고 반영하는 관점으로 발전해야 한다. 또한 실용적 접근을 통해 한반도 두 공동체 간 관계의 질적 발전과 여타 외교와 안보 문제를 분리해 앞의 것이 지닌 독자적 의미와 역동성을 최대한 살려야 한다. 마지막으로 국가연합을 국제법적으로 명료하고 확정적인 상태로 보면서 '망상'하면 그것은 너무 멀거나 불가능해 보이지만, 분단 양국 간 현실적 협력관계의 양적 확대와 질적 심화라는 차원에서 정치 행위 주체들의 의지와 결단의 문제로 본다면 '작은 걸음'들이 '그 다음' 단계로 나아가는 방향이자 징검다리가 될 수 있다.

이처럼 남북 간 협력관계의 발전 심화와 안정화에 초점을 맞추면 남북연합을 매우 탄력적, 유동적, 개방적으로 설정해 여러 방식의 이행과 중첩을 모색할 수 있다. 그리고 그 과정에 출현하는 단계나 과정, 양상과 성격에 조응하는 용어나 개념을 창안하고 구상을 발전시킬 수 있다. 이를테면 (국가)연합적 협력, (국가)연합적 구조, (국가)연합의 전 단계, 사실상의 (국가)연합, 국가연합의 입구, 낮은(/높은) 단계의 국가연합, 경제협력공동체, 협력관계의 연합적 실천, 연합 지향의 협력관계, 연합의 연방적 실천, 한반도 국가연맹(Verbund association: 국가연방), 한-조 연합(한국과 조선: 양 국가의 국가성과 독자성을 고려해 각각의 공식 국호의 약칭을 사용), 한-조 책임공동체 등을 활용할 수 있을 것이다.

남북 주민들은 남북연합을 만들고 발전시키면서 '연합적 결속'을 경험할 수 있다. 교류협력의 실천 경험과 평화 지향의 '연합적 결속'을 통해 새로운 집단적 소통과 공유의 결속 경험을 축적할 수 있다. 남북연합은 최소한 한반도 남과 북의 주민들에게 '연합적 결속'을 낳을 것이고 그것은 다시 평화적 공생의 자산이자 더 안정적인 남북 간 정치체 결합의 기반이 될 것이다.

제2장에서는 공동체론을 점검하고 한반도가 열린공동체로 나아가기 위한 길을 제시했다.

이 논의는 통일이 국가와 사회에는 이익이 되지만 나에게는 이익이 되지 않는다는 인식이 증가하고 있는데 이것이야말로 한국 사회의 통일담론이 노정하는 문제의 핵심일 수 있다는 인식에서 출발했다. 공동체의 선을 지향하는 대의가 개인들이 추구하는 행복 및 가치와 무관하거나 충돌한다면, 통일에 대한 사회적 합의점을 찾기는 점점 더 어려워질 것이다. 따라서 통일 논의에서 시급한 것은 정치적·이념적 슬로건에서 일상생활과 만나는 삶-정치의 담론으로 내려와야 한다. 남과 북이 '함께 사는' 길을 상상하는 우리의 사고가 국가 층위에 제약되는 한, 그래서 관련 논의들이 모두 국가의 문제로 수렴되는 한 통일담론의 창조적 돌파와 대중적 확장은 기대하기 어렵다.

통일담론에서 '공동체'의 범주가 소환되는 것, 그리고 되어야 한다면 이러한 맥락일 것이다. 돌아보면, 민주화 이후 여야 합의로 만들어진 한국 정부의 공식 통일 방안의 이름이 '민족공동체통일방안'이었던 것 역시 국가간의 결합이라는 원론적 원칙에 매달려서는 실질적 진전을 이루기 어렵다는 현실 인식에 기반한 것이었다. 그러나 30여 년이 지나 삶의 양태와 가치관이 크게 달라진 상황에서 예전과 같은 집단 정체성의 효과를 '민족'에 기대하기는 어렵게 되었다. 지금은 공동체를 민간의 다양한 층위의 주체들의 개입을 위한 인식과 실천의 장으로서 만들어가야 할 영역인 것이다.

공동체에 대한 재해석을 시도한 연구들이 이미 적지 않다. 이 연구들에서는 어떤 내재적 본질에 기반하지 않고 또 어떤 인위적 목적을 지향하지 않으면서, '함께 있음'이라는 인간 실존의 기본 양태로부터 공동체의 사유를 다시 출발해야 한다는 점이 강조된다. 그런데 통일론과 관련된 기존의 공동체론에서 남과 북에 공통적 요소를 찾지 못한다면 공동체는 성립될 수 없으며, 그것은 곧 한반도의 미래 비전을 방기하는 것이 된다는 원천적 두려움이 작용하는 것으로 보인다. 그렇다면 지금 우리가 물어야 할 질문은 민족이라는 대의가 지금 시대에 부합하느냐가 아니라 우리 시대 공동체의 이념과 철학이 무엇이냐가 되어야 하는 것 아닐까. 다시 말해, 남과 북의 공통성을 연역하여 추상적인 대의를 상정하고 그 자명성을 누구도 함부로 건드리지 못하게 하는 것과는 다른 방식으로, 즉 대의에 의존하지 않는 공동체 이념을 밑바닥에서부터 재사유해야 하는 것이 필요하다.

그러한 점에서 '마음 통합'이라는 접근은 이제까지의 통일 논의에서 상당히 의미 있는 전환을 보여준다고 할 수 있다. 마음 통합의 관점은 국가 차원으로 환원되지 않는 일상과 감정, 정서의 층위에서 민족 동질성이라는 추상적 관념이 북한이라는 낯익은 타자와 의미 있는 관계를 형성하는 데 좀처럼 도움이 되지 않는 냉정한 현실을 직시하게 한다. 그러나 마음 통합의 접근은 같은 민족이라는 환상이 걷힌 이후 어떻게 북한(사람)과 새로운 관계를 수립할 것인지에 대해서는 답을 주지 못한다. 민족 신화에 의존하는 공동체의 허위성을 걷어낸 자리에, 그들과 우리의 '함께 있음'의 관계 방식을 어떻게 새롭게 구축할 것인가라는 문제가 다시 제기되는 셈이다.

이 장에서는 '환대' 개념을 매개로 타자만이 아니라 자기에게도 열린 공동체의 가능성을 탐색했다. 환대의 원리는 단지 타자에게 자리를 내어주는 데 그치지 않으며 궁극적으로는 자신을 타자에게 내어주는 것이며 타자를 통과하여 자신에게 돌아가는 과정임을 일깨워준다. 현재 통일에 대한 여러 부정적 이미지도 자기에 대한 불안감이 통일에 대한 상상이 투영된 것인 경우가 많다는 점도 환대의 원리를 공동체에 대한 사유에 적용시킬 필요성을 제기하고 있다. 즉 분단 70년이 지난 지금, 우리가 한반도에서 상상하고 만들어가야 할 공동체는 결코 과거에 존재했던 공동체의 복원이 아니다. 그것은 미래로 열린 새로운 공동체의 창조이며, 우리가 한번도 경험하지 못한 공동체를 만드는 실험이어야 한다. 새로운 공동체의 관건은 어떻게 타자가 존재 그대로의 상태로 우리 안으로 진입하여 '우리'를 규정하는 단일한 속성과 규범을 흩뜨림으로써 새로운 '우리'를 만들어 내느냐에 있다.

제2부에서는 남북관계를 발전시키는 데 있어 핵심 과제를 중심으로 논의했다. 경제협력과 환경협력을 다루었는데, 이와 관련한 논의가 기간에 없었던 것은 아니지만 제1부에서 논의한 새로운 시각을 적용함으로써 지금까지의 논의를 확장했다.

제3장에서는 '한반도경제론'의 관점에서 신한반도체제 담론을 검토·비평하면서 현 단계 조건을 고려하며 향후 남북 및 동아시아 네트워크의 방향을 모색했다. 이는 신한반도체제론에 대한 비판적 검토를 통해 체제적 차원의 한반도 정책 담론을 새롭게 재구성하는 시도라 할 수 있다.

한반도경제론은 1990년대 이래로 만들어온 체제 인식의 방법론이다. 이 논의에는 분단체제론의 세계체제 인식과 비판적 지역연구의 문제의식의 수용, '한반도'라는 체제적 관점과 '네트워크 국가론'의 결합, 세계체제-남북 분단체제-국내체제의 상호작용의 공간 속에서의 한반도경제 모델의 구성 등이 주요한 내용으로 포함된다. 이러한 각도에서 볼 때 신한반도체제론은 여전히 전통적 사회과학 이론의 체제 관점에 입각해 있는 한계가 있다. 체제를 일종의 컨테이너박스와 같은 고체적 건축물로 보는 것이다. 이에 비해 한반도경제론은 네트워크 관점을 적극 수용한다. 체제 내부도 네트워크로 연결되어 있고 이 체제는 또 다른 체제와 복수의 노드로 연결되어 있다.

한반도경제론에서 보는 체제는 중층적으로 연결된 거미줄 구조와 같은 것이다. 이 장에서는 기존의 신한반도체제론을 구성하는 핵심 요소를 추출하여 보다 체계화하는 한편, 이를 한반도경제론의 접근법과 비교·검토하는 방식으로 논의를 전개했다.

신한반도체제론에서는 평화협력공동체와 경제협력공동체를 양대 축의 구성요소로 제시하고 있다. 그러나 한반도경제론에서는 양대 축이 한 덩어리의 세계체제-분단체제-국내체제에 결합되어 있다고 본다. 세 개 차원이 분리되어 있지 않기 때문에 국면과 상황에 따라 네트워크를 확장할 수 있는 프로젝트를 선별하고 추진하는 유연성이 중요하다. 그리고 국가·비국가의 다양한 주체가 관여하는 지역 네트워크 형성이 체제를 변화시키는 핵심적 과정이라 본다.

즉 한반도경제론에서는 세계체제-분단체제-국내체제의 강고한 구조가 존재하고 있고 이를 돌파하는 것이 쉽지 않다고 본다. 그래서 거대한 체제 변동을 기획하기보다는 세계체제와 연결된 글로벌 지역을 작은 규모로 형성하는 핵심 프로젝트를 통해 불균형적으로 네트워크를 증대시키는 전략을 취해야 한다고 본다. 한반도경제론에서 중요한 과제는, 평화와 경제의 양대 축에 포함되는 요소를 가지고 있으면서 기존 세계체제 질서를 일부라도 변경시킬 수 있는 프로젝트를 선별하고 구성하는 것이다.

그리고 신한반도체제론이 신한반도체제와 남북연합을 구분하는 단계론에 입각해 있다면, 한반도경제론에서는 남북 네트워크와 남북연합의 연속적 이행과정을 상정하고 있다. 즉 남북연합을 국가간 연합으로 설정하지 않고 네트워크 관계의 특수한 형태로 본다면 남북연합은 남북간 공동체 형성의 시기, 또는 그 이전 시기에도 형성될 수 있는 거버넌스라 할 수 있다.

또한 한반도경제론에서는 국가체제의 연속성 관점 대신 새로운 지역체제의 형성을 통해 기존 국가체제를 혁신하겠다는 문제의식을 지니고 있다. 즉 신한반도체제론이 국가 단위의 협력공동체 및 연합체를 지향한다면, 한반도경제론은 남북 및 동아시아 지역의 국가 및 비국가 행위자가 함께 참여하는 글로벌 지역 형성을 지향한다. 이러한 접근법에 따르면 동아시아연합 같은 거대 지역공동체보다는 글로벌 도시 및 도시 네트워크를 형성하는 프로젝트를 선별하는 것에 중점을 두어야 한다. 예를 들어 평화경제의 출발점이 반드시 남북간 경협일 필요는 없으며, 글로벌 경협에 남북이 함께 참여하는 것도 중요하다는 발상이 필요하다.

한국 입장에서도 북한 입장에서도 양자만의 단일경제권보다는 개방적 지역경제권 형성이 유리할 것으로 본다. 세계체제 차원에서 보면, 대륙국가, 대륙과 대양을 연계하는 허브 국가보다 미중 갈등 구도를 견뎌내기, 남북연합과 한반도-일본-동남아를 잇는 삼각 네트워크 만들기가 핵심 전략이 되어야 한다. 그리고 미중 전략경쟁의 구조 하에서는 기능적 경제협력보다는 국제사회의 공감을 얻을 수 있는 원칙을 앞세우는 것이 필요하다. 평화와 생명안전, 개방과 공영의 원칙에 기초한 국제협력, 민주주의, 생태 등 가치와 원칙에 입각하여 능동적인 외교 공간을 만들어가야 한다. 이러한 기조에서 한미동맹과 한중관계와는 다른 차원의 새로운 외교 공간을 개척해야 한다.

신한반도체제론의 또 다른 맹점은 '한반도 신경제 구상'에서 보는 바와 같은 발전주의 지향성이 지나치게 강하다는 것이다. 이러한 맹점을 보완할 수 있는 단초를 내부에 지니고 있기도 하다. 평화경제 개념을 확장하면, 이를 인권, 사회정의, 환경, 불평등 문제와 연결할 수 있다. 그러나 분단체제 극복의 과제와 생태주의 대안은 아직 구체적이고 현실적인 접점을 찾는 단계로까지는 진전되지 못하고 있다. 한반도경제 차원에서도 이러한 생태도시 네트워크 방안을 새롭게 구상할 필요가 있다.

이 문제는 제4장에서 더 자세히 논의되었다. 제4장은 기후위기와 코로나19 팬데믹이 촉발한 사회문화 변동을 남북을 포함한 한반도와 지구촌이 똑같이 겪고 있는 상황에서, 기후위기와 팬데믹 이후 사회변화에 대한 적응 해법을 우리가 국제사회에 제안하여 한반도 평화·번영의 구심력을 추동하게 하는 방법을 찾고자 했다.

이를 위해 유엔 지속가능발전목표, 인도개발협력 등 남북이 합의할 수 있는 주요 개념들을 검토했고, 동시에 북한의 법제도와 정책 현안을 분석해 남북과 공유할 수 있는 범위를 구체화시켰다. 북한은 1994년 12월에 유엔 기후변화협약, 2005년 4월에는 교토의정서, 2016년 8월에는 파리협정을 비준했다. 북한은 2016년 파리협정에 가입하면서 유엔 기후변화협약사무국(United Nations Framework Convention on Climate Change: UNFCCC)에 자국의 국가온실가스감축목표 2030 국가결정기여(Nationally Determined Contributions: NDCs)를 제출하였다. 유엔 주재 북한 상임대표부는 2019년 9월 19일 NDCs를 갱신하였다. 갱신된 NDCs에 따라 북한은 엄청난 물리적 피해를 동반하는 자연재해를 저감하기 위해 「국가재난재해저감전략계획 2019~2030(National Disaster Risk Reduction Strategy 2019~2030)」과 「국가환경보호전략 2019~2030(National Environment Protection Strategy 2019~2030)」을 공식화하였다. 내부적으로는 '국가재난저감전략'과 '국가환경보호전략'을 수행하기 위한 정책 로드맵을 작성하였다. 이는 환경 영역에서 남북협력의 가능성이 매우 높다는 점을 보여준다.

다만 지속가능한 한반도 협력사업의 발굴은 북한의 생태계 특성이나 개발 관련 수용성을 고려해야 한다. 이와 관련해 생태지역 개념의 중요성을 제기했다. 최근 국제사회는 생태지역 차원에서 경제개발계획, 천연자원의 지속가능한 관리, 생물다양성 등 자연환경관리정책을 통합하여 지속가능한 발전을 추구하는 경향이 증가하였다. 생태계 맥락에서 공간 계획을 하면 토지이용이 특정 기능에만 최적화되는 것을 방지할 수 있고 잠재적인 또 다른 기능들을 저하시키지 않는 장점이 있다. 이러한 각도에서 보면 남북협력 사업에 남한의 경험적 모델을 북한에 적용하는 것은 지양되어야 한다.

이러한 논의를 구체화시키는 데 있어 생태도시를 주요 방안으로 제시했다. 생태도시는 도시를 하나의 유기체로 간주하여 '자급자족'하고 '자력자강'하는 지속가능한 시스템을 가진 도시모델이다. 2021년 네덜란드 로테르담에서 개최되는 '생태도시정상회의' 주제는 '자연 기반 솔루션을 위한 도시전환(Urban Transformations for Nature based Solutions)'이다. EWS14는 자연 기반 도시전환에 관해 최신 연구개발과 도시 생태학적 생물다양도시(Biodiversity-city), 탄력적 경관계획과 접근, 순환도시(Circular city), 시민의 건강권 증진을 위한 시스템과 혁신 솔루션을 기반으로 하는 건강도시(Healthy city), 유기체처럼 완전하게 대사순환하는 탄력도시(Resilient city) 등을 다룬다.

기후위기와 코로나19 팬데믹을 겪은 이후 다시 주목받는 생태도시는 이제 스마트시티의 혁신생태계를 보완한 스마트 생태도시를 지향한다. 생태도시가 도시의 자립자족과 자립자강을 강조하여 중세의 '성벽도시' 같은 단점이 있다면 '스마트 생태도시' 개념으로 단점을 보완할 수 있다. 기후위기와 코로나19 팬데믹으로 변화된 라이프스타일은 외부와의 소통과 연대 수요를 더욱 증가시키고 있다. 그린뉴딜이 기존의 사회체계에서 기후경제로의 전환과 적응을 통해 고용 확대를 꾀하는 최선의 정책이라면 코로나19 이후 재개될 새로운 남북 평화·번영을 위한 개발협력은 사회변화 추세를 반영하고 그린뉴딜이 간과한 혁신적 아날로그와 그린인프라 확충 그리고 북한의 관심과 수용성을 포용하는 더 큰 우산이 되어야 한다.

북한의 도시계획에서 도시 정체성을 유지하려는 지향이 이러한 기획과 연결될 수 있다. 북한은 도시계획을 작성할 때는 기념비적 건물과 유적, 자연지리적 조건과 기후풍토와 토양조건을 고려하는 것을 크게 강조하고, 도시를 너무 크게 하지 않고, 인구밀도와 건축 밀도를 줄이며 큰 도시 주변에 위성도시를 합리적으로 배치할 것 등을 규정하고 있다. 이러한 계획을 생태도시와 연결시킬 수 있다.

지속가능한 한반도 평화·번영은 인간안보 관점의 개발협력 전략과 사업을 매개로 한 연대와 협력을 통해 달성될 수 있다. 남북 양측이 모두 인간안보 개념의 협력과 연대의 개념을 공유하고 있다고 판단된다. 인간안보를 가능하게 하는 8가지 요소는 개인에게 기본소득을 보장하는 경제안전, 기본적으로 확보할 수 있어야 하는 식량안전, 질병으로부터 최소한의 보호를 받는 보건안전, 자연의 파괴와 훼손에서 인간을 보호하는 환경안전, 국가나 범죄의 폭력에서 개인을 보호하는 개인안전, 공동체 안전, 기본권을 존중받을 정치적 안전, 개인의 정보보호를 위한 사이버 안전 등이다.

인간안보는 지역 단위로 자연 기반 요소를 사람이 살아가는 공간과 유기적으로 연계시키는 것을 통해 달성되며 통합 솔루션에 기초한 전략사업의 계획과 실행이 요구된다. 2021년 '국가경제개발5개년계획'

에서 보듯 북한은 기초 단위의 사업 추진 역량이 중요하게 부각되고 있는 상황이다. 남북협력 사업을 기초 단위 맞춤형 인간안보 및 자연기반 통합 솔루션으로 접근하는 것은 중요하다. 이와 더불어 한국판 스마트시티가 로보캅이 활동하는 공간, 로보캅이 일하는 건물과 로보캅이 살아가는 도시공간을 상상할 수밖에 없는 한계를 뛰어넘는 일도 중요하다.

지속가능한 한반도 평화·번영 실현을 위한 협력사업은 지역기반과 인간안보 기반의 생태계 복원에 더하여 그린인프라 기반의 통합 솔루션이 필요하다.

마지막으로 지속가능한 한반도 평화·번영 실현을 위한 협력사업으로 스마트 생태도시 네트워크 전략을 제안한다. '동북아 스마트 생태도시 네트워크' 플랫폼 구축은 기후위기와 코로나19 팬데믹을 겪고 있는 남·북·중·러 혹은 남·북·중·러의 도시가 참여하여 정보와 적응을 매개로 연대와 협력이 가능하다. 그리고 스마트 생태도시 네트워크 전략 하에서 기존 남북협력 사업들을 현실에 맞게 업그레이드시킬 필요가 있다. 2018년 남북 정상회담에서 합의한 철도, 도로, 산림 협력은 여전히 유효하다. 그러나 협력의 내용은 스마트 생태도시 전략과 부합하도록 수정 및 고도화시킬 필요가 있다.

이 장을 포함하는 제3부에서는 남북연합을 중심으로 구축된 통일론의 대외적 효과와 대내적 심화의 방향을 논의했다.

제5장에서는 그간의 한국 내 통일 논의 과정에서 제기된 바 있는 '복합국가' 구상을 새로운 사유의 틀로 이끄는 유용한 자원이라고 판단해 그에 대해 더 폭 넓고 깊이있는 논의를 시도했다. 그리고 이러한

논의가 동아시아 질서의 재구성에 대해 갖는 의미를 조명했다.

복합국가(compound state)란 우리가 아는 일반적 의미의 국가, 곧 단일(형)국가(unitary state)에 대응하는 어휘로서 사전적 의미는 두 개 이상의 국가의 결합체로 간주되는 국가 형태이다. 세계사에서 이미 출현한 사례로는 대등한 결합관계를 갖는 연방(federation)과 국가연합(confederation과 union), 그리고 지배종속적 결합관계인 종주국/보호국 등이 있다. 각각은 결합의 수준과 방식에 따른 차이를 보인다. 이러한 (단일국가가 아닌) 여러 종류의 국가 형태는 물론이고 현재 한반도에서 새롭게 실험되고 있는 결합 양상도 포괄하는 커다란 우산 같은 개념이 복합국가이다.

이렇게 가장 외연이 넓은 개념으로 잡을 때 결합하는 국가들이 그 과정에서 여러 형태 간에 전환하는 역동성을 파악할 수 있을 뿐 아니라, 미해결 상태의 주권문제를 단일 국민국가의 모델에 집착함이 없이 창의적으로 해결하는 시야를 확보할 수 있을 것으로 기대한다. 이러한 접근은 남북연합이 동아시아 차원에서도 미래지향적 질서를 구축하는 사상자원으로서의 의미를 부각시킬 수 있다.

천관우-백낙청 복합국가 구상과 그에 이어지는 여러 논자들과의 논쟁을 거치면서 모습을 갖추어간 우리 사회의 복합국가 구상은 "단일국가(unitary state)가 아니라 온갖 종류의 국가 형태, 즉 각종 국가연합(confederation)과 연방국가(federation)를 포용하는 가장 외연이 넓은 개념"으로서 "주권문제를 단일 국민국가 모델에 집착함이 없이 창의적으로 해결하자는 극히 포괄적이고 원론적인 제안"이다.

이러한 전제에서 복합국가의 유형화 —한반도의 남북연합형 복합국가, 중국의 제국형 복합국가, 대만과 오키나와의 내파형 복합국가—

를 시도했고, 이를 통해 한반도의 남북연합과 동아시아 지역의 (세 유형이 국민국가 형성 과정의 경로에 따라 다른 양상을 보이는) 경험 간에 상호학습하는 담론적 효과를 제시했다. 이와 관련해 민간에서 제기된 복합국가가 온갖 종류의 국가 형태를 포용하는 포괄적 구상인 동시에 국가 간의 결합 양상이자 국민국가의 자기 전환의 양상을 겸한 새로운 국가기구 창안 작업임을 강조했다. 이는 국민국가의 강제성을 획기적으로 제약하면서 해방적 기능을 활성화하는 새로운 국가의 구상과 실천, 곧 국민국가의 적응과 극복의 이중 과제의 동시 수행을 말한다. 이로써 국가주의 프레임을 넘어설 가능성이 열린다는 점에 주목한 것이다.

그리고 이 구상이 우리의 일상생활에 깊숙이 스며들기 위해서는 일상적 삶의 방식을 틀 짓는 문명론적 차원의 비전을 품어야 한다는 점을 강조했다. 이러한 지향을 구체화하는 과정에서 우리에게 주어진 어떤 자원이든 마다할 리 없지만 특히 (우리 삶 속에 아직 녹아 있는) 동아시아의 문명적 자산은 당연히 활용되어야 한다. 복합국가는 한반도만이 아닌 이미 동아시아적 차원의 의제이기 때문이다.

그리고 중견 국가로서의 한국의 역할에 초점을 두고 남북형 복합국가의 동아시아 차원에서의 효과를 점검했다. 남북연합형 복합국가라는 구상의 발신과 그 구현 과정이 제국형 복합국가의 국가중심적 경향과 내파형 복합국가의 반국가 지향을 넘어서는 가능성을 제시할 수 있기 때문이다. 우리는 한국의 역사적 경험과 현재적 실천 조건에서 숙성된 남북연합형 복합국가를 사상자원이자 전략으로 접근하고 실천하는 동시에, 다른 사회의 지식인들과 소통하여 한반도 안팎을 가로질러 담론적 의제를 적극 주도할 필요가 있다. 다양한 복합국가 유형들의 개별성과 보편성을 지구지역적(glocal) 관점에서 비교할 수 있는 인식틀이 좀 더 구체화되어 설득력을 높여간다면 동아시아 지역협력체 형성의 문화적 차원인 지(知)의 공동체(또는 인식공동체) 형성을 촉진할 수도 있을 것이다.

간단하게 요약한다면, 이 연구는 분단 상황의 장기화, 남북관계의 변화, 그리고 무엇보다 남북 사회의 변화 등을 반영해 통일론을 재구성하기 위한 시도이다. 민족, 동질성을 전제로 하는 통일론에서 새롭게 제기된 미래지향적 가치, 그리고 쉽게 소멸될 수 없는 남북의 차이를 반영하는 통일론으로의 전환이 필요하다는 점이 이 연구의 출발점이었다. 이 통일론은 정부의 기존 통일 방안을 전면적으로 대체하고자 하는 것은 아니며 정부의 통일 방안을 더 현실에 부합하도록 만들고자 하는 시도이다. 이는 세 차원에서 진행되었다.

첫째, 기존 통일 방안의 내용을 시대적 요구에 맞도록 재해석하는 것이다. 한국 정부의 통일 방안은 주요 개념을 명확하고 구체적으로 정의하지 않고 있다. 이는 남북관계의 불확실성을 고려하면 현명한 선택이기도 하다. 이러한 특징은 통일 방안이 실천의 지침으로 작용하기 어렵게 만드는 문제점을 갖고 있지만, 통일 방안에 포함된 주요 개념들을 상황 변화에 더 유연하게 적용할 수 있는 공간을 제공해주는 장점이 있다. 문제는 그동안 시대 변화와 함께 그 내용을 구체화하는 작업이 부족했다는 데 있다. 이 연구는 이러한 문제를 보완하려는 시도이다. 즉 기존 통일 방안에 포함된 개념을 현실에 더 부합하는 방향으로 해석하고 재정의했다.

특히 남북연합과 공동체 개념을 새로운 시대정신과 더 잘 부합하고 미래지향적 변화를 추동하는 지침으로서 역할을 할 수 있는 방향으로 재해석했다. 이는 신통일론의 가장 핵심적 부분이라 할 수 있다. 이를 통해 통일 문제에 대한 국가 중심적 접근을 극복하고 통일론과 삶이 연결될 수 있는 다양한 계기를 제시했다. 남북연합에 대한 연방주의 철학 원리에 기초한 재해석과 이에 기초한 제도 구성의 원칙, 민족과 같은 추상적 원리가 아니라 삶과 문화 속에서 작동하는 공동체의 재구성 등이 그에 해당된다.

둘째, 통일 논의에 새로운 차원을 도입했다. 기존 통일 논의는 제도, 특히 국가 차원의 제도 통합에 초점을 맞춘 경우가 많았다. 이와 같은 차원의 비전이 필요하지만, 향후 통일 논의는 비국가 행위 주체, 비정치적 공간, 그리고 새로 중시되고 있는 가치 등을 포괄하는 방향으로 발전되어야 한다. 이와 함께 신한반도체제를 네트워크라는 체제에서 다시 조명하고자 했으며, 남북관계 변화가 새로운 동아시아 질서의 전환에 대해 가질 수 있는 담론적 효과도 제시했다. 이는 모두 남북관계 변화가 민족 내부의 기획이 아니라 더 보편적 의미를 가질 수 있다는 점을 보여준다.

셋째, 새로운 정책 의제들을 제시했다. 이는 남북연합 추진전략, 동아시아 차원에서의 인식 공동체 형성, 네트워크형 남북협력, 스마트 생태도시 네트워크 등이 주요 제안 목록에 포함되어 있다.

2021년 1월 북한의 노동당 제8차 당대회에서는 당 규약을 수정하면서 기존의 "조선로동당의 당면 목적은 공화국 북반부에서 사회주의 강성국가를 건설하며 전국적 범위에서 민족해방민주주의혁명의 과업을 수행하는데 있으며 최종 목적은 온 사회를 김일성-김정일주의화하여 인민대중의 자주성을 완전히 실현하는데 있다"는 내용이 "조선로동당의 당면 목적은 공화국 북반부에서 부강하고 문명한 사회주의사회를 건설하며 전국적 범위에서 사회의 자주적이며 민주주의적인 발전을 실현하는데 있으며 최종 목적은 인민의 리상이 완전히 실현된 공산주의사회를 건설하는데 있다"로 변경되었다. 이에 대해 여러 해석이 가능하지만 이는 남북관계에서 대화와 협상의 방식을 더 중심에 놓겠다는 의지의 표명이고 적어도 이론적 차원에서는 남북의 단계적 통합에 대한 접점을 찾을 가능성이 더 높아졌다고 평가할 수 있다. 이와 관련해 남북이 합의할 수 있는 남북연합 방안에 대한 연구도 더 현실적이고 중요한 의미를 갖게 되었다고 할 수 있는데, 이 연구가 이러한 연구를 진전시키는 촉진제 역할을 할 수 있기를 기대한다.

마지막으로 이 연구는 아래로부터의 통일론 구성을 위한 작업이라는 데도 중요한 의미가 있다. 반복해서 강조된 점이지만 통일론이 시민적 차원에서 수용되지 않을 경우, 이는 실질적 의미를 갖기 어려울 뿐 아니라 이러한 상태에서 추상적으로 강조되는 통일은 시민들에게 분단을 넘어서는 과제에 대한 부정적 인식을 심화시킬 수 있기 때문이다. 이 연구가 이러한 문제를 극복하기 위한 출발점이 될 수 있기를 바란다.

| 참고문헌 |

1. 단행본

가라타니, 조영일 옮김,『제국의 구조: 중심 주변 아주변』, 서울: 도서출판b,
    2016.
강원택·이광일·홍석률·이나,『분단남북연합 형성·운영의 거버넌스』, 서울:
    통일연구원, 2021.
공보처,『통일로 가는 길: 민족공동체 통일 방안 해설』, 서울: 공보처, 1994.
관계부처 합동,『제5차 국가환경종합계획(2020~2040)』, 2019.
국토연구원,『스마트도시 혁신생태계 활성화 전략과 과제』, 서울, 2020.
김국신,『남북연합 형성 및 운영방안 연구』, 서울: 민족통일연구원, 1994.
김범수 외,『2020 통일의식조사』, 시흥: 서울대학교통일평화연구원, 2021.
김상준,『코리아 양국체제: 촛불을 평화적 혁명으로 완성하는 길』, 파주: 아
    카넷, 2019.
김성경,『갈라진 마음들: 분단의 사회심리학』, 파주: 창비, 2019.
김수현 외,『유럽 그린딜의 동향과 시사점』, 세종: 에너지경제연구원, 2020.
김태형,『혐오주의』, 파주: 열린책들, 2019.
김현경,『사람, 장소, 환대』, 서울: 문학과지성사, 2020.
레이먼드 윌리엄스, 김성기·유리 옮김,『키워드』, 서울: 민음사, 2010.
모리스 블랑쇼·장-뤽 낭시, 박준상 옮김,『밝힐 수 없는 공동체/마주한 공
    동체』, 서울: 문학과지성사, 2020.
문정인,『문정인의 미래 시나리오 : 코로나19, 미중 신냉전, 한국의 선택』,
    서울: 청림, 2021.
민족통일연구원,『민족공동체통일 방안의 이론체계와 실천방향』, 서울: 민
    족통일연구원, 1994.
박명규,『남북 경계선의 사회학-포스트 김정일 시대의 통일평화 구상』, 파

주: 창비, 2012.

박명규·이근관·전재성 외, 『연성복합통일론—21세기 통일 방안구상』, 서울: 서울대학교통일평화연구원, 2012.

박영정·오양열·이우영, 『남북 문화공동체 형성을 위한 문화통합의 방향과 단계』, 서울: 문화관광연구원, 2012.

박영호 외, 『남북연합 하에서의 남북정치공동체 형성방안』, 서울: 통일연구원, 2002.

박종철·허문영·김보근, 『남북연합 형성·운영의 거버넌스』, 서울: 통일연구원, 2008.

백낙청, 『흔들리는 분단체제』, 파주: 창비, 1998.

_____, 『한반도식 통일, 현재진행형』, 파주: 창비, 2006.

백영서, 『동아시아의 귀환: 중국의 근대성을 묻는다』, 서울: 창작과비평사, 2000.

_____, 『핵심 현장에서 동아시아를 다시 묻다: 공생사회를 위한 실천과제』, 파주: 창비, 2013.

서보혁·구갑우·이혜정·이희옥·신대진·정욱식, 『한반도 평화체제 관련 쟁점과 이행방안』, 서울: 통일연구원, 2019.

손기웅·고상두·고유환·김학성, 『'행복한 통일'로 가는 남북 및 동북아공동체 형성을 위한 통합정책: EC/EU 사례분석을 통한 남북 및 동북아공동체 추진방안』, 서울: 통일연구원, 2014.

신정현·김영윤·김현·정성장, 『국가연합 사례와 남북한 통일과정』, 서울: 한울, 2004.

쑨꺼, 『사상이 살아가는 법』, 파주: 돌베개, 2013.

아라사끼 모리떼루 지음, 백영서·이한결 옮김, 『오끼나와, 구조적 차별과 저항의 현장』, 파주: 창비, 2013.

왕후이, 송인재 옮김, 『아시아는 세계다』, 파주: 글항아리, 2011.

유용태, 『직업대표제: 근대중국의 민주유산』, 서울: 서울대출판부, 2011.

이남주·이정철, 『신한반도체제 추진 종합연구(2): 신한반도체제 평화협력

공동체 형성』, 서울: 경제사회연구회, 2020.

이동기, 『비밀과 역설―10개의 키워드로 읽는 독일 통일과 평화』, 서울: 아카넷, 2020.

이무철 외, 『남북연합 연구: 이론적 논의와 해외사례를 중심으로』, 서울: 통일연구원, 2019.

이무철 외, 『남북연합 구상과 추진방안』, 서울: 통일연구원, 2020.

이석기·김수정·빙현지, 『신한반도체제 추진 종합연구(3): 신한반도체제의 경제협력공동체 형성』, 세종: 경제·인문사회연구회, 2020.

이옥연, 『통합과 분권의 연방주의 거버넌스』, 서울: 오름, 2008.

이우영·구갑우·양문수 외, 『분단된 마음 잇기-남북의 접촉지대』, 서울: 사회평론, 2016.

이우영·구갑우·이수정 외, 『분단된 마음의 지도』, 서울: 사회평론, 2017.

이일영, 『새로운 진보의 대안, 한반도경제』, 서울: 창비, 2009.

_____, 『뉴노멀 시대의 한반도경제』, 서울: 창비, 2019.

이종민, 『중국 사상과 대안 근대성』, 서울: 현암사, 2017.

이종석, 『한반도평화통일론』, 파주: 한울, 2012.

자크 데리다, 남수인 역, 『환대에 대하여』, 서울: 동문선, 2004.

장웨이웨이. 성균중국연구소 옮김, 『중국은 문명형 국가다』, 서울: 지식공작소, 2018.

전재성, 『정책연구결과보고서: 민족공동체 통일 방안 계승 및 발전방향 공론화』, 서울:통일부, 2013.

정현곤 엮음, 『변혁적 중도론』, 파주: 창비, 2016.

조르조 아감벤, 이경진, 『도래하는 공동체』, 서울: 꾸리에, 2017.

조문영 엮음, 『민간중국: 21세기 중국인의 조각보』, 서울: 책과함께, 2020.

조한범, 『신한반도체제의 개념과 추진방향』, 서울: 통일연구원, 2019.

조한범·구갑우·김갑식·김유철·김태경·박주화·서보혁·윤석준·장철운·최지영·황수환, 『신한반도체제 추진 종합연구(1): 신한반도체제의 개념과 추진전략』, 세종: 경제·인문사회연구회, 2020.

조한범·배기찬·이수형, 『변화하는 통일환경에 따른 대북 통일정책 개선 과제: 신한반도체제 구상을 중심으로』, 서울: 통일연구원, 2019.

조한범·배기찬·이수형, 『신한반도체제 구상의 이해』, 서울: 통일연구원, 2019.

川滿信一·李志遠 역, 『오키나와에서 말한다』, 서울: 이담, 2014.

최원식, 『제국 이후의 동아시아』, 파주: 창비, 2009.

최창집, 『민주주의 이후의 민주주의』, 서울: 후마니타스, 2006.

한반도평화포럼, 『통일은 과정이다』, 파주: 서해문집, 2015.

Colin, Nicole and Claire Demesmay ed. *Franco-German Relations Seen from Abroad. Post-war Reconciliation in International Perspectives.* Cham: Springer, 2021.

Friedman, Thomas. *Hot, Flat and Crowded : Why We Need a Green Revolution and How It Can Renew America.* New York: Farrar, Straus and Giroux, 2008.

UN. *Human Development Report 1994.* New York: Oxford University Press, 1994.

UN, *Sustainable Development Goals Report 2020.* New York: United Nations Publications, 2020.

Water Europe Technology and Innovation. *A Water Smart Society for a Successful post COVID19 recovery plan.* 2020. https://watereurope. eu/wp-content/uploads/2020/04/A-Water-Smart-Society-for-a-Successful-post-COVID19-recovery-plan.pdf

Defrance, Corine and Ulrich Pfeil ed. *Verständigung und Versöhnung nach dem "Zivilisationsbruch"? Deutschland in Europa nach 1945.* Bonn: Bundeszentrale für politische Bildung, 2016.

Deschouwer, Kris and Johanne Poirier ed. *(Con)federlaism: Cure or Curse?.* Re-Bel e-book, 18. July 2015.

Detterbeck, Klaus, Wolfgang Renzsch and Stefan Schieren ed. *Föderalismus in Deutschland*. München: Oldenbourg, 2010.

Deuerlein, Ernst. *Föderalismus. Die historischen und philosophischen Grundlagen des föderativen Prinzips*. Bonn: Bundeszentrale Zentrale für politische Bildung, 1972.

Deutscher Städtetag ed. *Die innerdeutschen Städtepartner-schaften*. Köln, 992.

Ehard, Hans. *Freiheit und Föderalismus*. München: Pflaum, 1947.

Elazar, Daniel, *Constitutionalizing Globalization: the Postmodern Revival of Confederal Arragements*. Lanham, Md.: Rowman & Littlefiedl Pub., 1998.

Forsyth, Murray. *Unions of States: The Theory and Practice of Confederations*. Holmes & Meier Pub, 1981.

Frantz, Constantin. *Der Föderalismus als universale Idee. Beiträge zum politischen Denken der Bismarckzeit*, eingeleitet und hg. von Ilse Hartmann. Berlin: Arnold, 1948.

Gruner, Wolf D. *Der Deutsche Bund: 1815-1866*. München: Beck, 2010.

Herzog, Roman. *Allgemeine Staatslehre*. Frankfurt am Main: Fischer, 1971.

Kelsen, Hans. *Allgemeine Staatslehre*. Bad Homburg: Springer, 1966.

Kristoferitsch, Hans. *Vom Staatenbund zum Bundesstaat?: Die Europäische Union im Vergleich mit den USA, Deutschland und der Schweiz*. Wien: Springer, 2007.

Lee, Dong-Ki. *Option oder Illusion. Die Idee einer nationale Konföderation im geteilten Deutschland 1949-1990*. Berlin: Ch. Links, 2010.

Lister, Frederick K. *The European Union, the United Nations, and the Revival of Confederal Governance*. London: Greenwood Press, 1996.

Loth, Wilfried. *Europäische Identität in historischer Perspektive*. Bonn: Zentrum für Europäische Integrationsforschung, 2002.

Nipperdey, Thomas. *Nachdenken über die deutsche Geschichte. Essays*. München: Beck, 1986.

Sempf, Thomas. *Die deutsche Frage unter besonderer Berücksichtigung der Konföderationsmodelle*. Köln: Karl Heymanns Verlag, 1987.

Strath, Bo ed. *Europe and the Other and Europe as the Other*. New York: Peter Lang, 2000.

Timmermann, Heiner ed. *Subsidiarität und Fäderlismus in der Europäischen Union*. Berlin: Duncker & Humboldt, 1998.

楊儒賓,『1949禮讚』, 臺北: 聯經出版, 2015.

新崎 盛暉,『小國主義の立場で 1983-1987』, 東京: 凱風社, 1992.

劉迪,『近代中國における連邦主義思想』, 東京: 成文堂, 2009.

子安宣邦,『帝國か民主か:中國と東アジア問題』, 東京: 社會評論社, 2015.

陳珏主編,『唐代文史的新視野』, 臺北: 聯經出版社, 2015.

川滿信一・仲里效編,『琉球共和社會憲法潛在力』, 東京: 未來社, 2014.

村上春樹,『ランゲルハンス島の吾后』, 東京: 新潮文庫, 1990.

丸川哲史,『思想課題としての現代中國:革命・帝國・黨』, 東京: 平凡社, 2013.

2. 논문

강경석·김선철·정건화·채효정, "기후위기와 체제전환",『창작과비평』2020 년 겨울호.

고유환, "민족공동체 통일 방안의 평가와 계승 발전방안", 한국국제정치학 회 기획학술회의, 2014.

_____, "민족공동체 통일 방안의 이행과정과 추진전략의 재검토",『통일인

문학』 제60집, 2014.

구갑우, "평창임시평화체제에서 판문점 선언으로. 북한의 개혁, 개방 선언과 제3차 남북정상회담, '연합적 평화'의 길",『동향과 전망』 103호, 2018.

_____, "한반도 안보 딜레마와 북한의 '경제·핵 조건부 병진노선'의 길: 2019년 12월 한반도 위기와 평화체제를 중심으로",『동향과 전망』 108호, 2020.

권태선, "김석철의 '남북한대운하' 구상",『한겨레』, 2007. 9. 19.

김병로, "통일환경과 통일담론의 지형 변화: 정부 통일 방안을 중심으로",『통일문제연구』 26권 1호, 2014.

김수경, "감염병, 이념, 제노포비아 '코로나19'의 정치화와 반중(反中) 현상",『다문화와 평화』 14권 1호, 2020.

김연철, "한반도의 새봄을 위하여",『창작과비평』 2021년 봄호.

김영, "구스타프 란다우어(Gustav Landauer)의 연방주의. 민주주의와 사회주의의 새로운 관계 모색",『한국정치학회보』 35집 1호, 2001.

_____, "국제기구에 대한 연방주의적 접근: 유럽연합의 예",『21세기 정치학회보』 11집 2호, 2001.

_____, "프루동(P.-J. Proudhon)의 연방주의와 민주주의 이해. 연방주의적 유럽 질서의 모색",『국제정치논총』 41집 1호, 2001.

_____, "알투시우스(Johannes Althusius)의 연방주의 연구. 지방자치의 이념적 기초로서의 연방적 사회구성",『지방정부연구』 6권 4호, 2003.

_____, "연방주의 비교연구: 보조성의 원리에 기초한 새로운 공동생활의 패러다임 모색",『국제정치논총』 44집 3호, 2004.

_____, "유럽통합에 나타난 연방주의 이념",『한국정치학회보』 39권 2호, 2005.

김익희 외, "스마트도시 혁신생태계 활성화 전략과 과제",『국토정책 Brief』 No. 755, 2020.

김종엽, "'사회를 말하는 사회'와 분단체제론",『창작과비평』 2014년 가을호.

김항, "입장에서 현장으로: 2015 동아시아 비판적 잡지회의 참관기", 『창작과비평』 2015년 가을호.

김형주·최정기, "공동체의 경계와 여백에 대한 탐색-공동체를 다시 사유하기 위하여", 『민주주의와 인권』 14권 2호, 2014.

김흥순, "북한 도시계획법에 대한 고찰: 국토의 계획 및 이용에 관한 법률과의 비교를 중심으로", 『국토지리학회지』 52권 1호, 2018.

로베르토 에스포지토, "비정치성에 대한 고찰", 이브 미쇼 외, 강주헌 역, 『문화란 무엇인가2』, 서울: 시공사, 2003.

류준필, "분단체제론과 동아시아론", 백영서·김명인 엮음, 『민족문학론에서 동아시아론까지』, 파주: 창비, 2015.

마이크 데이비스, "누가 방주를 지을 것인가?", 『인류세 시대의 맑스』, 서울: 창비, 2020.

문재인 대통령, "오슬로포럼 기조연설", 2019. 6. 12.

박태호, "CPTPP 가입 신청, 빠를수록 좋다", 『중앙일보』, 2012. 4. 16.

백낙청, "분단체제의 인식을 위하여"(1992), 『분단체제 변혁의 공부길』, 서울: 창작과비평사, 1994.

_____, "'동아시아공동체' 구상과 한반도", 『역사비평』 92호, 2010.

_____, "국가주의 극복과 한반도에서의 국가개조 작업", 『창작과비평』 2011년 봄호.

_____, "통일사상으로서의 송정산의 건국론", 백낙청, 『문명의 대전환과 후천개벽: 백낙청의 원불교 공부』, 서울: 모시는 사람들, 2016.

_____, "어떤 남북연합을 만들 것인가", 『창작과비평』 2018년 가을호.

_____, "기후위기와 이중과제", 『창작과비평』 2021년 봄호.

백영서, "핵심 현장에서 다시 보는 '새로운 보편'", 백영서·김명인 엮음, 『민족문학론에서 동아시아론까지』, 파주: 창비, 2015.

_____, "경계를 넘나드는 한인공동체와 동아시아의 평화―재일조선인과 중국조선족의 정체성 담론을 중심으로", 『동방학지』 제180집, 2017.

백지운, "민족국가의 개조와 아시아", 『亞細亞硏究』 56권 4호, 2013.

백지운, "양안관계의 패러다임 전환은 가능한가", 박명규·백지운 편, 『양안에서 통일과 평화를 생각하다』, 과천: 진인진, 2016.

孫歌, "리얼리즘의 유토피아: 川滿信一가와미츠 신이치의 「류큐공화사회 헌법C사(시)안」읽기", 『통일과 평화』 6권 2호, 2014.

쉬진위, "'중국몽'과 '소확행(小確幸)', 두 발전 상상의 갈등과 대화", 박명규·백지운 편, 『양안에서 통일과 평화를 생각하다』, 과천: 진인진, 2016.

염명배, "4차산업혁명 시대, 경제패러다임의 전환과 새로운 경제정책 방향", 『경제연구』 36권 4호, 2018.

오카모토 케이토꾸, "수평축의 발상: 오키나와의 공동체 의식", 『해외석학 초청 웨비나 시리즈 Ⅰ』(성공회대학교 동아시아연구소 HK+ 주최 발표문, 2021. 2. 9.).

와카바야시 치요, "포스트 냉전과 팬데믹: 오키나와의 코로나 경험과 정동", 『해외석학 초청 웨비나 시리즈 Ⅰ』(성공회대학교 동아시아연구소 HK+ 주최 발표문, 2021. 2. 9.).

유용민, "경합적 민주주의 이론의 비판적 수용", 『언론과 사회』 21권 4호, 2013.

윤철기, "독일 '내적 통합'이 남북한 '마음의 통합'에 주는 교훈", 『현대북한연구』 17권 2호, 2014.

이국운, "민주적 연방주의와 평화", 『법학연구』 53권 2호, 2012.

이기동, "통일환경의 변화와 「민족공동체 통일 방안」", 『한국동북아논총』 제71호, 2014.

이나미, "여성 및 생태 분야의 통일담론 회고와 성찰", 강원택 외, 『분단 이후 제기된 통일담론에 대한 정리와 성찰』, 서울: 통일부 통일교육원, 2021.

이남주, "미중 전략경쟁, 어디로 가는가", 『창작과비평』 2021년 봄호.

_____, "'경계인'의 시간들: 분단 독일 초기(1949~1956) 국가연합 통일안의 등장", 『역사학보』 202, 2009. 6.

이동기, "1989/90년 독일통일 과정 시 서독 좌파의 비판과 대안들", 『서양사연구』 43, 2010. 11.

_____, "국가연합과 평화체제: 분단 독일의 국가연합안 개관", 이병천·구갑우·윤홍식 엮음, 참여사회연구소 기획, 『안보개발국가를 넘어 평화복지국가로 : 독일의 경험과 한국의 과제』, 서울; 사회평론, 2016.

_____, "'더 나은 통일안'은 없었는가?: 1989/90년 헬무트 콜, 국가연합 그리고 독일 통일", 『독일연구』 20, 2010. 12.

_____, "독일통일 후 동독 정체성: 오스탈기는 통합의 걸림돌인가?", 『역사와 세계』 50호, 2016.

_____, "분단 시기 서독과 통일 과정의 '탈민족' 담론과 정치", 건국대학교 통일인문학연구단 엮음, 『포스트 통일, 민족적 연대를 꿈꾸다』, 서울: 한국문화사, 2016.

_____, "서독 68운동과 독일정책: 민족좌파로서의 신좌파?", 『독일연구』 17, 2009. 7.

이민부·이광률, "추가령 구조곡의 지역지형 연구", 『대한지리학회지』 51권 4호, 2016.

이일영, "평화경제론 재검토: 한반도경제론의 관점에서", 『동향과 전망』 106호, 2019.

_____, "한반도경제론에서 본 남북연합", 『황해문화』 104호, 2019.

_____, "한반도경제론의 전개과정: 민족경제론 이후의 정치경제학", 『중국사회과학논총』 2권 1호, 2020.

이일영·김석현·장기복, "'네트워크 국토공간'의 비전과 정책", 『동향과 전망』 88호, 2013.

이종원, "탈냉전의 한국, 신냉전의 일본", 『162차 세교포럼』(세교연구소 포럼 자료, 2021. 4. 16.).

이혜주·서리인, "독일 통일 후 동독문화의 변천과정을 통한 지속가능한 남북사회문화공동체 형성의 방향 고찰", 『지속가능연구』 5권 1호, 2014.

임의영, "경합 공간으로서 공공영역과 행정: C. Mouffe의 급진민주주의를 중심으로", 『행정논총』 53권 2호, 2015.

장석권 등, "제253회 NAEK 포럼 발표: 2020. 한국 산업의 구조전환 : 한국공학한림원의 전망과 대응전략", 2020. 12. 23.

장영욱 외, "유럽 그린딜이 한국 그린뉴딜에 주는 정책 시사점",『오늘의 세계경제』 20-24, 2020.

장윤미, "신시대 중국정치의 전변(轉變): 연속과 단절",『철학과 현실』 125호, 2020.

장인성, "한국의 동아시아론과 동아시아 정체성",『세계정치』 26권 2호, 2005.

장준하, "민족주의자의 길",『씨알의 소리』 1972년 9월호.

장철균, "인물로 본 한국 외교사(22) 유길준(兪吉濬): 근대화 개혁의 이론적 토대 마련",『월간조선』 2016년 7월호.

정재흥, "개혁개방시대에서 강대국 시대로의 진입 선언",『나라경제』 2017년 12월호.

정선태, "동아시아 담론, 배반과 상처의 기억을 넘어서",『문학동네』 2004년 여름호.

좌담 "민족통일의 구상(1)",『씨알의 소리』 1972년 8월호의 천관우 발언.

천관우, "민족통일을 위한 나의 제언",『창조』 1972년 9월호

_____, "민족통일의식의 구조",『다리』 1972년 9월호.

천정환, "다시, 우리의 소원은 통일?: 4·27 판문점 선언과 북미회담 전후 통일·평화 담론의 전변",『역사비평』 124호, 2018.

최장집, "동아시아 공동체의 이념적 기초",『아세아연구』 118호, 2004.

한빛나라, "에너지 전환에서의 '공정한 전환'에 관한 글로벌 담론의 동향",『동향과 전망』 111호, 2021.

홍석률, "학계의 통일담론 : 분단문제 해결, 통일, 평화의 관계설정을 중심으로", 강원택 외,『분단 이후 제기된 통일담론에 대한 정리와 성찰』, 서울: 통일부 통일교육원, 2021.

Adam Grydehøj and Ilan Kelman, "Island smart eco-cities: Innovation, secessionary enclaves, and the selling of sustainability", *Urban Island Studies*, Vol. 2, 2016.

Assiria, Marco, Vincenzo Baroneb, Francesco Silvestric and Mattia

Tassinarid. "Planning sustainable development of local productive systems: A methodological approach for the analytical identification of Ecoregions". *Journal of Cleaner Production*. Vol. 287, 2020.

Bailey, Robert G. "Identifying Ecoregion Boundaries". *Environmental Management*, Vol. 34 No. 1, 2004.

Bogaards, Matthijs, Ludger Helms and Arend Lijphart. "The Importance of Consociationalism for Twenty-First Century Politics and Political Science". *Swiss Political Science Review* Vol. 25 No. 4, 2019.

DPRK, Democratic People's Republic of Korea First NDC, https://www4.unfccc.int/sites/NDCStaging/Pages/All.aspx

Hargrove, William W and Forrest M Hoffman. "Potential of Multivariate Quantitative Methods for Delineation and Visualization of Ecoregions" *Environmental Management*. Vol. 34 No. 5, 2004.

Hamblen, Matt, "Just what IS a smart city?", https://www.computerworld.com/article/2986403/just-what-is-a-smart-city.html, 2015. 10. 1.

Baik, Jiwoon, "Atopic moments in the square: a report on despair and hope after the Candlelight Revolution in South Korea," *Cultural Studies*, vol. 34, Issue 2, 2020.

Jones, Bruce. "Can Middle Powers Lead the World Out of the Pandemic: Because United States and China Have Show They Can't". Foreign Affairs. 2020. 6. 18.

Nguya G and N. Siddiqui. "Triple Nexus Implementation and Implications for Durable Solutions for Internal Displacement: on Paper and in Practice". *Refugee Survey Quarterly*. Vol. 39, No. 4, 2020.

Sahely, Halla R., Shauna Dudding, and Christopher Ewan John Kennedy. "Estimating the urban metabolism of Canadian cities: Greater Toronto area case study". *Canadian Journal of Civil Engineering*. Vol. 30 No. 2, 2003,

Selway, Joel and Kharis Templeman. "The Myth of Consociationalism? Conflict Reduction in Divided Societies". *Comparative Political Studies*. Vol. 45 No. 12, 2012.

Shinko, Rosemary E. "Agonistic Peace: A Postmodern Reading". *Journal of International Studies*. Vol. 36 No. 3, 2008.

Song, Xiaokun. "Confederalism. A Review of Recent Literature". Akaba, Natella, Coppieters Bruno and Darchiashvili David(eds.). In *Federal Practice: Exploring Alternatives for Georgia and Abkhazia*. Brussels: VUB University Press, 2000.

Weishaupt, Sebastian. "The Humanitarian-Development-Peace Nexus: Towards Differentiated Configurations". *UNRISD Working Paper*. 2020-8, 2020.

Whyte, Chelsea. "Paradox-free time travel". *New Scientist*. Vol. 244 Issue 3261, 2019.

Zurn, Michael. "Fall of the Berlin Wall: Globalisation and the Future of Europe". *New Zealand International Review*. Vol. 35 No. 3, 2010.

Calabretta, Costanza. "Deutsch-deutsche Begegnungen. Die Städtepartnerschaften am Tag der Deutschen Einheit." *Deutschland Archiv*, 31. 8. 2015, (www.bpb.de/211058).

Hüttman, Jens. "Den Anderen wirklich sehen? Die innerdeutschen Städtepartnerschaften vor und nach 1989." *Deutschland Archiv* 2011(2).

Wichmann, Jürgen. "Subsidiarität – Genese eines Begriffes von der christlichen Sozialethik bis zum Vertrag von Maastricht." In *Subsidiarität und Föderlismus in der Europäischen Union*. edited by Heiner Timmermann. Berlin: Duncker & Humboldt, 1998.

Zervakis, Peter A. and Sebastien von Grossler, "40 Jahre Elysée-Vertrag:

Hat das deutsch-französische Tandem noch eine Zukunft?." In *Aus Politik und Zeitgeschichte* B 3-4/2003.

瞿應斌, "複合社會", 『臺灣社會研究季刊』第71期, 2008.

_____, "中國作爲理論", 瞿應斌編. 『重新認識中國』, 臺北: 臺灣社會研究雜誌社, 2015.

崇明, "民族國家, 天下與普遍主義", 『知識分子論叢』, 上海: 上海人民出版社, 2015.

劉紀蕙, "與趙剛再商榷 : 仍舊是關於「中國作爲一個理念」以及「社會 - 運動」的問題", http://www.srcs.nctu.edu.tw/joyceliu/mworks/mw-litcomment/ChinaasIdea2/Index.htm(검색일: 2021. 4. 30)

鄭永年, "疫情與中國治理制度", 『聯合早報』, 2020. 7. 28.

白井聰, "陸の帝國の新時代は近代を超えうるか", 『atプラス』第12號, 2012.

柄谷行人, "世界史の構造のなかの中國: 帝國主義と帝國", 『atプラス』第11號, 2012.

孫歌, "琉球共和社會の住民として", 『越境廣場』創刊0號, 2015.

岸本美緒, "中國中間團體論の系譜", 岸本美緒 編輯, 『東洋學の磁場』, 東京: 岩波書店, 2006.

3. 기타

"20대 남자, 그들은 누구인가", 『시사인』, 2019. 4. 15.

"국내 체류 외국인 252만 명… '다문화 사회 진입'", 『한국경제』, 2020. 2. 27.

"[이 시각] 우주에서도 아름다운 전원마을이 사라졌다…獨 참상 위성사진", 『중앙일보』, 2021. 7. 17.

"도시설계가 김석철 교수가 제안하는 '한반도 개조론'", 『중앙일보』, 2011. 7. 23.

민화협, '남북관계와 통일에 대한 국민인식조사'(2018), https://www.kcrc.
　　or.kr/04/03/Default.asp?str_value=View&int_idx=7942
『오키나와타임스』, 2014년 11월 17일.
이홍구, 서울대학교 통일평화연구원 창립 15주년 기조연설, 2021. 4. 20.

"敗戰70年の日本と沖繩/アジア, 四二八シンポジウム記錄",『情況』2015年
　　7月號.
新城旭夫/丸川哲史 對談, "世界史沖繩",『圖書新聞』, 2014. 11. 1.

"WHO Coronavirus (COVID-19) Dashboard", https://covid19.who.int/
https://www.britannica.com/science/metabolism
https://chinadialogue.net/en/nature/11693-land-of-the-big-cats-china-
　　and-russia-collaborate-in-comeback-2/
https://www.conservation.org/stories/impact-of-covid-19-on-nature
https://www.decadeonrestoration.org/
https://ecocity-summit.com
https://www.etymonline.com/
https://ec.europa.eu/clima/policies/eu-climate-action/2030_ctp_en
　　searching on March
https://www.euronews.com/2021/03/09/kerry-calls-for-enhanced-
　　cooperation-on-climate-between-eu-and-us searching on March
　　29. 2021.
https://www.frontiersin.org/articles/10.3389/fmars.2020.00071/full
https://www.gov.kr/portal/ntnadmNews/2154087
https://www.korea.kr(대한민국 정책브리핑)
https://www.nytimes.com/2020/12/19/climate/biden-climate-team.html
　　searching on March 30. 2021.
https://smartcity.go.kr/wp-content/uploads/2019/08/Smart-city-

broschureKOREAN.pdf

https://sustainabledevelopment.un.org/partnership/?p=10009

https://unfccc.int/sites/default/files/resource/RD%20Pres%20T1%20CBD.
pdf

https://www.undrr.org/publication/sendai-framework-disaster-risk-
reduction-2015-2030

https://www.weforum.org/agenda/2021/03/10-golden-rules-for-
planting-trees-could-help-save-the-planet/

https://www.youtube.com/watch?v=J1oBXEd2buI

https://www.38north.org/2020/09/bkatzeffsilberstein091420/

국정과제협의회 정책기획시리즈 11

한반도 평화번영론의 새구상

발행일   2021년 12월 30일

발행인   조대엽

발행처   **대통령직속 정책기획위원회**
            서울특별시 종로구 세종대로 209 정부서울청사 13층
            대통령직속 정책기획위원회 (02-2100-1499)

판매가   22,000원

편집·인쇄   경인문화사 031-955-9300

ISBN   979-11-975858-2-1 93340

Copyright@대통령직속 정책기획위원회, 2021, Printed in Korea